DAS MITTELALTER

NATIONAL
GEOGRAPHIC

HYWEL WILLIAMS

DAS MITTELALTER

RITTER, KREUZZÜGE UND KÖNIGREICHE

Inhaltsverzeichnis

VORIGE SEITE *Ländliche Szene, Illustration aus dem Stundenbuch des Herzogs von Berry, 15. Jahrhundert.*

EUROPA
UM 1050
NORWEGEN
SCHWEDEN
OSTSEE
SCHOTTLAND
NORD-
SEE
DÄNEMARK
Haithabu
IRLAND
Durham
WALES
ENGLAND
London
SACHSEN
FRIESLAND
Hildesheim
Magdeburg
POLEN
NIEDER-
LOTHRINGEN
Köln
DEUTSCHES
Aachen
FLANDERN
MONTREUIL
PONTHIEU
PICARDIE
FRANKEN
BÖHMEN
Prag
VERMANDOIS
Trier
Worms
MÄHREN
BEAUVAIS
VEXIN
OBER-
LOTHRINGEN
Speyer
NORMANDIE
Paris
ILE-DE-FRANCE
TROYES
REICH
BRETAGNE
MAINE
BLOIS
AUXARRE
ELSASS
BAYERN
ATLANTIK
ANJOU
Autun
SCHWABEN
UNGARN
TOURAINE
NEVERS
BURGUND
Bourges
CHÂTEAUROUX
KÄRNTEN
Cluny
AQUITANIEN
KÖNIGREICH
BURGUND
ITALIEN
VENEDIG
Venedig
Mailand
AUVERGNE
Canossa
KROATIEN
Genua
Bologna
GEVAUDAN
PATRIMONIUM PETRI
BYZANTINISCHES REICH
TOULOUSE
Santiago de
Compostela
GASCONGNE
SERBIA
DOCLEA
Montpellier
Pisa
SPOLETO
ADRIA
LEÓN
NAVARRA
Marseille
ARAGÓN
KASTILIEN
BARCELONA
KORSIKA
Rom
SÜDITALIENISCHE
FÜRSTENTÜMER
Barcelona
ISLAMISCHE
TAIFA-REICHE
SARDINIEN
MITTELMEER
N
Córdoba
SIZILIEN
0
300 Kilometer
0
300 Meilen

Einleitung

Nach dem Zusammenbruch des Weströmischen Reichs entwickelten sich im Westen Eurasiens und in Nordafrika drei unterschiedliche Kulturkreise. Im östlichen Mittelmeerraum entstand das Byzantinische Reich, in Nordafrika und im Nahen Osten erstarkte der Islam und im westlichen Mittelmeerraum bildete sich die europäische Kultur aus. Sie breitete sich nach Norden aus und umfasste schließlich auch Randgebiete der klassischen römischen Antike. Alle drei Kulturkreise waren als Abkömmlinge des antiken Rom eng miteinander verwandt. Im Laufe der Zeit ernannte sich Westeuropa zur Bastion des römisch-katholischen Christentums gegen den byzantinisch-orthodoxen Osten. Im 1. Jahrtausend n. Chr. war es Byzanz und den islamischen Reichen kulturell, intellektuell und materiell noch unterlegen. Erst im Hochmittelalter, also vom 11. bis zum 13. Jahrhundert, schloss es in Bezug auf politische Effizienz, Militärerfolge und kulturelle Expansionskraft zu den beiden benachbarten Mächten auf. Bis zum 15. Jahrhundert hatten die Europäer schließlich die Vorrangstellung eingenommen. Die Faktoren, die zu diesem Wandel führten, bilden den Inhalt des vorliegenden Buches.

Etwa von 500 n. Chr. an erlebte Westeuropa eine tiefgreifende gesellschaftliche Umstrukturierung. Die römischen Traditionen verloren allmählich an Bedeutung gegenüber den Bräuchen germanischer Völker wie der Franken und Langobarden, die den Süden und Westen Europas bevölkert hatten. Es entstanden neue Königreiche in Westeuropa und aus einstigen römischen Bürgern wurden Untertanen von Monarchien. Mit Unterstützung der Herrscher christianisierten Missionare unterworfene heidnische Völker, häufig unter Zwang. Das mönchische Leben entwickelte sich zum höchsten Ausdruck christlicher Frömmigkeit.

Bereits in der Antike war „Europa“ als geographische Bezeichnung gebräuchlich. Aber erst unter der Herrschaft Karls des Großen (768–814) erlangte der Begriff auch kulturelle und politische Bedeutung. Durch zahlreiche Siege errang der fränkische König die Oberhoheit über die meisten Territorien des einstigen Weströmischen Reichs. Im Jahr 800 krönte Papst Leo III. ihn zum römischen Kaiser. Karls Erben und Nachfolger konnten an seine Expansionserfolge nicht anschließen. Nach der Teilung des Karolingerreichs 843 hatten die Könige der Nachfolgereiche Schwierigkeiten, die notwendigen Armeen aufzustellen, um ihre Autorität durchzusetzen. Es folgte ein Jahrhundert der Spannungen und Bedrohungen. Invasionen der Magyaren aus dem Osten und Überfälle der Wikinger aus Skandinavien untergruben Europas Stabilität und Selbstbewusstsein.

Ende des 10. Jahrhunderts gelang es den militärischen und politischen Führern Europas jedoch, ihre Macht wiederherzustellen. Die Kaiserkrönung des ostfränkischen Königs Otto I. durch den Papst im Jahr 962 markierte die Geburt des Heiligen Römischen Reichs, das über viele Jahrhunderte Bestand hatte. Bevölkerungswachstum, die Entwicklung der Städte und eine aufkeimende nationale Identität sowie die Stärkung der machtpolitischen Position des Papstes prägten das Hochmittelalter. Ab dem 11. Jahrhundert fand das Tugendideal des Rittertums weite Verbreitung unter den europäischen Eliten. Zur ritterlichen Ethik zählten Tapferkeit, höfische Kultur, Ehre und Loyalität. Weit über ihre militärischen Ursprünge hinaus hatte diese Ethik mit ihrer Vorstellung der *minne* zu Gott und Menschen tiefgreifende Auswirkungen auf gesellschaftlichen Umgang, religiösen Idealismus und Ästhetik.

Anfang des 17. Jahrhunderts prägten französische und englische Rechtshistoriker den Begriff *medium aevum*. Bald darauf wurde er in die verschiedenen Landessprachen als „Mittelalter", *moyen age* oder *Middle Ages* übernommen. Dieselbe Autorengruppe prägte auch den Begriff des „Feudalismus" und nährte die Vorstellung, dass dieser sich bis zum 11. Jahrhundert als universelle Gesellschaftsform in Westeuropa durchgesetzt hatte und sich mindestens weitere 300 Jahre hielt. Die Wörter *feudum* (Lehen) und *feodalitas* (die mit dem Lehen verbundenen Pflichten) beziehen sich auf Grundbesitzverhältnisse, wie sie besonders in Frankreich und England verbreitet waren. Zu keiner Zeit in der europäischen Geschichte gab es ein einheitliches „Feudalsystem". Allerdings basierte Herrschaft überall sowohl auf lokaler als auch auf regionaler und nationaler Ebene auf gegenseitigen Treueeiden. Sogenannte Vasallen waren zu Lehnsdiensten verpflichtet, wofür ihnen ihr Lehnsherr Schutz garantierte.

Im 14. Jahrhundert mussten die Europäer mit einer Serie von Katastrophen fertigwerden, so etwa mit verschiedenen Hungersnöten und einer verheerenden Pestepidemie im Jahr 1348 sowie mit dem Zusammenbruch italienischer Banken in der Mitte des Jahrhunderts. Der allgemeine technische Fortschritt bewirkte, dass die Kriegsführung teurer wurde und die Auswirkungen für die Menschen immer furchtbarer. In den Städten wie auch auf dem Land stagnierten Wachstum und Entwicklung, und die Bevölkerung Europas, die um 1300 gut 70 Millionen gezählt hatte, sank nahezu auf die Hälfte. Doch Europa erwies sich letztendlich als unverwüstlich. Schon bald wuchs die Bevölkerung wieder, zunächst auf dem Land und dann auch in den Städten. Die geistigen, politischen und gesellschaftlichen Veränderungen der Renaissance, die in Italien ihren Anfang nahm, erwuchsen aus der spätmittelalterlichen Gesellschaft und wären außerhalb dieses Kontextes undenkbar gewesen. Privater Unternehmergeist, intellektuelle Neugier und institutionelle Offenheit für Veränderungen, die charakteristischen Merkmale der europäischen Kultur, wurden im Mittelalter geprägt. Das Vermächtnis dieses Zeitalters ermöglichte es ihr, zu überleben, sich weiterzuentwickeln und zu voller Blüte zu gelangen.

Hywel Williams

919
1024

Die sächsische Kaiserdynastie der Ottonen

Die Bildung eines ersten deutschen Reichs beherrschte die europäische Geschichte des 9. und 10. Jahrhunderts. Karl der Große, König der Franken, hatte für sich den römischen Kaisertitel in Anspruch genommen und sich Weihnachten 800 vom Papst in Rom zum Kaiser krönen lassen. Seinen Nachfolgern gelang es jedoch nicht, die territoriale Einheit des Reichs zu bewahren. Im 9. Jahrhundert wurde das Karolingerreich in das Ostfränkische Reich, das etwa dem Gebiet des heutigen Deutschland entsprach, und das Westfränkische Reich, das etwa dem heutigen Frankreich entsprach, geteilt. Machtbasis des Ostfränkischen Reichs wurde das Herzogtum Sachsen.

Nach zahlreichen erbitterten Feldzügen hatte Karl der Große Ende des 8. Jahrhunderts die hartnäckig an ihrem Heidentum festhaltenden Sachsen unterworfen und christianisiert. Inzwischen war das Herzogtum Sachsen christlich und spielte eine Schlüsselrolle bei der Entwicklung des Ostfränkischen Reichs zu einer europäischen Macht, die den römischen Reichsgedanken übernahm. Außerdem war das Herzogtum ein dominanter Partner in der Allianz des Reichs mit dem Papst. Anfang des 10. Jahrhunderts wurde Europa nach wie vor von Wikingereinfällen aus dem Norden heimgesucht. Im Osten gingen bis Mitte des Jahrhunderts zudem erhebliche Gefahren von dem Kriegervolk der Magyaren (Ungarn) aus. Die Heere des Ostfränkischen Reichs, das später Heiliges Römisches Reich hieß, konnten diese Bedrohungen jedoch abwehren und machten den Weg frei für die Entwicklung der mittelalterlichen europäischen Kultur.

RECHTS *Otto I., der Große, wurde 962 vom Papst zum Kaiser gekrönt. Das Mosaik von 1903 stammt ursprünglich aus dem Berliner Hotel „Alt Bayern" und befindet sich heute im U-Bahnhof Richard-Wagner-Platz.*

Heinrich I., Herzog von Sachsen und Begründer der Ottonen, wurde 919 in Fritzlar von einer Fürstenversammlung zum König des Ostfränkischen Reichs gewählt. Die Herzogtümer Franken, Schwaben, Bayern und Lothringen erkannten ihn schon bald als König an. Heinrichs Nachfolger bestiegen den Thron in direkter Erbfolge. Man hielt zwar an der Königswahl fest, sie wurde aber zu einer reinen Formalität. Aufgrund seiner Vorliebe für die Vogeljagd erhielt König Heinrich I. den Beinamen „der Vogler". Er unterwarf die dänischen Wikinger und schloss 924 einen zehnjährigen Waffenstillstand

mit den Magyaren, die er 933 in der Schlacht bei Riade besiegte. Heinrichs Weigerung, sich zum König salben und krönen zu lassen, stellte einen erheblichen Bruch mit der Tradition des sakralen Königtums dar. Er war jedoch entschlossen, seine Macht in eigener Verantwortung auszuüben, und wollte jeden Anschein vermeiden, er sei der Kirche zu Dank verpflichtet. Heinrichs Sohn, Otto I. (der Große), ließ sich hingegen 936 in der Pfalzkapelle in Aachen zum König salben und weihen. Die Bischöfe und Äbte des Reichs wurden vom König ernannt und waren ihm als Vasallen direkt unterstellt. Daher identifizierten sie sich stark mit Ottos Herrschaftssystem und unterstützten ihn gegen den oftmals gespaltenen Adel. Auch bei der Expansion der Ottonen nach Osten spielte die deutsche Reichskirche eine wichtige Rolle. Die neuen Bistümer, die in Polen, Böhmen, Mähren und Ungarn entstanden, wurden den Erzbistümern Mainz, Magdeburg, Salzburg und Passau unterstellt. So waren sie von entscheidender Bedeutung bei der kulturellen wie politischen Assimilation der unterworfenen Slawen. Umfangreiche Bauprojekte und der Ausbau des Heeres waren kostspielig. Doch die Silbervorkommen, die man Anfang des 10. Jahrhunderts im Harz entdeckt hatte, verschafften den ottonischen Königen Reichtum und halfen ihnen, ihre imperialen Bestrebungen zu finanzieren.

Feldzüge nach Süden und Osten

Ottos Ambitionen richteten sich sowohl nach Süden als auch nach Osten. Als Königin Adelheid von Italien 950 durch eine Rebellion des Markgrafen Berengar von Ivrea bedroht wurde, eilte er ihr mit einem Feldzug über die Alpen zu Hilfe. Nach seinem Sieg erkannten die italienischen Fürsten Otto als „König der Langobarden“ an. In der Schlacht auf dem Lechfeld brachte er den Magyaren am 10. August 955 eine vernichtende Niederlage bei, die seine Autorität über den deutschen Adel festigte. Einen weiteren entscheidenden Sieg errang Otto am 16. Oktober 955 über die Abodriten, einen slawischen Stamm, der auf den Gebieten des heutigen Mecklenburg und Holstein siedelte. Damit sicherte sich der König für 30 Jahre Ruhe an der Ostgrenze. Während dieser Zeit zwangen die deutschen Eroberer den Slawen ein straffes Herrschaftssystem auf.

Berengars Ehrgeiz war indes ungebrochen. So besetzte er 960 den Kirchenstaat in Mittelitalien. Otto zog mit seinem Heer nach Rom, um den jungen Papst Johannes XII. zu schützen. Im Gegenzug krönte Johannes den deutschen König am 2. Februar 962 zum Kaiser. Noch im selben

UNTEN *Die kolorierte Federzeichnung (um 1450) aus der Werkstatt Diebold Laubers zeigt eine Begegnung Kaiser Ottos I. mit Papst Johannes XII.*

Monat verlieh der Papst dem Kaiser im „Privilegium Ottonianum" das Recht, die Wahl eines neuen Papstes zu bestätigen und ihm den Treueeid abzunehmen. Schon bald bereute Papst Johannes dieses einseitige Abkommen, machte seinem einstigen Gegner Berengar Versöhnungsangebote und nahm Kontakt mit Byzanz und Ungarn auf. Eine daraufhin vom Kaiser einberufene Synode setzte den Papst 963 ab. Die restliche Zeit seiner Regentschaft war Otto vornehmlich mit dem italienischen Süden beschäftigt. Dort herrschten Lokalfürsten, die zum Teil noch Nachfahren der Langobarden waren, die im 7. Jahrhundert in diese Region vorgedrungen waren. Einen von ihnen, Pandulf Eisenkopf, Fürst von Benevent und Capua, gewann Otto als Verbündeten gegen die Byzantiner, die die Oberhoheit über Süditalien beanspruchten. Im Gegenzug sicherte Otto ihm die Nachfolge als Fürst von Salerno und belehnte ihn mit dem Herzogtum Spoleto, das östlich an den Kirchenstaat grenzte. Damit schuf er einen wichtigen antibyzantinischen Machtblock.

Sicherung der Dynastie

Auf dem Hoftag zu Worms 961 unterstützte die Fürstenversammlung Ottos Vorhaben, seinen Sohn zu seinem Nachfolger zu machen und damit seiner Dynastie die Herrschaft zu sichern. Sechs Jahre später krönte der Papst den späteren Otto II. zum Mitkönig. Der junge Thronfolger erhielt eine fundierte Ausbildung in Kriegsführung und Verwaltung. Seine erste große Prüfung 978 musste er bestehen, als der westfränkische König Lothar Aachen, den ostfränkischen Herrschersitz, besetzte. Im Herbst gelang es Otto II., dem Feind schwere Verluste beizubringen. Nach dem Friedensschluss 980, der die Westgrenze sicherte, begann er einen Italienfeldzug. Er überquerte mit seinem Heer die Alpen und zog am Ostertag 981 in Rom ein. Dort hielt er mit viel Prunk einen Hoftag ab, an dem geistliche und weltliche Würdenträger aus allen Reichsgebieten teilnahmen.

Niederlage gegen die Araber

Seit über einem Jahrhundert gefährdeten arabische Piraten, „Sarazenen" genannt, die Seewege des Mittelmeers. Von Sizilien aus, wo sarazenische Emire herrschten, griffen sie die süditalienischen Regionen Apulien und Kalabrien an. Das deutsche Heer rückte von Rom gegen sie vor. Otto II. gelang es, Apulien einzunehmen, das unter byzantinischer Herrschaft stand. In der Folge erlitt er jedoch eine katastrophale Niederlage. Sein Heer wurde im Juli 982 bei Stilo in Kalabrien vernichtend von sarazenischen Truppen unter Führung des Emirs von Sizilien, Abu al-Qasim, geschlagen. Der Kaiser entkam unerkannt auf einem griechischen Schiff und kehrte nach Rom zurück. Auf einem Hoftag in Verona 983 wurde sein Sohn als sein Nachfolger anerkannt. Anschließend plante er einen erneuten Feldzug nach Süden.

Die Ottonen

800 Papst Leo III. krönt Karl den Großen, König der Franken und Langobarden, am Weihnachtstag zum Kaiser.

919 Heinrich I. (der Vogler), Herzog von Sachsen, wird zum deutschen König gewählt.

933 König Heinrich I. schlägt die Magyaren in der Schlacht bei Riade.

936 Otto I., der Große, gründet Stift Quedlinburg.

962 Papst Johannes XII. krönt Otto I. zum Kaiser.

982 Die sizilianischen Sarazenen schlagen die Truppen Ottos II. in der Schlacht bei Stilo in Kalabrien. Eine Rebellion slawischer Stämme zwischen Oder und Elbe gefährdet die Ostgrenze des Reichs.

996 Der deutsche König Otto III. wird zum Kaiser gekrönt.

um 1000 Stephan I. wird als christlicher Monarch zum ersten König von Ungarn gekrönt.

1002 Herzog Heinrich von Bayern wird zum deutschen König gewählt und 1014 als Heinrich II. zum Kaiser gekrönt.

1004 Heinrich II. besiegt Markgraf Arduin von Ivrea.

1024 Heinrich II., der letzte sächsische Kaiser, stirbt.

Die Niederlage des Kaisers in Süditalien ermutigte die slawischen Stämme zwischen Elbe und Oder zu rebellieren. Der massive anhaltende Aufstand bedeutete einen erheblichen Rückschlag für das Reich. Erst im 12. Jahrhundert konnte es seine Expansion nach Osten aktiv fortsetzen. Otto erfuhr erst kurz vor seinem Tod im Dezember 983 von den Unruhen, die weitreichende Folgen für seinen Erben Otto III. haben sollten.

Otto III., ein aufgeklärter, pragmatischer Herrscher

Otto III. bestieg 996 den Thron. Es war seine tiefe Überzeugung, dass Europa eine Einheit bildete. Daher basierte die Stärke seines Reichs während seiner Herrschaft auf Anerkennung der Vielfalt statt auf erzwungener Uniformität. Sein ausgeprägter Sinn für eine gemeinsame Kultur Europas, den er weitgehend seiner griechischen Mutter Theophanu verdankte, spiegelte sich in seiner Verehrung Karls des Großen wider. Otto III. machte Rom zu seiner Hauptstadt. Sein ehemaliger Lehrer, der französische Gelehrte Gerbert von Aurillac, unterstützte ihn als Papst Silvester II. in dem Bemühen, die notorisch von Vetternwirtschaft geprägte Kirche im ausgehenden 10. Jahrhundert zu reformieren.

Ottonische Herrscher 919–1024

Heinrich I.,
der Vogler
(876–936)
regierte 919-936

Otto I.,
der Große
(912–973)
regierte 936-973

Otto II.
(955–983)
regierte 973-983

Otto III.
(980–1002)
regierte 983-1002

Heinrich II.
(973–1024)
regierte 1002-1024

Otto III. erkannte, dass die von seinen Vorfahren angestrebte Ostexpansion die Mittel des deutschen Stammlandes überstiegen. Zudem hielt er sie für strategisch unklug, da sich die unterworfenen Völker Hilfe suchend an Byzanz wenden könnten. Für die östlichen Territorien des Reichs entwickelte er daher eine Föderalpolitik. Nach wie vor mussten die dortigen Fürsten ihn als Kaiser anerkennen, genossen aber im Inneren weitgehende Autonomie und eine weniger straffe Herrschaftsstruktur als unter Otto I. In Polen beispielsweise schuf Otto III. ein unabhängiges Erzbistum in Gnesen (Gniezno) mit drei untergeordneten Bistümern in Kolberg, Krakau und Breslau. Außerdem verzichtete er auf die Tributzahlungen, die polnische Fürsten bis dahin dem Kaiser leisten mussten. Auf diese Weise konnten die Polen Teil der römisch-katholischen Kirche bleiben, ohne die deutsche Kultur annehmen zu müssen. Dieses Beispiel hatte großen Einfluss auf den ungarischen Fürsten Stephan I. Von Otto ermuntert, entschied er sich für Loyalität gegenüber dem päpstlichen Stuhl und betrieb die Christianisierung seines Landes. Daraufhin gewährte ihm der Papst die Königswürde und im Dezember 1000 wurde er als Stephan I. zum ersten König von Ungarn gekrönt.

Otto III. starb 1002 an Malaria, ohne die Erbfolge geregelt zu haben. Daher rivalisierten nach seinem Tod verschiedene Bewerber um den Thron. Das ganze Jahr war von gewaltsamen Auseinandersetzungen innerhalb des Reichsadels geprägt. Schließlich wurde Herzog Heinrich von Bayern, ein direkter Nachfahre Heinrichs I., zum König gewählt. Als König Heinrich II. setzte er die ottonische Kirchenpolitik fort. Er förderte die Macht der Kirche und band sie in das weltliche Herrschaftssystem ein. Wie seine Vorgänger regierte auch Heinrich durch seine Bischöfe. Daher wandte er sich gegen die Bestrebungen der Klöster, eine eigene, von den Bischöfen unabhängige Gerichtsbarkeit aufzubauen. Heinrich unterstützte verschiedene Reformen der Kirche, verfolgte damit aber auch immer seine eigenen machtpolitischen Ziele. So setzte er sich etwa für die Einführung des Zölibats ein, durch das der mächtige Klerus keine Chance hatte, eigene Dynastien hervorzubringen.

Weitere Aufstände in Italien

Heinrichs Ambitionen in Italien waren die gleichen wie die seiner Vorgänger. Ihn lockten das Ansehen, das die Verbindung zur römischen Antike mit sich brachte, und die Macht, die mit der Rolle als Beschützer der Kirche einherging. Zudem musste er gegen die abtrünnigen Aristokraten Italiens vorgehen. Der letzte dieser Rebellen, Arduin, war wie Berengar ein halbes Jahrhundert zuvor Markgraf von Ivrea. Arduin hatte die unruhige Zeit nach dem Tod Ottos III. genutzt, um sich zum König von Italien zu proklamieren. Im Frühjahr 1004 zog das Heer Heinrichs II. nach Italien und schlug die markgräflichen Truppen vernichtend bei Verona. Anschließend marschierte Heinrich weiter nach Pavia und ließ sich zum König der Langobarden krönen. Als Strafe für die Unterstützung Arduins legte er Pavia in Schutt und Asche.

Oben *Darstellung des thronenden Otto III. aus dem Liuthar-Evangeliar (um 1000), heute in der Aachener Domschatzkammer.*

Weitere militärische Aktionen Arduins machten 1013 einen zweiten Italienfeldzug notwendig. Im folgenden Jahr krönte Papst Benedikt VIII. Heinrich zum Kaiser. Den dritten und ehrgeizigsten Italienfeldzug unternahm Heinrich auf ein Hilfeersuchen des Papstes hin. Benedikt befürchtete, dass die langobardischen Fürsten im Süden mit Byzanz liebäugelten. Der Kaiser schickte 1022 drei Heere nach Süden, um seinen Herrschaftsanspruch über ganz Italien geltend zu machen. Die Belagerung der Festung Troia an der Nordgrenze Apuliens führte er persönlich an.

Die Belagerung scheiterte, was einen beträchtlichen Rückschlag bedeutete. Mit der Unterwerfung der Fürsten von Capua und Salerno demonstrierte das Heilige Römische Reich jedoch, dass es nach wie vor in der Lage war, seine Fähigkeit, seine Autorität durchzusetzen. Kurze Zeit später, im Jahr 1024, starb Heinrich II., ohne Erben zu hinterlassen. Daher endete mit ihm die Dynastie der Ottonen. Die Konflikte zwischen dem Heiligen Römischen Reich und Italien prägten jedoch über die folgenden 300 Jahre hinweg die europäische Politik.

Kunstförderung der Ottonen

Die Ottonen förderten in erster Linie Kunstprojekte, die ihre imperiale Ideologie illustrierten und stärkten. Klöster wie die Abtei Corvey in Westfalen und Kloster Reichenau auf der gleichnamigen Bodenseeinsel genossen die unmittelbare Unterstützung des Königs. In ihren Skriptorien entstanden Manuskripte mit prachtvollen Buchmalereien, die unter anderem die Krönung der Kaiser durch Christus darstellen.

Stilistisch schlossen die ottonischen Manuskripte an die Buchkunst der vorangegangenen Karolingischen Renaissance an. Diese künstlerische und literarische Blütezeit war vom Hof Karls des Großen ausgegangen und von ihm gefördert worden. Die ottonische Kunst bildete ganz eigene Motive aus, die häufig byzantinische Einflüsse zeigten.

Die ottonischen Herrscher waren sogenannte Reisekaiser ohne feste Hauptstadt und Residenz. Ihre Regierungsgeschäfte erledigten sie von verschiedenen Kaiserpfalzen, Königshöfen, Bischofsstädten und Klöstern aus. Ihre Reisen durch das Reich dienten dazu, an den unterschiedlichen Stationen ihre königliche Autorität öffentlich zu demonstrieren. Dort hielten sie Hoftage, Gerichtstage und öffentliche Zeremonien ab. Die von den Ottonen geförderten Bauprojekte waren vorwiegend romanisch und spiegelten Macht und Größe der Herrscher wider. Ein herausragendes Beispiel war das Reichsstift Quedlinburg, das Otto der Große 936 zu Ehren seines verstorbenen Vaters gründete. In dem großen Frauenstift lebten unverheiratete Töchter des Hochadels. Zu Beginn des 11. Jahrhunderts entstanden dort die „Quedlinburger Annalen“, die eine Schilderung der Regentschaft Ottos III. und Heinrichs II. enthalten. Möglicherweise war die Autorin eine Stiftsdame.

Eine herausragende Vertreterin der ottonischen Renaissance war die Dichterin und Dramatikerin Roswitha von Gandersheim (um 935–1002). Den größten Teil ihres Lebens verbrachte sie im Stift Gandersheim in Niedersachsen. Sie schrieb eine Reihe von Prosaromanzen sowie sechs Komödien, die auf dem Werk des römischen Dichters Terenz aufbauten. Zudem stammt von ihr ein in Versform abgefasster Lobgesang auf die Taten Ottos I., die „Gesta Ottonis“.

Stift Quedlinburg wurde 936 von Otto dem Großen gegründet.

987 – 1179 DER AUFSTIEG DER KAPETINGER

Das Westfränkische Reich entstand 843 durch die Teilung des Fränkischen Reichs im Vertrag von Verdun. Bis zum ausgehenden 10. Jahrhundert regierten dort die Karolinger. Sie besaßen als gesalbte Könige ebenso wie ihre Nachfolger, die Kapetinger, eine sakrale Autorität, die von den Fürsten der großen Machtzentren wie der Normandie, Burgund, Anjou, Poitou und Toulouse anerkannt wurde. Aquitanien löste sich hingegen im frühen 10. Jahrhundert vom Westfränkischen Reich, und die Bretagne war gänzlich unabhängig. Kapetinger und Karolinger gestanden dem Adel das Recht zu, seine Territorien eigenständig zu verwalten, solange er ihnen den Treueeid leistete.

Trotz dieser Übereinkunft kam es immer wieder zu Zwistigkeiten über Land und Einfluss zwischen den Königen und den de facto unabhängigen Herzögen. Daher beschränkte sich die tatsächliche Herrschaft der Kapetinger auf ihre Krondomäne in der Île-de-France, ein Gebiet an der Seine um Paris und Bourges. Die Vorrangstellung der *Reges Francorum* war daher häufig nur formal. Erst im 13. Jahrhundert, als der Titel „König von Frankreich“ erstmals verwendet wurde, bemühten sie sich darum, ihre Autorität durchzusetzen.

Es gelang den Kapetingern, die Adligen davon zu überzeugen, dass ihre Solidarität mit dem König in ihrem eigenen Interesse lag. Mit der Zeit bildete sich ein stärkerer Zusammenhalt zwischen den Fürstenhäusern aus. Bis zur Entstehung einer nationalen Identität war es jedoch in Frankreich wie auch in anderen Teilen Europas noch ein langer Weg. Die Loyalität und Identität der breiten Bevölkerung war überwiegend lokal bestimmt. Die Fülle an Sprachen und Dialekten unterstützte die Pluralität der Kulturen, die kaum miteinander kommunizierten. Der Norden war das Land der *langue d'oil*, im Süden herrschte die *langue d'oc* vor. Aus diesen beiden großen Sprachgruppen entwickelten sich Dialekte wie das Normannische, Burgundische, Provenzalische und Languedokische. Das Mittelfranzösische, das bereits im 14. Jahrhundert als standardisierte Sprache existierte, setzte sich in Südfrankreich kaum durch.

RECHTS *Die „Grandes Chroniques de France“, eine Reihe reich illustrierter Handschriften zur Geschichte des französischen Königtums, entstanden zwischen 1274 und 1461. Der Ausschnitt aus einer Chronik von 1335 bis 1340 zeigt Hugo Capet 991 bei der Synode von St. Basle bei Reims.*

Ein heikler Friede

Robert II. und Kaiser Heinrich II. schlossen 1023 ein Abkommen, sich gegenseitig keine Gebiete mehr streitig zu machen. Nun bestand also eine festgelegte Grenze zwischen dem französischen und dem deutschen Reich. Dennoch war die Frühphase der Kapetinger von dynastischer Unsicherheit geprägt. Da Robert wenig eigenes Land besaß, beanspruchte er alle Lehnsgebiete, die vakant wurden, für sich. Konkurrierende Ansprüche verwickelten ihn in zahlreiche Feldzüge. So versuchte er 1003, sich das Herzogtum Burgund anzueignen, aber es dauerte 13 Jahre, bis die Kirche seinen Herrschaftsanspruch anerkannte. Außerdem führten seine eigenen Söhne, Hugo Magnus, Heinrich und Robert, lange, erbitterte Kämpfe gegen ihn um ihre Erbrechte. Entsprechend der Erbfolge wurde Hugo Magnus noch zu Lebzeiten seines Vaters zum König gekrönt und war ab 1017 sein Mitregent. Trotzdem rebellierte er gegen seinen Vater. Nach seinem frühen Tod 1025 gingen die Erbstreitigkeiten zwischen seinen beiden überlebenden Brüdern weiter. Heinrich setzte sich schließlich durch und Robert erhielt das Herzogtum Burgund. Robert I. von Burgund war für seine Gewalttätigkeit und Unkontrollierbarkeit berüchtigt. Um 1046 trennte er sich von seiner Frau, Helie von Semur, und tötete ihren Vater, nachdem er bereits die Ermordung ihres Bruders veranlasst hatte.

Sowohl Heinrich I. als auch seine beiden Nachfolger mussten sich mit der wachsenden Macht des Herzogtums Normandie auseinandersetzen. Heinrich half Herzog Wilhelm 1047, seine Autorität im Inneren gegen aufständische Vasallen durchzusetzen. Als Wilhelm die Tochter des Grafen von Flandern, Mathilde, heiratete, erwuchs aus dieser Allianz eine Bedrohung für den König, da das Stammland der Kapetinger zwischen den beiden Gebieten lag. Heinrich führte 1054 und 1057 zwei erfolglose Feldzüge gegen das Herzogtum. Sein Sohn Philipp I. fand sich mit der Macht der normannischen Herzöge ab und schloss Frieden. Während der Regentschaft Ludwigs VI. flammten die französisch-normannischen Konflikte jedoch wieder auf. Die französische Krone agierte nun aber mit erheblich mehr Fortune und konnte die königlichen Rechte energisch durchsetzen.

Karolingische Könige des Westfränkischen Reichs 954–987

Lothar
(941–986)
regierte 954–986

Ludwig V.
(967–987)
regierte 986–987

Die Wiederherstellung der Ordnung in der Île-de-France

Im ausgehenden 11. Jahrhundert wurden große Teile der kapetingischen Krondomäne in der Île-de-France von Feudalherren verwaltet, die ihre Vasallenpflichten vernachlässigten und mit Gewalt und illegitimen Mitteln unabhängig herrschten. Ein Vierteljahrhundert kämpfte Ludwig VI., bis es ihm in den 1130er Jahren gelang, seine Feudalrechte durchzusetzen und in der Krondomäne eine geordnete Verwaltung wiederherzustellen. Ludwigs Außenpolitik war ebenfalls von Spannungen geprägt. Allerdings kam ihm eine Spaltung innerhalb der normannischen Aristokratie zugute. Wilhelm Clito, der Sohn Herzog Robert Curthoses der Normandie, rebellierte gegen seinen Onkel Heinrich I.

Oben *Dieser Ausschnitt aus einer Illustration der Grandes Chroniques de France (1274–1461) zeigt die Schlacht von Val-ès-Dunes, in der König Heinrich I. und Herzog Wilhelm 1047 einen Aufstand in der Normandie niederschlugen.*

von England, um von ihm das Herzogtum Normandie zurückzuerlangen. Die Truppen Ludwigs und seiner Verbündeten errangen 1124 einen großen Sieg über das Heer Kaiser Heinrichs V., den Heinrich I. von England zu einer Invasion Frankreichs überredet hatte. Dieser große militärische Erfolg wurde mit den Taten Hugo Capets verglichen und trug Ludwig den Ruhm ein, als Zweiter die Autorität seiner Dynastie begründet zu haben.

Durch eine arrangierte Ehe zwischen Ludwigs unmündigem Sohn und Eleonore von Aquitanien war die französische Krone eine Zeit lang mit dem Herzogtum im Südwesten wiedervereint. Die Verbindung erwies sich jedoch als eine der bedeutendsten Mesalliancen der Geschichte. Nach ihrer Scheidung heiratete Eleonore Heinrich, den Grafen von Anjou und Herzog der Normandie. Als Heinrich II. den Thron von England bestieg, entstand der ausgedehnte Machtblock des Angevinischen Reichs. Theoretisch regierte Heinrich die Normandie und Anjou als Vasall des französischen Königs. Da er aber Eleonore geheiratet hatte, ohne die Erlaubnis seines Lehnsherrn einzuholen, erklärte Ludwig ihm den Krieg. Ludwigs Niederlagen zeigten jedoch, dass Heinrich weitaus größere Ressourcen zur Verfügung standen. Aufgrund seiner papstfreundlichen Politik spielte Ludwig auf europäischer Ebene eine erfolgreichere Rolle. Zu Beginn seiner Regentschaft lehnte er den vom Papst ernannten Erzbischof von Bourges ab,

worauf der Papst vorübergehend ein Interdikt über ihn verhängte. Mit seinem Eingreifen in den großen Streit zwischen Papst Alexander III. und Kaiser Friedrich I. Barbarossa demonstrierte Ludwig dennoch seine tiefe Verbundenheit mit der päpstlichen Sache. Die Mehrheit der Kardinäle hatte Alexander zum Papst gewählt, aber eine Minderheit unterstützte Kardinal Oktavian und wählte ihn als Viktor IV. zum Gegenpapst. Er und seine beiden Nachfolger genossen die Unterstützung Friedrich Barbarossas. Papst Alexander III. hingegen verbrachte sein Exil von 1162 bis 1165 mit Ludwigs Unterstützung in Frankreich. Dadurch vertiefte sich die Allianz zwischen Kirche und französischer Krone. Die starke Identifikation des französischen Klerus mit der Monarchie verschaffte Ludwig eine Befehlskette, über die er seine Herrschaft auch in Gebieten fernab der Krondomäne durchsetzen konnte.

Chronik einer Zeit des Wandels

Dass sowohl Ludwig VI. als auch Ludwig VII. in historischen Dokumenten fortlebten, verdankten sie weitgehend Abt Suger von Saint-Denis (um 1081–1151). Er war gegen Ende der 1120er Jahre ein einflussreicher Diplomat und von Mitte der 1130er Jahre an bis zu seinem Tod der wichtigste Berater des Königs. Er verfasste eine Geschichte der Regentschaft Ludwigs VII. und schilderte eingehend den Verwaltungsapparat des Reichs. Diese Werke inspirierten wiederum die Mönche von Saint-Denis zu den „Grandes Chroniques de France", die als offizielle Darstellung der französischen Monarchie im 12. Jahrhundert gelten können. Die Herausforderungen, mit denen sich die Könige konfrontiert sahen, blieben erheblich. Mit seiner Teilnahme am Zweiten Kreuzzug, der in einem Fiasko endete, ruinierte Ludwig VII. die Staatsfinanzen. Auf der anderen Seite gab es jedoch enorme Fortschritte. Paris erlebte einen beachtlichen kulturellen und wirtschaftlichen Aufschwung. Unter Ludwig VI. entstand das Handelsviertel Les Halles am rechten Seine-Ufer. Die Sümpfe am linken Seine-Ufer wurden trockengelegt und entwickelten sich zum Zentrum des berühmten Quartier Latin.

Das Problem der Thronfolge quälte Ludwig VII. wie schon seine kapetingischen Vorfahren. Sowohl Eleonore als auch seine zweite Frau, Konstanze von Kastilien, hatten ihm jeweils zwei Töchter geboren. Erst seine dritte Frau, Adela von der Champagne, schenkte ihm einen Sohn und Erben. Im letzten Lebensjahr seines Vaters wurde Philipp II. August in Reims gekrönt.

Die frühen Kapetinger 987–1223

Hugo Capet
(*um* 940–996)
regierte 987–996

Robert II.,
der Fromme
(972–1031)
regierte 996–1031

Heinrich I.
(1008–1060)
regierte 1031–1060

Philipp I.
(1052–1108)
regierte 1060–1108

Ludwig VI.
(1081–1137)
regierte 1108–1137

Ludwig VII.
(1120–1180)
regierte 1137–1180

Philipp II. August
(1165–1223)
regierte 1180–1223

Die Französische Gotik

Die Abtei von Saint-Denis war eine merowingische Gründung und schon aus alter Zeit, als Abt Suger beschloss, die romanische Kirche umzubauen. Suger war der erste Kirchenmann, der im Dienst der französischen Krone herausragende Bedeutung erlangte.

Suger wurde 1122 zum Abt von Saint-Denis gewählt. In den ersten fünf Jahren seiner Amtszeit widmete er sich der Verwaltung der Abtei und verfasste einen ausführlichen Bericht über ihre Baugeschichte, der sie zudem in ihren historischen Kontext einordnete. Als Zentrum der Gelehrsamkeit, Grablege der Könige und Ort königlicher Zeremonien hatte Saint-Denis die Politik einer ganzen Reihe von *Reges Francorum* repräsentiert und ihren Interessen gedient. Wenn das Kloster seine Bedeutung behalten wollte, musste man ihm ein zeitgemäßes Erscheinungsbild geben. Für Suger bedeutete das, den gotischen Baustil zu übernehmen. Als loyaler Diener des Königs verfolgte Suger ganz ähnliche Ziele wie die französische Krone. Beide wollten die Vergangenheit einer Institution mit einem neuen Äußeren versehen, um ihre Stellung in der Zukunft zu sichern. Zur damaligen Zeit wurden viele nordfranzösische Kirchen im gotischen Stil mit seinen typischen hochaufragenden Türmen, hohen Rippengewölben und Spitzbögen erbaut. Saint-Denis sollte sich in die Reihe der gotischen Meisterwerke einreihen, die in Chartres, Laon, Bourges und Reims entstanden. Der neue Architekturstil erforderte komplexe Baupläne, hochwertige Materialien und einen gut organisierten Einsatz der Arbeitskräfte. Die Bauprojekte spiegelten das Selbstvertrauen der geistlichen und weltlichen Elite wider, die sie in Auftrag gaben. Im 12. Jahrhundert waren die Sommer ungewöhnlich lang und warm, was die Arbeit der Steinmetze und Maurer begünstigte. Der Bau von Notre-Dame auf der Pariser Île de la Cité ab 1163 war ein besonders spektakuläres Beispiel für das organisatorische Können und das Selbstbewusstsein der französischen Monarchie. Die erste Bauphase beaufsichtigte Bischof Maurice de Sully, der auch mit dem Bau des Hôtel Dieu, eines Hospitals gleich neben der Kathedrale, begann.

Blick in den gotischen Lichtgaden der Basilika Saint-Denis in Paris. Die Abtei von Saint-Denis wurde im 7. Jahrhundert vom merowingischen König Dagobert I. gegründet und diente als Grablege zahlreicher französischer Könige.

1066 – 1135 Die Normannen in England

Die normannische Eroberung Englands ist nicht nur in der englischen Geschichte, sondern in der des gesamten mittelalterlichen Europas ein beispielloses Ereignis. Innerhalb einer Generation nach der Schlacht von Hastings 1066 unterwarfen nicht mehr als 10 000 Ritter – möglicherweise sogar nur 5000 – das angelsächsische Königreich und enteigneten den Grundbesitz umfassend. Die Führungsschicht der einheimischen Bevölkerung wurde von allen öffentlichen Ämtern ausgeschlossen. Die Einnahme Englands durch die Normannen war zwar brutal, aber auch effizient. Sie veränderte für immer das Verwaltungssystem, die Gesellschaftsstruktur und die Kultur.

Das angelsächsische Königreich gehörte zu den Paradebeispielen christlicher Zivilisation in Europa. Als die Wikinger, die Vorfahren der Normannen, um 900 in das untere Seine-Tal vordrangen, hatte die angelsächsische Kultur bereits eine lange Geschichte hinter sich. Ihre Führungsschicht zählte Heilige und Märtyrer königlichen Geblüts zu ihren Vorfahren. Daher besaß die englische Krone eine geradezu sakrale Autorität. Benachbarte Mächte bewunderten das Königshaus Wessex, das seit dem ausgehenden 9. Jahrhundert herrschte, und staunten über die Effizienz des Steuerwesens, das den englischen Königen Reichtum verschaffte. Im Europa des 11. Jahrhunderts gab es viele Völker, die der Grausamkeit und Gewalt eindringender Eroberer ausgesetzt waren. Aber sie alle waren Heiden, während die Angelsachsen mit den Normannen den christlichen Glauben teilten. Die Geschehnisse in England in der zweiten Hälfte des 11. Jahrhunderts waren also insofern einzigartig, als sie sich unter Christen abspielten. Darauf machten bereits Zeitgenossen aufmerksam, und sogar der Papst legte Protest ein, jedoch ohne Erfolg.

Ein anpassungsfähiges Volk

Die Franken öffneten den Nordmännern die erste Tür in Europa. Sie überließen ihnen um 911 Land an der Seine-Mündung. Von hier aus aus dehnten die Normannen ihr Einflussgebiet westwärts auf die „Normandie“ aus, die schon bald zu einem der am

straffsten verwalteten Feudalstaaten Europas wurde. Die Annahme des Christentums und die Einführung der Reiterei in die Kriegsführung änderten nichts an der piratenhaften Rastlosigkeit, die Teil des skandinavischen Erbes der Normannen war. Durch ihre Bereitschaft zu lernen, Dinge zu übernehmen und sich anzupassen, erlangten sie schnell die Herrschaft über eroberte Gebiete. Sie entwickelten den Burgtypus der Motte, die auf einem künstlichen Erdhügel mit Wassergraben, Wällen und Palisaden errichtet wurde. Die Normannen setzten rigoros die rechte christliche Lehre durch. Gleichzeitig machten sie die Normandie zu einem Zentrum der Gelehrsamkeit, indem sie Benediktinerklöster wie die Neugründungen in Bec und Caen förderten.

Oben *Der Ausschnitt aus dem Teppich von Bayeux zeigt den englischen König Harold II. Godwinson, den in der Schlacht bei Hastings ein Pfeil ins Auge trifft.*

Verschiedene Ansprüche auf England

Die Normannen begannen sich im Jahr 1002 für England zu interessieren, als der angelsächsische König Æthelred II. die Tochter des Herzogs der Normandie, Emma, heiratete. Skandinavische Angriffe auf England hatten damals bereits eine längere Tradition. König Alfred der Große von Wessex hatte die Überfälle dänischer Wikinger abwehren und seine Herrschaft über den Süden und Westen Englands festigen können. Ein Jahrhundert später nahmen die Dänen ihre Feldzüge gegen England jedoch wieder auf, und nach Æthelreds Tod 1016 wurde der dänische König Knut auch König von England. Knut heiratete die verwitwete Emma, um seine Macht zu stärken. Ihr Sohn Harthaknut starb jedoch nach kurzer Regentschaft. Æthelreds und Emmas Sohn Eduard hatte lange Jahre im Exil bei seinen Verwandten in der Normandie gelebt. Er bestieg 1042 den englischen Thron. Mit ihm kam wieder ein angelsächsischer König an die Macht, wenn auch mit normannischem Einschlag. Eduard der Bekenner war den zahlreichen normannischen Geistlichen, Soldaten und Beamten, die mit ihm aus der Normandie an den englischen Hof gefolgt waren, ein guter Schutzherr. Diese Clique erregte den Unmut des führenden englischen Aristokraten, Graf Godwin. Er zwang den König, seine normannischen Berater 1053 zu entlassen. Als Eduard Anfang 1066 ohne Nachkommen starb, wählte der englische Adel den Sohn des Grafen, Harold Godwinson, zum König.

Oben *König Æthelred II., dem Zeitgenossen den Beinamen „der Unberatene" gaben, ist in der „Chronik von Abingdon" (um 1220) mit Schwert in der Hand dargestellt.*

Die Skandinavier besaßen jedoch noch einen letzten Trumpf. Angeblich hatte Harthaknut mit Magnus I. von Norwegen eine Vereinbarung getroffen: Würde einer von ihnen ohne Nachkommen sterben, sollte der andere König beider Länder werden. Der norwegische König Harald III. Hardråde erhob daher Anspruch auf den englischen Thron. Dabei wurde er unterstützt von dem Grafen von Northumbria, Tostig Godwinson, der sich mit seinem Bruder, König Harold II. Godwinson, entzweit hatte. Am 25. September 1066 siegte Harold Godwinsons Armee in der Schlacht von Stamford Bridge bei York über das angreifende norwegische Heer. Tostig und Harald Hardråde fielen im Kampf. Danach zog die englische Armee von Yorkshire in einem Gewaltmarsch südwärts nach Sussex. Die Männer waren bereits erschöpft, als sie sich am 14. Oktober bei Hastings den Normannen unter Herzog Wilhelm stellen mussten. Die Schlacht endete mit Harolds Niederlage und Tod. Da der englische Adel Edgar Ætheling zu Harolds Nachfolger wählte, ging Wilhelms Kampf um die englische Krone weiter. Sein Versuch, London von Osten einzunehmen, scheiterte. Daraufhin griff er die Hauptstadt von Nordwesten an, bis der englische Adel bei Berkhamsted kapitulierte.

Die Landnahme

Am 25. Dezember 1066 wurde Wilhelm in der Westminster Abbey zum König von England gekrönt. Es folgte eine Reihe von Unterwerfungsfeldzügen. Aufständische griffen 1067 Dover Castle in Kent an. 1068 musste Wilhelm gegen das widerständige Exeter vorgehen, und auch in Mercia und Northumbria kam es zu Aufständen. Unterdessen unternahmen Harolds Söhne von ihren neuen irischen Stützpunkten aus Überfälle auf den Westen des Landes. 1069 kam es in Durham zu einem Massaker an 700 normannischen Soldaten, das eine Rebellion in ganz Northumbria auslöste. Wilhelm schlug sie in der Schlacht bei York nieder, verfolgte die restlichen Aufständischen in die Stadt und ließ einen Großteil der Einwohner töten. Als im Spätsommer 1069 eine große dänische Flotte vor Englands Ostküste eintraf, flammte in ganz England der Widerstand erneut auf. Eine northumbrisch-dänische Allianz besiegte die normannische Garnison in York und brachte Northumbria unter ihre Kontrolle. Ein Vordringen der Dänen nach Lincolnshire konnte Wilhelm jedoch verhindern. Nachdem er York zurückerobert hatte, sagten ihm die Dänen gegen Zahlungen zu, bis zum Frühjahr 1070 aus England abzuziehen. Anschließend führte Wilhelms Armee im Winter 1069/70 einen erbarmungslosen Vernichtungsfeldzug in ganz Northumbria, der 150 000 Todesopfer forderte. Im folgenden Frühjahr errichtete Wilhelm der Eroberer in Chester einen Stützpunkt und hob von dort aus die restlichen Widerstandsnester in Mercia aus. In Ostengland kam es zu weiteren Unruhen, weil die Dänen sich nicht an ihre Zusage hielten. Mit einer weiteren Zahlung sicherte Wilhelm sich schließlich ihren Abzug. Ohne dänische Unterstützung mussten die Rebellen unter Führung von Hereward („dem Geächteten") sich 1071 geschlagen geben.

Den normannischen Rittern ging es vor allem um Land und um Titel. Die Teilnehmer am englischen Feldzug waren von höherem Stand als die Normannen, die nach Süditalien zogen. Häufig besaßen ihre Familien Lehnsgüter in der Normandie. Wilhelm beanspruchte in England alles Land, um nach Belieben darüber verfügen zu können. Die Ländereien der englischen Adligen, die an Harolds Seite gegen ihn gekämpft hatten und gestorben waren, verteilte er an seine Anhänger. Diese Enteignungen erklären die vehementen antinormannischen Revolten, die von 1067 bis 1071 allerdings nur zu weiteren Enteignungen führten. Wenn ein Grundbesitzer ohne Nachkommen starb, beanspruchten Wilhelm und seine Barone das Recht, den Erben zu bestimmen. Meist wählten sie Normannen aus. Witwen und Töchter, die Land erbten, drängten sie außerdem dazu, Normannen zu heiraten. Bei den Landzuteilungen achtete Wilhelm darauf, dass ein einzelner Grundherr nur verstreute Ländereien besaß. So verhinderte er die Bildung großer Machtblöcke. Zudem förderte dieses System den Zusammenhalt der Adligen, die dadurch in ständigem Kontakt miteinander standen. Mithilfe dieser loyalen Elite konnte Wilhelm England von der Normandie aus „per Erlass" regieren. Nach 1072 kehrte der König in die Normandie zurück, weil sein Herzogtum ernsthaft bedroht war. Er besuchte England nur noch vier Mal.

DIE NORMANNEN IN ENGLAND

1042 Eduard der Bekenner wird nach seiner Rückkehr aus dem Exil in der Normandie zum König von England gekrönt.

1066 Nach einer Invasion unter Führung von Herzog Wilhelm von der Normandie wird Harold II. Godwinson, der letzte angelsächsische König von England, am 14. Oktober in der Schlacht bei Hastings getötet. Am 25. Dezember wird Wilhelm in der Westminster Abbey zum König gekrönt.

1085 König Wilhelm ordnet an, den Grundbesitz in ganz England zu dokumentieren. Dieses Grundbuch wird als „Domesday Book" bekannt.

1089 Erzbischof Lafranc von Canterbury stirbt; Wilhelm II. Rufus beansprucht dessen Einkünfte für die Krone.

1100 Heinrich I. besteigt den englischen Thron und bestätigt in der „Charter of Liberties" die Freiheitsrechte des Adels.

1105 Zwischen Heinrich I. und seinem Bruder Robert, Herzog der Normandie, flammen die Kämpfe wieder auf.

1107 Im Konkordat von London räumt der Papst der englischen Krone erhebliche Macht über die Kirche von England ein.

1135 Nach dem Tod Heinrichs I. bricht Anarchie aus.

Könige von England 1016–1154

Knut der Grosse
(um 985–1035)
regierte 1016–1035

Harold I.
(Harold Harefoot)
(um 1015–1040)
regierte 1035/37–1040

Harthaknut
(1020–1042)
regierte 1040–1042

Eduard der Bekenner
(um 1003–1066)
regierte 1042–1066

Harold II.
(Harold Godwinson)
(um 1022–1066)
regierte 1066

Wilhelm I.,
der Eroberer
(um 1027–1087)
regierte 1066–1087

Wilhelm II.
(Wilhelm Rufus)
(1056–1100)
regierte 1087–1100

Heinrich I.
(1068/69–1135)
regierte 1100–1135

Stephan I.
(1096–1154)
regierte 1135–1154

Die Effizienz der normannischen Verwaltung

Laut „Domesday Book“, einer Art Grundbuch, das Wilhelm 1083 erstellen ließ, befanden sich zu dieser Zeit nur fünf Prozent des Landes im Besitz gebürtiger Engländer. Kaum einer von ihnen hatte zudem ein öffentliches Amt inne. In der angelsächsischen Verwaltung diente die Grafschaft (*shire*) als Verwaltungseinheit. An ihrer Spitze stand ein Verwalter (*sheriff*), der einer höchst effizienten Zentralverwaltung mit einem ausgefeilten Archivierungssystem unterstand. In Winchester gab es ein zentrales Abgabenamt. Diese Einrichtung entwickelte Heinrich I. weiter zum Schatzamt in Westminster, das zum Herzstück seiner Verwaltung wurde. Die Normannen übernahmen die Verwaltungsstrukturen, gestalteten sie nach ihren Vorstellungen um und besetzten sie mit eigenen Leuten. Nur einige wenige Engländer wurden zu *sheriffs* ernannt. Von 1075 an war die Grafenwürde allein Normannen vorbehalten. Ähnliches galt für den oberen Klerus: 1096 gab es keinen einzigen englischen Bischof mehr und nur noch sehr wenige englische Äbte. Loyale Geistliche waren für die normannische Verwaltung Englands unverzichtbar. Mit dieser Form der Episkopalherrschaft wandte Wilhelm in England Methoden aus der Normandie an. Dort hatte er eine Kirchenverwaltung geschaffen, die unbestechlich und ihm gefügig war. Den Vorsitz der Synoden führte er persönlich.

Zerstrittene Brüder: Wilhelm II. und Robert

Wilhelm der Eroberer beschloss, sein Erbe zwischen seinen beiden älteren Söhnen aufzuteilen: Robert wurde Herzog der Normandie und Wilhelm Rufus als Wilhelm II. König von England. Im anglonormannischen Adel fand diese Entscheidung ein geteiltes Echo. Alle, die nicht nur in England, sondern auch in der Normandie über Grundbesitz verfügten, waren der Ansicht, dass ein einziger Herrscher beide Territorien regieren sollte. So würden Loyalitätskonflikte vermieden, zumal die beiden Brüder für ihre Streitigkeiten berüchtigt waren. 1088 versuchten Aufständische, Robert auf den englischen Thron zu bringen. Der König schlug die Rebellion jedoch schnell nieder, marschierte 1091 in die Normandie ein und zwang seinen Bruder, ihm einen Teil seines Landes abzutreten. Danach versöhnten sie sich. Als Robert 1096 Geld für einen Kreuzzug brauchte, verpfändete er das Herzogtum für 10 000 Mark an seinen Bruder. Diese enorme Summe, die ein Viertel des Jahreseinkommens der englischen Krone ausmachte, finanzierte Wilhelm durch eine Sondersteuer. Während Roberts Abwesenheit vertrat Wilhelm ihn als Regent in der Normandie. Erst im September 1100, einen Monat nach dem Tod des Königs, kehrte Robert zurück.

Das Verhältnis Wilhelms II. zur Kirche war turbulent. Der König führte einen heftigen Streit mit Lanfranc, dem Erzbischof von Canterbury. Nach dessen Tod 1089 bemächtigte er sich der erzbischöflichen Einkünfte und führte sie der Krone zu. Lanfrancs Nachfolger Anselm, ebenfalls ein Gegner des Königs, ging 1097 ins Exil und bat den Papst um Unterstützung. Aber Urban II. lag bereits im Streit mit dem deutschen Kaiser

Heinrich IV. und konnte sich einen weiteren Feind schwerlich leisten. Daher unterstützte er die Beibehaltung des Status quo in England. Wilhelm erkannte die Autorität des Papstes an und durfte im Gegenzug die Einkünfte des Erzbischofs von Canterbury behalten, da Anselm im Exil blieb.

Heinrich I., ein geschickter Taktierer

Als vierter Sohn Wilhelms des Eroberers konnte Heinrich I. nicht damit rechnen, Herrscher Englands oder der Normandie zu werden. Seine wissenschaftliche Ausbildung trug ihm den Beinamen „Beauclerc" („schöner Gelehrter") ein. Er war jedoch auch ein kluger Stratege. Kurz nachdem Wilhelm Rufus 1100 in Winchester beigesetzt worden war, nutzte er die Abwesenheit seines Bruders Robert, um sich des Kronschatzes zu bemächtigen. Den Baronen, die ihm geholfen hatten, Robert auszuschalten, räumte er zum Dank in der „Charter of Liberties" besondere Rechte ein. Die Charta verbriefte politische Freiheiten des Adels und korrigierte den Machtmissbrauch Wilhelms II. Zudem bestätigte der König darin förmlich die Gesetze Eduards des Bekenners in der von Wilhelm dem Eroberer geänderten Form. Sowohl Wilhelm als auch seine Söhne hatten kaum neue Gesetze erlassen. Ersterer hatte Eduards Gesetzgebung sehr bewundert und als Grundlage des englischen Gewohnheitsrechts übernommen. Diesen Gesetzen offiziell wieder Geltung zu verschaffen war durchaus mit der Stärkung der normannischen Königsmacht vereinbar. Heinrich nutzte sie unter anderem dazu, eine Institution eigens für die Bekämpfung von Steuerhinterziehung und Korruption zu schaffen.

Oben *Die Statue Heinrichs I. von England (regierte 1100–1135) befindet sich an der Canterbury Cathedral in England.*

Die Regentschaft Heinrichs I. markierte den Höhepunkt der anglonormannischen Verwaltung. Mit dem Konkordat von London (1107) machte der Papst der englischen Krone erhebliche Zugeständnisse bei der Kontrolle über die englische Kirche. Unter Heinrichs Regentschaft passte sich die normannische Obrigkeit stärker an die englischen Verhältnisse an. Im Gegensatz zu seinem Vater und seinen Brüdern sprach Heinrich fließend Englisch. In erster Ehe heiratete er die Nichte Edgar Æthelings, eine Frau aus altem englischem Adel. Dennoch blieb die Normandie wichtig für ihn. In der Schlacht bei Tinchebrai (1106) besiegte er seinen Bruder Robert und ließ ihn gefangen nehmen. Heinrichs Macht über die Normandie blieb jedoch ungesichert, bis Roberts Sohn Wilhelm Clito 1128 starb. Heinrich unterstellte die Normandie dem englischen König und ließ sie von Vizekönigen verwalten, wenn er in England war. Hielt er sich in der Normandie auf, so verwaltete der loyale Adel sein englisches Königreich. Diese Netzwerke bildeten von Anfang an die Grundlage der normannischen Herrschaft in England. Obwohl sie wie starke Bastionen wirkten, wurden sie nach Heinrichs Tod brüchig. Der englische Adel weigerte sich, Heinrichs Tochter Mathilde als Thronfolgerin anzuerkennen, und brachte 1135 seinen Neffen Stephan I. von Blois auf den Thron. Es brach Anarchie aus, und die anglo-normannische Herrschaft löste sich auf.

Das Andenken Eduards des Bekenners

Nach dem Tod Eduards des Bekenners wuchs sein Ansehen beständig. Spätere Könige bemühten sich, sich die angelsächsische Vergangenheit anzueignen und ihre Kontinuität durch ihre eigene Autorität zu sichern.

Ein anonymer Autor vollendete 1067 eine Biografie König Eduards, die seine Witwe Edith in Auftrag gegeben hatte. Der zweite Teil dieses Werkes schildert Ereignisse, die von seiner Heiligkeit und Wundertätigkeit zeugen. Daraus machte Osbert de Clare, ein Benediktinermönch der Westminster Abbey, eine explizit hagiografische Lebensbeschreibung Eduards, die er Ende der 1130er Jahre beendete.

Der Glaube, Könige könnten durch ihre Berührung Kranke heilen, war im mittelalterlichen Europa weit verbreitet. In seiner Biografie nahm Osbert de Clare Episoden auf, die Eduards Heilkräfte illustrierten. Als Prior und späterer Abt von Westminster besaß de Clare gute Beziehungen und verbrachte einige Zeit in Rom, um sich für Eduards Heiligsprechung einzusetzen. Die mittelalterliche Kirche unterschied Heilige in zwei Kategorien: Märtyrer, die für ihren Glauben gestorben waren, und „Bekenner", die für ihren Glauben verfolgt wurden. Der Papst sprach Eduard 1161 heilig. Von da an trug er den Beinamen „der Bekenner". Eduards sterbliche Überreste wurden 1163 feierlich in einem Schrein in Westminster Abbey beigesetzt. Die Predigt hielt Aelred (1160–1167), der Abt des Zisterzienserklosters Rievaulx in Yorkshire. Aelred verfasste ebenfalls eine Eduard-Biografie. Zu seinen zahlreichen Werken gehört auch eine Genealogie der Könige Englands, in der er unter anderem nachzuweisen versucht, dass Heinrich II. (regierte 1154–1189) ein echter Nachfahre angelsächsischer Könige gewesen sei. Heinrich förderte das Ansehen Eduards tatkräftig und mit Erfolg. Ende des 12. Jahrhunderts galt der Bekenner weithin als Schutzpatron Englands.

Heinrich III. (regierte 1216–1272) verehrte Eduard den Bekenner besonders. Zu seinen Ehren ließ er die ursprünglich romanische Westminster Abbey, die Eduard Ende der 1040er Jahre errichtet hatte, durch den gotischen Bau zu ersetzen, der noch heute steht. Außerdem ließ er den Schrein des Heiligen durch einen prachtvolleren ersetzen. Am 13. Oktober 1269 wurde der Leichnam Eduards in einer feierlichen Prozession an seine neue Ruhestätte überführt. Der kriegerische König Eduard III. (regierte 1327–1377) beschloss, Eduard als Schutzpatron Englands durch den heiligen Georg zu ersetzen, einen legendenumwobenen Soldatenheiligen des 3. Jahrhunderts aus Kleinasien. Sein Nachfolger Richard II. (regierte 1377–1399) griff dagegen wieder auf Eduard den Bekenner zurück, um die herausragende Stellung des englischen Königtums zu manifestieren. Ein berühmtes Zeugnis ist das von ihm beauftragte Wilton-Diptychon, das er auf seinen Reisen mitführte. Auf der linken Tafel steht Eduard der Bekenner neben Johannes dem Täufer und König Edmund dem Märtyrer. Sie präsentieren den knienden Richard der Jungfrau Maria mit dem Christuskind, die auf der rechten Tafel von Engeln umgeben abgebildet sind. Neben Maria und dem Heiland steht ein Engel, eine Fahne mit dem Georgkreuz haltend. Die Szene drückt aus, dass Richard England dem Schutz der Jungfrau Maria anvertraut hat. König Edmund von Ostanglien, der neben Eduard steht, wurde 868 von den eindringenden Dänen getötet, und der anglonormannische Adel verehrte ihn sehr. Seine Darstellung auf dem Diptychon untermauerte den Anspruch der normannischen Herrscher, die Kontinuität der angelsächsischen Vergangenheit zu gewährleisten. Auf der Rückseite des Diptychons sind nebeneinander die Wappen des Königs von England und Eduards des Bekenners abgebildet. Allerdings entstand Eduards Wappen erst nach seinem Tod. Durch solche Mittel lebte Eduard der Bekenner fort.

Das Wilton-Diptychon.

1073 – um 1300 Der Aufstieg der Städte

Vom 11. Jahrhundert an wuchsen vor allem in Mittel- und Norditalien sowie in Teilen Frankreichs und in Südwestdeutschland Städte heran und gewannen immer mehr an Bedeutung. Die Märkte, Kaufmannsgilden und Handwerkszünfte in den Städten bildeten die Zentren des wirtschaftlichen Aufschwungs Westeuropas. Der neue Wohlstand spiegelte sich in wachsenden Bevölkerungszahlen wider. Neu waren auch Bestrebungen der Bürger, ihre Geschicke stärker selbst zu bestimmen. Die Stadtbewohner schlossen sich zu „Kommunen" zusammen, um ihr Recht auf Selbstregierung gegenüber dem Stadtherrn durchzusetzen, und verpflichteten sich durch Schwur zum gegenseitigen Schutz.

Im 11. Jahrhundert entstanden solche Kommunen sowohl auf dem Land als auch in Städten. So schlossen sich benachbarte Dörfer in Nordfrankreich zu Kommunen zusammen, die für die Sicherheit der örtlichen Straßen sorgten. Auch die spätere Schweizerische Eidgenossenschaft entstand aus den Kommunen, die sich in den Alpentälern etabliert hatten. Typischerweise bildeten sich die Kommunen jedoch in den antiken römischen Städten, deren massive Stadtmauern die Einwohner vor der Außenwelt schützten. Die Kommunen gaben nicht nur den Stadtbürgern und ihren Gütern selbst Sicherheit, sondern boten auch Reisenden Schutz, die häufig von Räubern überfallen wurden – oder auch von Adligen, die meinten, über dem Gesetz zu stehen. Es kam daher gelegentlich zu Vergeltungsschlägen der Kommunen gegen ihre Feinde. Doch vor allem konzentrierten sie sich auf ihre politischen und wirtschaftlichen Aktivitäten, die zu einer stärkeren Unabhängigkeit der Städte beitrugen.

Bändigung der Aristokratie

Königliche Chartas gewährten Städten das Recht, Märkte abzuhalten und eine eigene Zivil- und Finanzverwaltung ohne Einmischung durch die Lokalfürsten aufzubauen. Europäische Könige und Kaiser, die ihre Zentralgewalt stärken wollten, sahen in den Städten daher nützliche Verbündete für ein gemeinsames Interesse: die adligen Grundbesitzer zu bändigen. Die starke englische Monarchie des 12. Jahrhunderts konnte

ihre Autorität auch ohne solche lokalen Bündnisse durchsetzen. Daher beschränkte sich der Einfluss der Kommunenbewegung in England auf die Handwerkszünfte und Gilden der Kaufleute. Ähnlich stark waren die kapetingischen Monarchen Frankreichs. In Deutschland und Italien aber, wo eine entsprechende Zentralmacht fehlte, erlangten die städtischen Ballungsgebiete eine zunehmende Unabhängigkeit. Viele Städte entwickelten eigene, häufig sehr straffe Regierungssysteme.

Oben *Auf dem Holzschnitt von 1549 ist die bayerische Stadt Nördlingen zu sehen. Die Stadtmauer ist bis heute erhalten.*

Das Wachstum deutscher Städte

Die von den Römern gegründeten deutschen Städte lagen überwiegend im Rhein- und Donautal. Viele waren Bischofssitze. Im 10. Jahrhundert übertrugen die deutschen Kaiser Gerichtsbarkeit und Verwaltungsbefugnisse auf die Bischöfe, die wiederum Beamte für die Stadtverwaltung ernannten. An vielen Orten waren die alten Befestigungsmauern erhalten geblieben. Daher bezeichnete man solche Siedlungen häufig als „Burg", wovon viele Städtenamen bis heute zeugen. Auf Vergehen, die innerhalb dieser privilegierten Gebiete begangen wurden, standen besonders harte Strafen, und ihre Einwohner

Köln. Ihre Zahl nahm erheblich zu, als die Staufer im 12. und 13. Jahrhundert Städte auf ihrem Territorium gründeten. Die Unabhängigkeit der Städte verband sich im Übrigen durchaus mit der oligarchischen Herrschaft einiger wohlhabender Familien, die die Stadträte dominierten.

Das Autonomiestreben italienischer Stadtstaaten

Vom 11. bis zum 13. Jahrhundert war Norditalien das am dichtesten besiedelte und reichste Gebiet Europas. Dort gab es eine Vielzahl unabhängiger Kommunen oder Stadtstaaten. In allen setzte sich letztlich das politische System der „Signoria" durch, in dem ein einzelner Mächtiger die politische Kontrolle ausübte, die republikanische Verfassung jedoch beibehalten wurde. In Italien gingen politische Unruhen vom Adel aus. Anders als in Deutschland hatten die Aristokraten ihren Hauptsitz in den Städten. Daher kam es dort immer wieder zu heftigen Konflikten zwischen den *capitani*, also dem Hochadel, den *valvassori*, dem niederen Adel, und dem *popolo*, der breiten Bevölkerung, zu der auch wohlhabende Kaufleute gehörten.

Die reichen, gut befestigten Städte der Lombardei verteidigten an vorderster Front die Unabhängigkeit der italienischen Stadtstaaten gegen die expansionistischen Bestrebungen des deutschen Kaisers. Ihre zentrale wirtschaftliche Bedeutung erklärt sich zum Teil aus ihrer geographischen Lage. Die Poebene verband die Handelsnetze des Orients mit Westeuropa, das von reisenden Händlern aus der Lombardei gut versorgt wurde. Viele von ihnen betätigten sich auch als Bankiers des Heiligen Stuhls. Schon früh mussten die Bischöfe ihre irdische Macht über die mächtigen Städte aufgeben. Dennoch war der Papst ein bereitwilliger Verbündeter im Kampf gegen die Gefahr aus Deutschland. Diese gemeinsame Bedrohung hinderte die Stadtstaaten allerdings nicht daran, sich untereinander um die regionale Vormachtstellung zu streiten. Dabei stand eine Städteallianz unter Führung Mailands einer Gruppe von Städten mit Cremona und Como an der Spitze gegenüber. Diese Spaltung versuchte Kaiser Friedrich I. Barbarossa auszunutzen, um in Norditalien seinen kaiserlichen Herrschaftsanspruch durchzusetzen. Sein militärischer Angriff auf Mailand 1162 führte jedoch zu einem allgemeinen Aufstand, der die Region einte. Der Lombardenbund, dem die meisten norditalienischen Städte angehörten, fügte Barbarossas Heer in der Schlacht von Legnano 1176 eine entscheidende Niederlage bei. Eine ähnliche Demütigung erlebte Friedrich II., als er von Mailand und den Verbündeten der Stadt die bedingungslose Unterwerfung verlangte. Bei Parma schlug der Lombardenbund 1248 das Heer des Kaisers vernichtend. Diese Niederlagen hatten sowohl wirtschaftliche als auch strategische Bedeutung. Eine von wohlhabenden Kaufleuten finanzierte Streitkraft bewies ihre Überlegenheit gegenüber einer Armee, die eine auf Feudalherrschaft gestützte Monarchie aufgestellt hatte.

Die Verfassungen der unabhängigen italienischen Stadtstaaten, die im 13. Jahrhundert den Höhepunkt ihrer Macht erlebten, gingen zurück auf die römisch-republikanische Geschichte der Halbinsel. Die drei Ständegruppen der Kommune wurden von gewählten Konsuln vertreten, die auch den Gerichten vorstanden. Oberste Gewalt war die Volksversammlung (*consilium generale*) aus gewählten männlichen Vertretern, die Beschlüsse fassten und Beamte wählten. Das Wahlrecht richtete sich meist nach Grundbesitz. Nahezu überall bestand eine Dienstpflicht in der örtlichen Miliz. Daher war fast die gesamte männliche Bevölkerung in gewissem Maße in das öffentliche Leben einbezogen. Viele dieser Stadtrepubliken verwalteten auch Gebiete im Umland mit abhängigen Städten. Aber die meisten blieben vergleichsweise klein. Florenz, das für die damalige Zeit recht groß war, besaß im Jahr 1300 gut 100 000 Einwohner. Padua mit 15 000 Einwohnern entsprach eher der Durchschnittsgröße solcher Städte.

OBEN *Das riesige Fresko von Simone Martini im Palazzo Pubblico in Siena zeigt Guidoriccio da Fogliano bei der Eroberung der Burgen Montemassi und Sassoforte durch die Sieneser 1328.*

Die Verfassung der italienischen Stadtstaaten war zwar republikanisch, doch die eigentliche Macht lag in der Hand weniger Mächtiger. Diese kleine Gruppe war anfällig für interne Streitigkeiten – ein Problem, das man häufig durch die Ernennung eines *podestà* von außerhalb löste, der über den Zwistigkeiten der örtlichen Elite stand. Meist handelte es sich dabei um einen Adeligen, der als oberster Verwaltungsbeamter mit zahlreichen Kompetenzen ausgestattet war. Dies führte etwa im Fall der Familie Visconti in Mailand, den Gonzaga in Mantua und den Carrara in Padua zu einer Ein-Mann-Herrschaft. In Norditalien war dieses Muster ab dem 13. Jahrhundert weit verbreitet. Die Städte der Toskana wie Florenz konnten sich dagegen ihre Kommunen und eine gewisse republikanische Freiheit bis weit ins 14. Jahrhundert hinein bewahren. Dafür entflammten hier Konflikte, wie sie für republikanische Strukturen typisch sind. In dem Maße, wie die Reichen die Kontrolle über die Kommune an sich rissen, begannen die niederen Stände, sich ihrerseits zu organisieren. In Florenz kam es 1250 zu einem Volksaufstand. Die Bürger wählten einen eigenen Führer und zwölf weitere Vertreter und entmachteten den Adel. Es war die erste in einer ganzen Reihe von Revolten und Gegenrevolten, die sich über mehr als 100 Jahre hinzogen.

Das Regierungssystem Venedigs

Venedigs stetige Entwicklung zu einem unabhängigen Staat, der von einer eng verflochtenen Patriziergruppe regiert wurde, sorgte für bemerkenswerte Stabilität. Schon zu Beginn des 8. Jahrhunderts, kurz nachdem die Stadt ihre Unabhängigkeit vom Byzantinischen Reich erlangt hatte, stattete sie den Dogen mit Exekutivgewalt und dem Recht aus, die Volksversammlung (*concio*) einzuberufen sowie Tribunen und Richter zu ernennen. Während andere italienische Stadtstaaten republikanische Regierungsmodelle erprobten, beschnitt Venedigs herrschende Klasse die Rechte ihre Untertanen immer mehr.

Oben *Auf dem Gemälde von Paris Bordone (1495–1570) überreicht ein Fischer dem Dogen von Venedig den Ring des heiligen Markus (1535).*

Vom späten 12. Jahrhundert an wurde der *concio* nur noch selten einberufen. An seine Stelle trat der Große Rat, dessen 450 Mitglieder von den Delegierten der sechs Stadtbezirke gewählt wurden. Dieses Gremium ernannte die Staatsbeamten. Zudem stellte jeder Stadtbezirk ein Mitglied des sechsköpfigen Exekutivrats. Adlige Wahlmänner wählten den Dogen auf Lebenszeit. Kein Doge konnte seinen Nachfolger bestimmen, was von der oligarchischen Herrschaft in Venedig zeugt. Von 1296 an gehörten nur noch Angehörige weniger Adelsfamilien dem Großen Rat an. Als 1310 eine Verschwörung scheiterte, den amtierenden Dogen zu stürzen, wurde der *Consiglio dei Dieci* („Rat der Zehn") eingerichtet, der von nun an die eigentliche Verwaltung Venedigs übernahm.

Im Gegensatz zu anderen italienischen Städten litt Venedig nicht unter dem Zustrom Landadliger, die ihre alten Traditionen der Fehden, Rivalitäten und des Blutvergießens mit in die Städte brachten. Venedig war eine Handelsstadt. Die Aristokraten der Stadt gehörten nicht dem Feudaladel an. Vielmehr waren sie erfolgreiche Kaufleute, die ausnahmslos an Kommerz und einem stabilen politischen Regime interessiert waren, das es ihnen ermöglichte, noch reicher zu werden. Da Venedigs Geschichte nur bis ins 7. Jahrhundert zurückreichte, besaß die Stadt keine antike republikanische Vergangenheit, auf die sich Proteste gegen Freiheitseinschränkungen hätten beziehen können.

Dagegen war Rom der Urquell der republikanischen Tradition. Die Innenpolitik wurde jedoch durch eine Verbindung von aristokratischem Einfluss und päpstlicher Politik dominiert. Ende der 1140er Jahre versuchte die Kommune von Rom unter Führung des Mönchs Arnold von Brescia, die antike Republik wieder aufleben zu lassen. Ähnliche Versuche unternahm Cola di Rienzo 1347, indem er die Aristokraten aus der Stadt verjagte und sich zum Volkstribun ausrief. Das waren jedoch nur kurzlebige Experimente, die letztlich scheiterten. Im mittelalterlichen Rom zählten die päpstlichen Tiaren, nicht die Tribune.

Guelfen und Ghibellinen

Die Spaltung des Adels, Volksaufstände und das problematische Verhältnis zwischen italienischer und deutscher Kultur sorgten dafür, dass die Bezeichnungen „Guelfen" für die Partei der Papstanhänger und „Ghibellinen" für die Parteigänger des Kaisers lange gebräuchlich blieben. Die Welfen (italienisch Guelfen) waren ein deutsches Adelsgeschlecht, das die Herzöge von Bayern stellte. Im 12. Jahrhundert stritten sie erbittert mit den Staufern oder Waiblingern (italienisch Ghibellinen) um den Kaisertitel.

Die Namen der beiden großen deutschen Dynastien gelangten mit den Italienfeldzügen Friedrichs I. Barbarossa (regierte 1152–1190) über die Alpen und gingen in italienisierter Form in den Sprachgebrauch ein. Die Anhänger des Staufers Barbarossa bezeichnete man als „Ghibellinen". Die Verfechter der Unabhängigkeit italienischer Städte nannten sich zum Zeichen ihrer Opposition gegen die Staufer und das Kaisertum „Guelfen". Da die Päpste gemeinsam mit den Städten gegen die Staufer kämpften, stand der Begriff bald für alle, die die Sache des Papstes unterstützten. Im Laufe der Zeit gingen beide Begriffe auch in die inneritalienischen Auseinandersetzungen ein. Im späten 12. und im gesamten 13. Jahrhundert kennzeichneten sie die Parteizugehörigkeit rivalisierender Städte.

Ob eine Stadt zu den Guelfen oder den Ghibellinen gehörte, hing eher von geographischen und strategischen Aspekten ab als von ideologischen. Städte im Norden, wo das Heilige Römische Reich eine reale Bedrohung darstellte, tendierten zu den Guelfen. Mittelitalienische Städte, die eine Expansion päpstlicher Territorialmacht fürchteten, tendierten dagegen eher zu den Ghibellinen. Größe und regionale Stellung entschieden über die Bündnisse. Florenz war von Rom weit genug entfernt, um sich den Guelfen zuzurechnen. Daher war das kleinere Siena, das sich durch die Expansion der Nachbarstadt bedroht sah, ghibellinisch.

Als die Staufer Mitte des 13. Jahrhunderts ausstarben, setzte sich in Italien der Kampf zwischen Guelfen und Ghibellinen dennoch fort. Nun benutzten verschiedene Zünfte, Gilden und Bezirke innerhalb der Städte diese Namen, um ihre Gesinnung zu beschreiben und zu rechtfertigen. Heftige interne Konflikte kamen nun noch zu den traditionellen Rivalitäten zwischen den Städten hinzu. So war etwa Florenz zwischen Guelfen und Ghibellinen gespalten. Als Benedetto Caetani 1294 zum Papst Bonifatius VIII. gewählt wurde, kam es innerhalb der Guelfen zu einem Bruch. Die „Schwarzen Guelfen" unterstützten den Papst, die „Weißen Guelfen", denen auch der Dichter Dante Alighieri angehörte, wandten sich gegen Bonifatius. Als die Schwarzen Guelfen 1302 in Florenz die Macht ergriffen, wurde Dante verbannt. Seine Desillusionierung über die Politik bildete den Hintergrund für sein Werk „Die göttliche Komödie".

Der Kartenausschnitt von 1578 zeigt die Stadt Weinsberg, wo es 1140 zur Schlacht zwischen Staufern und Welfen kam.

1016 – 1184 Die Normannen in Sizilien

Zu Beginn des 11. Jahrhunderts kamen erstmals normannische Söldner nach Süditalien. Dort versuchte sich das Byzantinische Reich der Aufstände langobardischer Lokalfürsten zu erwehren, was letztlich misslang. Die Vertreibung der Byzantiner sowie Konflikte zwischen den langobardischen Fürsten boten den normannischen Rittern eine Chance, in der Region Fuß zu fassen. Zum Dank für ihre Militärdienste erhielten sie Lehen, die zur Grundlage ihrer eigenen unabhängigen Macht wurden. Schließlich entstand ein normannisches Königreich, das Sizilien und Süditalien umfasste.

Vor dem Eingreifen der Normannen bildeten Apulien und Kalabrien an „Spitze" und „Absatz" des italienischen Stiefels eine byzantinische Provinz. Zwischen ihnen lag das langobardische Fürstentum Salerno. Nördlich schlossen sich mit Benevent und Capua zwei weitere langobardische Fürstentümer an. Das Herzogtum Amalfi an der Südwestküste war praktisch unabhängig, obwohl es Byzanz zur Treue verpflichtet war. Hauptstadt der byzantinischen Provinz war die Hafenstadt Bari an der Ostküste. Hier kam es 1016 zu einem Aufstand, bei dem Langobarden und Normannen erstmals gemeinsam militärisch vorgingen. Daraufhin errichteten die Byzantiner die Festung Troia am Apenninenpass, um den Zugang zur apulischen Ebene zu schützen. Das alarmierte den Papst, der als Repräsentant der römischen Christenheit selbst ein kulturelles und religiöses Interesse daran hatte, die Byzantiner aus Italien zu vertreiben. Möglicherweise kamen daher die ersten normannischen Söldner mit päpstlicher Unterstützung nach Süditalien. Da einige langobardische Fürsten vor der byzantinischen Gegenoffensive kapitulieren mussten, appellierte Papst Benedikt VIII. an den deutschen Kaiser, ein Heer nach Süden zu schicken. Zwar gelang es Heinrich II. 1022 nicht, Troia einzunehmen, aber zumindest konnte er die kaiserliche Oberherrschaft über seine langobardischen Vasallen wiederherstellen.

RECHTS *Das Mosaik aus der Kirche Santa Maria dell' Ammiraglio, bekannt als „La Martorana", in Palermo zeigt die Krönung Rogers II. durch Christus. Der Sohn Graf Rogers I. (1031–1101) von Sizilien, wurde 1130 König von Sizilien.*

In den folgenden Scharmützeln zwischen den Langobarden kämpften auch normannische Ritter auf unterschiedlichen Seiten mit. Ihr einziges Ziel war es, die Vorherrschaft eines einzelnen Langobardenfürsten zu verhindern. Das erste normannische

ΡΟΓΕΡΙΟϹ ΡΗΞ
ΙϹ
Χ

Fürstentum Süditaliens entstand 1030, als Herzog Sergius IV. von Neapel, nominell ein byzantinischer Vasall, seinen Verbündeten Rainulf Drengot mit der Grafschaft Aversa belehnte. Dieses Ereignis bedeutete einen gewaltigen Erfolg für die Normannen. Aversa war fortan Anlaufstelle eintreffender Söldner. Als Kaiser Konrad II. das Lehen 1037 bestätigte, wurde Rainulf zu seinem unmittelbaren Vasallen. Im folgenden Jahr eroberte Rainulf Capua und schloss die Grafschaft Aversa an das Fürstentum Capua an.

Der Aufstieg der Hautevilles

In dieser Zeit gewann ein weiterer normannischer Klan, die Hautevilles, wachsenden Einfluss in Süditalien. Der langobardische Fürst Guaimar IV. von Salerno hatte einige Ritter aus der Familie Hauteville für seinen Feldzug gegen das arabisch beherrschte Sizilien angeworben, den er gemeinsam mit der byzantinischen Armee von 1038 bis 1040 führte. In diesem Krieg erwarb sich Wilhelm von Hauteville den Beinamen „Eisenarm". Auf dem italienischen Festland kämpfte man nicht mit, sondern gegen die Byzantiner. Am 16. März 1041 errang ein normannisches Heer in der Schlacht von Monte Maggiore bei Cannae einen entscheidenden Sieg über die byzantinische Armee. Guaimar blieb ein wichtiger Verbündeter der Normannen, doch die Söldner scharten sich zunehmend um Wilhelm Eisenarm und wählten ihn im September 1042 zu ihrem Anführer. Es kam zu einer Abmachung, die allen Seiten nützte. Wilhelm von Hauteville und seine Anhänger riefen Guaimar zum „Herzog von Apulien und Kalabrien" aus und erhielten im Gegenzug Ländereien um Melfi zu Lehen, die in zwölf Baronien aufgeteilt wurden.

UNTEN *Papst Nikolaus II. macht Robert Guiskard zum Herzog von Apulien und Kalabrien; Ausschnitt einer Illustration aus der „Nuova Cronica" des Florentiners Giovanni Villani (um 1275–1348).*

Die Hauteville-Brüder Wilhelm, Drogo und Humfred waren nun keine Söldner mehr, sondern Grundherren. Somit gab es in Süditalien zwei normannische Dynastien, die Drengots und die Hautevilles, die beide unmittelbare Vasallen des Kaisers wurden. Die Brüder führten weiter Feldzüge gegen Byzanz. Ihre Siege in Kalabrien kamen auch ihrem Halbbruder Robert Guiskard zugute, der das Schicksal der Familie zu neuen Höhen führen sollte. Der Papst war besorgt über die wachsende Macht der Normannen und unterstützte eine Koalitionsarmee, an der sich auch unzufriedene langobardische Fürsten beteiligten. Dieses Heer trat den vereinten Normannen am 18. Juni 1053 bei Civitate entgegen. Robert Guiskards brillante Strategie und seine persönliche Tapferkeit trugen wesentlich dazu bei, dass die Normannen siegten. Aus Realitätssinn strebte der Papst nun eine Annäherung an. Als Robert Guiskard 1057 die Nachfolge Humfreds als Graf von Apulien antrat, kündigte er dem Kaiser die Treue auf und wurde Vasall des Papstes, der ihn zum Dank zum Herzog machte.

Richard Drengot, der 1049 Nachfolger des Grafen von Aversa wurde, setzte die aggressive Politik gegen die benachbarten langobardischen Gebiete fort. Er eroberte Gaeta und Capua und bedrängte das Fürstentum Salerno von Norden her. Als Fürst von Capua verfolgte Richard gegenüber dem Papst, dessen Land im Norden an seines angrenzte, abwechselnd eine aggressive und eine friedfertige Politik. Bis zum Ende des 11. Jahrhunderts gerieten seine ineffizienten Nachfolger jedoch in Abhängigkeit von den Hautevilles. Nach dem Sieg bei Civitate fiel auch das östlich von Capua gelegene Fürstentum Benevent nach und nach an die Hautevilles. Sie machten es schließlich zu ihrem Stützpunkt, um von dort aus in die angrenzenden päpstlichen Territorien vorzudringen. Erst 1080 erkannten sie diese Gebiete an und stellten die Angriffe ein.

Machtkämpfe um Süditalien

Das Fürstentum Salerno hatte unter den Langobarden eine lange Zeit der Blüte und des Wohlstands erlebt. Es war der bis dahin größte Sieg der Normannen, als Robert Guiskard es 1077 unterwarf und gleichzeitig das benachbarte Amalfi eroberte. Salerno, die damals größte Stadt Süditaliens, wurde zum Zentrum normannischer Macht. In Amalfi kam es dagegen immer wieder zu Aufständen und lokalen Revolten, die erst aufhörten, als die Normannen das Herzogtum 1131 endgültig unterwarfen.

Ende der 1150er Jahre, kurz nachdem Robert Guiskard die Nachfolge seines Bruders Humfred als Lehnsherr angetreten hatte, schien Apulien fest in normannischer Hand zu sein. In Kalabrien, wo die griechische Kultur tief verwurzelt war, behielt Byzanz jedoch die Kontrolle über weite Teile der Provinz. Gemeinsam mit seinem jüngeren Bruder Roger eroberte Robert bis 1060 die meisten byzantinischen Städte Kalabriens und vereinbarte mit ihm, die Macht in der Region zu teilen. Die Byzantiner waren jedoch nicht bereit, kampflos aufzugeben. Am Jahresende traf eine große byzantinische Armee in Apulien ein und belagerte Melfi. Die beiden Normannenführer konnten die byzantinischen Truppen 1061 zurückschlagen. Diese bezogen jedoch in Bari Stellung und blieben während der 1160er Jahre eine ständige Gefahr. Bari war der letzte Vorposten byzantinischer Macht in Westeuropa. Als die Normannen die stark befestigte Stadt 1071 eingenommen hatten, kannte ihr Ehrgeiz offenbar keine Grenzen mehr.

Sizilien, Juwel der normannischen Krone

Sizilien mit seiner multikulturellen Bevölkerung aus byzantinisch-orthodoxen Christen, Arabern und Juden wurde von arabischen Emiren regiert. Als die Zentralmacht Mitte des 11. Jahrhunderts zerfallen war, nutzten die Normannen die Zwistigkeiten in der herrschenden Elite für sich. Bereits 1059, als der Papst

Die Normannen in Sizilien

1016 In Bari, der Hauptstadt der byzantinischen Provinz in Süditalien, kommt es zu einem Aufstand von Normannen und Langobarden.

1030 Aversa wird die erste süditalienische Grafschaft unter normannischer Herrschaft.

1041 Ein Normannenheer besiegt die byzantinischen Truppen in der Schlacht am Monte Maggiore.

1061 Robert Guiskard und sein Bruder Roger vertreiben ein byzantinisches Heer, das Melfi in Apulien belagert hat.

1071 Die Normannen erobern Bari, den letzten byzantinischen Außenposten in Westeuropa.

1072 Robert Guiskard erobert Palermo, sein Bruder Roger wird „Graf von Sizilien“.

1077 Robert Guiskard de Hauteville, Herzog von Apulien, erobert das langobardische Fürstentum Salerno.

1112 Roger II. wird Graf von Sizilien. Er erobert Apulien (1126), setzt seine Oberhoheit in Süditalien durch und wird 1130 zum König gekrönt.

1184 Konstanze, die posthum geborene Tochter Rogers II., heiratet Heinrich VI., den Sohn und Erben Kaiser Friedrichs I. Barbarossa.

Robert zu seinem Lehnsmann gemacht hatte, hatte er ihm den Titel „Herzog von Sizilien" verliehen. Zwei Jahre später, 1061, überquerten Roger und Robert Guiskard die Straße von Messina. Sie eroberten und befestigten Messina und rückten zügig durch Ostsizilien vor, nachdem sie sich mit einem einheimischen Emir verbündet hatten. Bei Enna, der imposanten Festung im Zentrum der Insel, wurde das normannische Heer jedoch geschlagen und zum Rückzug gezwungen. Weitere Feldzüge führten zu einer verstärkten normannischen Präsenz in Sizilien. Robert Guiskard eroberte 1072 Palermo und die dortige Zitadelle. Roger wurde unter der Oberherrschaft seines Bruders Graf von Sizilien. Ihm sollte der größte Teil der Insel unterstehen, während Robert in Palermo und der Hälfte Messinas regieren würde. Weite Teile Siziliens waren aber vorerst noch arabisch besetzt. Roger besiegte 1077 den Emir von Trapani und 1079 den Emir von Taormina und begann einen systematischen Eroberungsfeldzug. Syrakus kapitulierte im Frühjahr 1086 nach einjähriger Belagerung. Mit dem Fall der Stadt Noto im Südosten der Insel 1091 war Sizilien schließlich fest in normannischer Hand.

Während Roger die normannische Herrschaft in Sizilien festigte, zog es Robert über die Adria auf den byzantinisch beherrschten Balkan. Im Mai 1081 brach er mit seinem Heer von Brindisi auf. Im Oktober schlug er den byzantinischen Kaiser Alexios in der Schlacht bei Dyrrachium und errang einen der größten normannischen Siege. Die Aussicht, dass ein Normanne den Thron in Konstantinopel besteigen könnte, erschien durchaus realistisch. An diesem entscheidenden Wendepunkt musste Robert jedoch nach Rom zurückkehren, um Papst Gregor VII. zu Hilfe zu eilen, der von dem deutschen Kaiser Heinrich IV. belagert wurde. Roberts Sohn Bohemund, der den Vater auf seinem Feldzug begleitet hatte, eroberte Thessalien, konnte aber die 1081 bis 1082 eroberten Gebiete nicht halten. Robert selbst starb 1084 bei dem Versuch, die normannische Herrschaft in Capua und Kephalonia wiederherzustellen. Bohemund kehrte nach

UNTEN *Das normannische Castello di Venere in Erice, Sizilien, wurde im 12. Jahrhundert auf einer Steilklippe errichtet.*

Italien zurück und begann mit seinem Halbbruder Roger Borsa einen Erbfolgestreit. Sizilien wurde später zum normannischen Kronjuwel am Mittelmeer. Graf Rogers gleichnamiger Sohn übernahm noch vor seiner Volljährigkeit den Titel seines Vaters und trat dessen Nachfolge 1112 an. Seine Vettern aus der Linie Guiskards konnte Roger II. ausmanövrieren, als sie sich Aufständen in ihren süditalienischen Ländereien zuwenden mussten. Er unterstützte sie militärisch und ließ sich dafür die Herrschaft über ihre sizilianischen Territorien übertragen. Von seinem Vater hatte Roger Ländereien in Kalabrien geerbt. Apulien eroberte er 1126 nach dem Tod Herzog Wilhelms von Apulien in einem dramatischen Feldzug. Nun gehörte ihm ganz Süditalien. Bei der strittigen Papstwahl 1130 unterstützte Roger den Gegenpapst Anaklet II. Noch im selben Jahr krönte dessen Emissär ihn in Palermo zum König von Sizilien. Nach Anaklets Tod nahm Roger den rivalisierenden Papst Innozenz II. gefangen, der daraufhin den Königstitel 1139 bestätigte.

Die Beziehungen zwischen dem Papst und Sizilien waren ungewöhnlich eng, seit Urban II. Roger I. 1098 zum päpstlichen Legaten ernannt hatte. Mit diesem Titel erhielt der Graf das Recht, auf der Insel Bischöfe zu ernennen und Kirchenabgaben einzutreiben. Für den Papst war das allerdings nur ein Mittel zum Zweck. Jahrhundertelang hatten arabische Emire auf Sizilien geherrscht, und selbst unter Roger II. war ein Großteil der Bevölkerung Westsiziliens noch arabisch. Die Kirche konnte daher auf der Insel das römische Christentum nicht allein durchsetzen. Die normannischen Herrscher überwachten die neue bischöfliche Verwaltung, die in Palermo, Syrakus und Agrigento eingesetzt wurde. Der Papst bestand jedoch darauf, dass die Könige von Sizilien, dem Herzogtum Apulien und dem Fürstentum Capua seine Vasallen waren. 1131 brachte Roger II. Amalfi unter seine militärische Kontrolle. Es gehörte zwar bereits seit 1073 zum normannischen Apulien, hatte aber eine gewisse Unabhängigkeit bewahren können. Zudem verleibte Roger das Herzogtum Neapel 1139 seinem Königreich ein, das mittlerweile zu einer bedeutenden europäischen Macht herangewachsen war.

Durchsetzung bürokratischer Macht

Roger II. verfolgte mit all seinen Unternehmungen ein strategisches Ziel: Er wollte sein Königreich als ein geschlossenes, unabhängiges Territorium regieren. Manche Befugnisse übertrug er zwar den Feudalherren, die als Gegenleistung Militärdienste leisten mussten. Da er über das Erbrecht bei Lehen bestimmte, konnte er Vasallen ablehnen, die er für ungeeignet hielt. Kapitalverbrechen unterstanden allein der Gerichtsbarkeit des Königs. Von ihm ernannte Justiziare reisten an entlegene Orte Süditaliens, um sie an seiner statt auszuüben. In weiten Teilen Süditaliens behielten die Barone beträchtliche Macht. In Kalabrien und auf Sizilien jedoch war der König selbst Grundherr. Eine normannische Bürokratie beaufsichtigte die Verwaltung der Städte, die Aktivitäten der Kaufleute und die Versorgung mit Waren. Der König besaß das Monopol der Eisen- und Stahlherstellung und ausgedehnte Rechte an der Salzproduktion. Damit verfügte Roger über eine stark konzentrierte Wirtschaftsmacht, die von einem normannischen Staatsapparat mit byzantinischen und arabischen Einflüssen kontrolliert wurde.

Das Erbe Kaiser Justinians erwies sich als wichtige Inspiration für Roger II. Dessen Gesetzeswerk, das „Corpus Juris Civilis“, war im 11. Jahrhundert in Süditalien weit verbreitet und beeinflusste grundlegend die „Assisen von Ariano“, die Roger 1140 verkündete. Auch in Westeuropa gängige Herrschaftsinstrumente nutzte er. So versammelte Roger 1129 seine Barone in der süditalienischen Stadt Melfi und verkündete einen Landfrieden. Solche Ratsversammlungen waren wiederum eine typisch normannische Methode, einen Feudalherrn durch seine Vasallen bestätigen zu lassen. Noch viele weitere Einflüsse festigten Rogers Herrschaft. Seinen byzantinischen Untertanen erschien er als griechischer *basileus*, seine arabischen sahen in ihm den neuen Emir.

Siziliens fruchtbare Äcker und der blühende Handel sorgten für große Einkünfte, die Roger eine der vornehmsten Hofhaltungen des Mittelmeerraums ermöglichten. Außerdem verwendete er seinen Reichtum für Bestechung in großem Maßstab, vor allem in der Lombardei. Denn für Sizilien war es äußerst wichtig, dass die dortigen Städte ihren Widerstand gegen das Vordringen des deutschen Kaisers aufrechterhielten. Als Rogers posthum geborene Tochter Konstanze 1184 Heinrich VI., den Sohn und Erben

Eine Politik der Latinisierung

Da Siziliens Bevölkerung ungewöhnlich polyglott war, musste Roger Dokumente in Griechisch, Latein und Arabisch abfassen lassen, wenn sie verstanden werden sollten. Von der kulturellen Vielfalt seines Königreichs zeugten auch der Harem, die sarazenische Leibwache und der arabische Küchenchef. Muslimische Dichter genossen die Förderung des Königs. Sizilien war im 12. Jahrhundert ein bedeutendes Zentrum für die Übersetzung griechischer Texte ins Lateinische. Rogers Hauptinteresse galt jedoch den Naturwissenschaften. Er beauftragte den nordafrikanischen Gelehrten al-Idrisi im „Kitab Rujar" („Buch Rogers") mit einer geographischen Beschreibung der bekannten Welt.

Dennoch war Rogers Politik vor allem darauf ausgerichtet, Siziliens Kultur auf Kosten ihrer arabischen und griechischen Elemente zu latinisieren. Dass der König einige Brocken Arabisch sprach, half ihm, mit den Fatimidenherrschern Ägyptens Handelsverträge zu schließen. Zudem förderte er einige Muslime am Hof. Mäzenatentum war jedoch Rogers Methode, die einheimische griechische und normannische Aristokratie ruhig zu halten. Muslime, die in seinem Dienst in höchste Ämter aufstiegen, mussten zudem zum Christentum übertreten. Die Palastkapelle in Palermo ist ein Paradebeispiel für den kulturellen Mix Siziliens: Der lateinische Kirchenbau ist mit einer typisch arabischen Muqarnasdecke und byzantinischen Mosaiken ausgestattet. Letztere zeigen Roger als neuen David, der auf die Welt zurückgekehrt ist. Roger erhob den Anspruch, als Gottes Stellvertreter über das Königreich Sizilien zu herrschen. Wenn er an einer feierlichen Messe teilnahm, kleidete er sich als König und Priester in Tunika und Dalmatika aus sizilianischer Seide. Der Mantel des Königs war dunkelrot und erinnerte an den Purpur der Kaiser im antiken Rom und in Byzanz. Auch die Königsgräber, die er in Auftrag gab, knüpften an diese Tradition an: Sie waren aus dem gleichen roten Marmor, wie ihn die römischen Kaiser verwendeten. Rogers intendierte Verbindung von weltlicher Macht und religiöser Autorität sollte Ehrfurcht wecken. Dem Eifer, mit dem er die Ikonografie der Macht weiterentwickelte, war eine typische normannische Mischung aus Gerissenheit und Aggressivität zu eigen.

Die Weltkarte ist das Titelblatt zu Muhammad al-Idrisis Weltatlas, der „Tabula Rogeriana", die 1154 entstand.

Kaiser Friedrichs I. Barbarossa, heiratete, veränderte sich die politische und militärische Situation im Mittelmeerraum. Sizilien und das Heilige Römische Reich versöhnten sich durch eine Personalunion zwischen den sizilianischen Normannen und den Staufern. Aus dieser Ehe ging Kaiser Friedrich II. hervor, der sowohl die Talente als auch die charakteristischen Ambitionen seiner beiden Großväter erbte: Barbarossas Blickrichtung nach Italien und Rogers übersteigerte Vorstellung eines erhabenen Königtums.

1071 – 1109 DER ERSTE KREUZZUG

Im März 1095 überbrachten Gesandte des byzantinischen Kaisers Alexios I. Komnenos Papst Urban II. während der Synode von Piacenza eine Botschaft. Nach seiner Niederlage in der Schlacht von Manzikert am 26. August 1071 hatte das Byzantinische Reich große Teile Kleinasiens an die Seldschuken verloren. Nun bat Alexios um westliche Militärhilfe, um sein Land zurückzuerobern. Zudem erinnerte er den Papst daran, dass Jerusalem unter muslimischer Herrschaft stand und westliche Pilger daher nur eingeschränkten Zugang zur Heiligen Stadt hatten. Als Urban daraufhin zu den Waffen rief, war das der Beginn einer Reihe erbitterter Kämpfe zwischen christlichen und muslimischen Truppen, der Kreuzzüge.

Als der byzantinische Kaiser Alexios um westliche Militärhilfe bat, um die Muslime aus Jerusalem zu vertreiben, hätte er keinen günstigeren Zeitpunkt wählen können. Da die Seldschukenfürsten untereinander zerstritten waren, stockte der türkische Vormarsch. Das Papsttum hatte neues Selbstbewusstsein gewonnen, wovon die Konfrontation mit dem Kaiser zeugte, und die Beziehungen zwischen der griechischen und der lateinischen Kirche waren relativ freundschaftlich. Die kulturelle und theologische Auseinanderentwicklung der Ost- und der Westkirche hatte 1054 zu einer förmlichen Spaltung, dem Morgenländischen Schisma geführt. Als Urban zum Papst gewählt wurde, bemühte er sich intensiv darum, das Schisma zu beenden. Er hob die Exkommunikation auf, die Gregor VII. über Alexios verhängt hatte, und zeigte sich empfänglich für die Notlage der byzantinischen Christen, die von den Seldschuken bedroht wurden.

Heiliger Krieg

Urbans Aufruf zum Kreuzzug auf der Synode von Clermont in der Auvergne im November 1095 war die offizielle Antwort des Papstes auf Alexios' Sendschreiben. In der Zwischenzeit hatte er in seiner Heimat Frankreich um Unterstützung für ein Eingreifen in Palästina und Syrien geworben. In Gesprächen mit Adhemar, dem Bischof von Le Puy, und Graf Raimund IV. von Toulouse bereitete er den Weg für Clermont. Ihre einflussreiche Unterstützung förderte die Sache des Kreuzzugs in Südfrankreich

beträchtlich. In einer leidenschaftlichen Ansprache entwarf Urban am 27. November seine Vision eines bewaffneten Pilgerzugs ins Heilige Land, um die heiligen Stätten der Christenheit zu befreien. Sein Versprechen, dass die Kreuzfahrer damit Gottes Willen erfüllen und sie einen vollständigen Sündenerlass erlangen würden, machte die Teilnahme umso attraktiver. Ende 1095 begann der Klerus, diese Botschaft in Frankreich, Italien und Deutschland zu verbreiten. Die meisten, die „das Kreuz

OBEN *Papst Urban II. leitet die Synode von Clermont 1095 und ruft zum Kreuzzug auf; Buchmalerei aus den „Livres des Passages d'Outre-mer", um 1490.*

nahmen“, waren arme, fromme Bauern. 1096 stießen zahlreiche Adlige zu ihnen, die das riesige, französisch dominierte Heer anführten.

Im Verlauf des Ersten Kreuzzugs eroberten die christlichen Truppen weite Teile Kleinasiens sowie Jerusalem. Sie errichteten das Königreich Jerusalem, das Fürstentum Antiochia und die Grafschaften Tripolis und Edessa. Diese sogenannten Kreuzfahrerstaaten befreiten Byzanz von der unmittelbaren Bedrohung, der es im ausgehenden 11. Jahrhundert ausgesetzt war. Doch es kam immer wieder zu Konflikten, da die siegreichen lateinischen Christen sich weigerten, die Gebiete zurückzugeben, die vor der arabischen Eroberung im 7. Jahrhundert zum Byzantinischen Reich gehört hatten. In den folgenden beiden Jahrhunderten führten westeuropäische Herrscher acht weitere Kreuzzüge in den Nahen Osten. Aber keiner war so erfolgreich wie dieses erste Abenteuer, das eine selbst für die Anführer überraschende Begeisterung in der gesamten Bevölkerung ausgelöst hatte.

Oben *Der Holzschnitt aus dem 15. Jahrhundert zeigt Gottfried von Bouillon, der 1099 in Jerusalem einreitet.*

Nach der Schlacht von Manzikert umfasste das Byzantinische Reich nur noch den Balkan und einen schmalen Küstenstreifen im Nordwesten Kleinasiens. Den türkischen Seldschuken gelang es jedoch auf Dauer nicht, ihre Expansion zu koordinieren und ihr riesiges Reich zentral zu regieren. So zerfiel es in den 1090er Jahren nach dem Tod des brillanten Wesirs Nizam al-Mulk in mehrere Fürstentümer in Iran/Irak, Khorasan/Transoxanien, Syrien und Anatolien. Im Süden stand ihnen mit der schiitischen Dynastie der Fatimiden ein starker Feind gegenüber. Die Fatimiden herrschten seit dem Ende des 10. Jahrhunderts in Ägypten und waren bis nach Palästina vorgedrungen. Christliche Gebiete dieser Region wurden von ihnen toleriert. Ihr Konflikt mit den sunnitischen Seldschuken zog die Christen Palästinas jedoch erheblich in Mitleidenschaft. Anfang der 1070er Jahre hatten die Seldschuken Jerusalem von den Fatimiden erobert, welche die Stadt 1098, also kurz vor dem Eintreffen der Kreuzfahrer, zurückeroberten. Die Besetzung Anatoliens und Syriens durch muslimische Heere bildete den unmittelbaren Auslöser für den Ersten Kreuzzug. Berichte über das Leid der dortigen Christen drangen bis nach Westeuropa und waren in den 1090er Jahren weithin bekannt. Aber die seldschukische Besetzung Palästinas ab 1073 hatte für das Leben und den Besitz der Christen eine ähnlich verheerende Wirkung.

Die Anführer des Ersten Kreuzzugs

Anfang der 1080er Jahre hatte Bohemund von Tarent, der Sohn Robert Guiskards, mit seinen Normannen einen Feldzug gegen die byzantinische Provinz in Süditalien geführt. Gemeinsam mit seinem Neffen Tankred schloss er sich dem Ersten Kreuzzug an. Zwar hatte er sich in Süditalien ein kleines Fürstentum geschaffen, hoffte aber, auf dem Kreuzzug größere Besitzungen zu gewinnen. Auch Gottfried von Bouillon nahm am Kreuzzug teil, obwohl er Kaiser Heinrich IV. im Kampf gegen den Papst unterstützt hatte. Sein Bruder Balduin von Boulogne nahm ebenfalls teil. Weitere Anführer des Kreuzzugs waren Hugo von Vermandois, der jüngere Bruder des französischen Königs Philipp I.; Robert II. von der Normandie, der ältere Bruder des englischen Königs Wilhelm II.; Graf Robert II. von Flandern, sowie Stephan II., Graf von Blois und Schwiegersohn Wilhelm des Eroberers.

Der „Volkskreuzzug“

Die Kreuzfahrerheere sollten sich Mitte August 1096 in Konstantinopel sammeln. Urbans Ruf zu den Waffen löste aber eine so große Begeisterung aus, dass viele Bauern eigene Trupps bildeten. Peter der Einsiedler, ein Priester aus der Nähe von Amiens, war wohl der berühmteste unter den zahlreichen Predigern, die durch Frankreich zogen und zum Kreuzzug aufriefen. Im Frühjahr 1096 führte er mit einigen Rittern Tausende ungebildeter Bauern und wohl auch Verbrecher nach Osten. Schon im Rheintal, wo es in den Jahren 1095 und 1096 zu zahlreichen antisemitischen Gewalttaten kam, richteten einige von ihnen Massaker unter Juden an. Peters inoffizieller „Volkskreuzzug“ stellte eine Gefahr für die öffentliche Ordnung dar und löste Gegenangriffe der Ungarn und der Griechen aus, als dieser wüste Haufen Richtung Konstantinopel zog. Voller Sorge lenkte Alexios Peters Heer so schnell wie möglich über den Bosporus. Im Oktober wurde es von den Türken fast gänzlich aufgerieben.

Die Belagerung von Nicäa und Antiochia

Auch das offizielle Kreuzfahrerheer, das im Winter 1096/97 vor den Toren seiner Hauptstadt kampierte, wollte Alexios schnell wieder loswerden. Hungrige Kreuzfahrer plünderten bereits die Außenbezirke Konstantinopels. Der Kaiser hatte kein Interesse daran, sich dem Kreuzzug anzuschließen, erwartete aber von den Anführern, dass sie ihm als Gegenleistung für Verpflegung und Ausrüstung die Treue schworen. Raimund von Toulouse versprach lediglich, den Interessen des Byzantinischen Reichs nicht zu schaden. Alle anderen Führer des Kreuzzugs erklärten sich schließlich jedoch bereit, den Treueeid abzulegen. Anfang 1097 setzte das gesamte Heer, begleitet von zwei byzantinischen Feldherrn, nach Kleinasien über.

Der Erste Kreuzzug

1071 Nach der byzantinischen Niederlage bei Manzikert beherrschen die Seldschuken große Teile Kleinasiens.

1095 Auf der Synode von Clermont in der Auvergne ruft Papst Urban II. zur „Befreiung“ der heiligen Stätten in Syrien und Palästina auf.

1097 Ein Kreuzfahrerheer setzt von Konstantinopel nach Kleinasien über; am 19. Juni kapituliert Nicäa, im Oktober belagern die Kreuzfahrer Antiochia.

1098 Mit der Grafschaft Edessa wird der erste Kreuzfahrerstaat gegründet. Im Juni fällt Antiochia.

1099 Das Kreuzfahrerheer trifft Anfang Juni in Jerusalem ein und belagert die Stadt. Am 15. Juli fällt sie. Gottfried von Bouillon wird zum Regenten der Stadt gewählt. Er gründet das Fürstentum Galiläa und die Grafschaft Jaffa als Territorien des „Königreichs Jerusalem“.

1100 Graf Balduin von Edessa tritt die Nachfolge seines Bruders Gottfried an und wird zum König von Jerusalem gekrönt.

1103 Raimund IV. Toulouse beginnt im Libanon eine Offensive gegen den Emir von Tripolis. Nach seinem Tod (1106) führt sein Sohn Bertrand den Feldzug fort und errichtet nach der Kapitulation des Emirs (1109) die Grafschaft Tripolis.

Die türkischen Seldschuken hatten die alte christliche Stadt Nicäa 20 Jahre zuvor erobert und zur Hauptstadt ihres Sultanats gemacht. Die Kreuzfahrer belagerten sie monatelang und wurden von Alexios, der in einiger Entfernung lagerte, mit Verstärkung versorgt. Am 19. Juni nahm der byzantinische General Manuel Boutoumites die Kapitulation der türkischen Garnison entgegen und wurde zum Herzog von Nicäa ernannt. Damit gehörte die Stadt wieder zum Byzantinischen Reich.

Das Kreuzfahrerheer teilte sich nun in eine normannische Division unter Führung von Bohemund und eine französische Division unter Führung von Raimund und rückte über die anatolische Ebene vor. Am 1. Juli errang das wieder vereinte Heer bei Doryläum seinen ersten Sieg über die Seldschuken, kam aber danach nur langsam voran. Die Bevölkerung der Region war überwiegend christlich und ihnen daher freundlich gesinnt. Dennoch trieb der Verpflegungsmangel die Kreuzfahrer dazu, zu plündern. Auch kamen Streitigkeiten unter den Anführern auf, die dazu führten, dass sich Balduin von Boulogne vom Hauptheer absetzte. Als starker Verbündeter der europäischen Kreuzfahrer erwies sich das christliche Königreich Kilikien an der Südostküste Kleinasiens, das Armenier auf der Flucht vor der Seldschukeninvasion gegründet hatten. Östlich davon lag Edessa, wo ebenfalls viele Armenier lebten. Ihr Herrscher, der einheimische Adelige Thoros, war seinen armenisch-orthodoxen Untertanen durch seinen byzantinisch-orthodoxen Glauben fremd. Nachdem man Thoros überredet hatte, den Kreuzritter Balduin als seinen Erben einzusetzen, wurde er ermordet. Möglicherweise war Balduin daran beteiligt, der im März 1098 seine Nachfolge antrat und den Grafentitel annahm.

Damit war der erste Kreuzfahrerstaat gegründet. Das Hauptheer der Kreuzfahrer stand nun vor der Herausforderung, das stark befestigte Antiochia einzunehmen. Seit 1085 war die alte byzantinische Stadt in den Händen der Seldschuken. Die Kreuzfahrer belagerten Antiochia acht Monate lang und besiegten zwei Heere, die die Herrscher von Damaskus und Aleppo zur Befreiung der Stadt entsandten. Als Antiochia im Juni 1098 fiel, kam es zu einem Blutbad an den Einwohnern. Kurze Zeit später traf ein Seldschukenheer ein, um die Stadt zu belagern. Aber interne Rivalitäten der Türken verhalfen den Christen zu einem weiteren wichtigen Sieg.

Auch die Anführer des Kreuzzugs waren untereinander zerstritten. Nach Adhemars Tod fehlte dem Unternehmen ein wichtiger geistlicher Führer und kluger politischer Berater. Bohemund fühlte sich nicht mehr an den Kaiser Alexios geleisteten Treueeid gebunden und erhob Anspruch auf die eroberte Stadt. Dieser wurde von Raimund von Toulouse und anderen bestritten. So kam der Kreuzzug für den Rest des Jahres 1098 zum Stillstand. Da die Verzögerung den Unmut der Kreuzfahrer weckte, musste der Disput dringend beigelegt werden. Anfang 1099 fand sich eine Lösung: Das Heer zog weiter Richtung Jerusalem, während Bohemund als Fürst von Antiochia zurückblieb.

Es war ein zerlumptes, hungriges und etwa auf ein Viertel seiner ursprünglichen Größe geschrumpftes Heer, das Anfang Juni vor den Mauern Jerusalems eintraf. Eine langwierige Belagerung schien aussichtslos. Den ersten Frontalangriff wehrten die Fatimiden mühelos ab. Die Lage änderte sich jedoch, als Mitte Juni Seeleute aus Genua eintrafen und Nahrungsvorräte mitbrachten. Holz wurde herangeschafft, um Belagerungstürme zu bauen.

OBEN *Eine Illustration der Chronik „Histoire d'Outremer" Wilhelms von Tyros* (um *1130–um 1185*) *zeigt die Belagerung Antiochias durch die Kreuzfahrer. Sie begann im Oktober 1097.*

Der Kampf um Jerusalem

Am 13. Juli 1099 begann die Entscheidungsschlacht. In der Aufstellung der Truppen spiegelten sich die unterschiedlichen Loyalitäten innerhalb des Heeres wider. Raimunds südfranzösische Truppe stand vor dem Südtor, Gottfried von Bouillon und Tankred kämpften mit ihren Leuten und anderen Anführern am Nordtor. Der endgültige Vorstoß am 15. Juli erfolgte jedoch in Absprache. Den Kreuzfahrern gelang es, im Norden wie auch im Süden eine Bresche in die Verteidigungslinien zu schlagen. Es folgten grausame Massaker an Muslimen und Juden. Die byzantinischen Christen waren zu Beginn der Belagerung aus Jerusalem vertrieben worden. Sonst wären sie dem Blutbad wohl ebenfalls zum Opfer gefallen. Viele Muslime hatten sich in die Al-

Aqsa-Moschee auf dem Tempelberg geflüchtet. Tankred sagte ihnen zunächst seinen Schutz zu, als er dem Gemetzel am 15. Juli Einhalt gebot, ließ sie aber am nächsten Tag dennoch töten. Jerusalems Synagoge brannten die Kreuzfahrer mitsamt den Gläubigen nieder, die darin Zuflucht gesucht hatten.

Jerusalem sollte ein christliches Königreich werden. Es stellte sich jedoch die Frage, ob in der Stadt, in der Christus seine Dornenkrone getragen hatte, ein weltlicher Fürst den Königstitel tragen durfte. Die beiden Hauptkandidaten für dieses Amt, Raimund von Toulouse und Gottfried von Bouillon, hatten in dieser Hinsicht Bedenken. (Beide hielten es wohl auch für politisch geschickt, solche Vorbehalte zu äußern.) Am 22. Juli versammelte sich der Rat der Kreuzfahrer in der Grabeskirche, wählte Gottfried zum weltlichen Regenten und verlieh ihm den Titel „Verteidiger des Heiligen Grabes". Wütend verließ Raimund mit seiner Truppe die Stadt. Am 12. August festigte Gottfried seine Stellung und die Sicherheit des Königreichs, als er in der Schlacht von Askalon an der Mittelmeerküste ein Koalitionsheer unter Führung der ägyptischen Fatimiden schlug. Aufgrund der rivalisierenden Ansprüche Raimunds und Gottfrieds konnten die Kreuzfahrer Askalon nicht einnehmen. Gottfried eroberte jedoch während seiner kurzen Regentschaft Jaffa, Tiberias und Haifa. Außerdem erweiterte er das Königreich um das Fürstentum Galiläa und die Grafschaft Jaffa und schuf damit die Grundlagen für ein Lehnssystem. Nach Gottfrieds Tod im Juli 1100 trat sein Bruder Balduin von Edessa seine Nachfolge an. Er hatte keine Bedenken, sich zum König krönen zu lassen.

Die überwiegende Mehrheit der Kreuzfahrer, die bis nach Jerusalem gelangt waren, kehrte bis zum Jahr 1100 in ihre Heimat zurück. Im neuen Königreich blieben nur einige hundert Ritter zurück. Viele waren jedoch schon vor der Eroberung der Heiligen Stadt heimgekehrt. Sie brannten nun darauf, ihren zu Beginn des Kreuzzugs abgelegten Eid zu erfüllen. Daher schlossen sich viele im Jahr 1101 einem kleinen Kreuzzug an, darunter auch Stephan von Blois und Hugo von Vermandois. Die meisten von ihnen, unter ihnen auch Hugo, wurden von den Seldschuken getötet, als sie Kleinasien durchquerten. Nur ein kleiner Rest traf Ostern 1102 in Jerusalem ein.

Raimund von Toulouse hatte den Ehrgeiz, einen eigenen Kreuzfahrerstaat zu regieren. Daher startete er 1103 im Libanon eine Offensive gegen den Emir von Tripolis. Nach Raimunds Tod 1106 setzte sein Sohn Bertrand den Feldzug fort. Nachdem der Emir 1109 kapituliert hatte, herrschte Bertrand über die Grafschaft Tripolis. Sie war der letzte Kreuzfahrerstaat, der in der Levante gegründet wurde. Zu diesem Zeitpunkt kontrollierten römisch-christliche Fürsten die gesamte östliche Mittelmeerküste, und die stark geschwächten Seldschuken stellten für das Byzantinische Reich keine so akute Bedrohung mehr dar wie in den 1180er Jahren. Die muslimische Welt empfand den Kreuzfahrern gegenüber Scham und Wut und sann darauf, die Ungläubigen zu besiegen.

Kulturelle Chancen

Die Geschichte der Kreuzzüge ist zwar vor allem von kriegerischen Auseinandersetzungen geprägt, markiert aber auch den Beginn einer neuen Phase in den kulturellen Beziehungen zwischen orthodoxen Christen, lateinischen Christen und Muslimen. Im „Rolandslied", dem im Frühmittelalter äußerst beliebten altfranzösischen Heldenepos, kommt bereits der Begriff outremer *(„jenseits des Meeres") vor, wie die Kreuzfahrer Palästina nannten.*

Das „Rolandslied" feierte Roland, den Neffen Karls des Großen, als aufopfernden christlichen Helden und nahm damit die Kreuzfahrerideologie literarisch vorweg. Siedler in den Kreuzfahrerstaaten brachten westliche Einstellungen nach *outremer*, ließen sich aber auch von dem internationalen Umfeld beeinflussen. Wer blieb, lernte häufig Griechisch und Arabisch. Mischehen mit konvertierten Muslimen waren die Ausnahme, kamen aber bei byzantinischen, syrischen und armenischen Christen häufiger vor. Im Westen kursierten verschiedene Schilderungen über *outremer*. So verfasste Erzbischof Wilhelm von Tyros (1130–1186), der ehemalige Kanzler des Königreichs Jerusalem, eine umfangreiche Abhandlung über die Kreuzzüge und die Kreuzfahrerstaaten, die „Historia rerum in partibus transmarinis gestarum" („Geschichte der in Übersee vollbrachten Taten"). Wilhelm wurde in Jerusalem geboren, wuchs dort auf und studierte in Paris und Bologna. Er war ein lateinischer Christ, doch seine Darstellung sowohl der Byzantiner als auch der Muslime zeugt von einer differenzierten Würdigung dieser Kulturen. Die Gründung der Kreuzfahrerstaaten belebte den Ost-West-Handel erheblich. Zum ersten Mal tauchten nordeuropäische Wolltextilien im Nahen Osten auf. Palästina wiederum, das seit Jahrhunderten ein Handelszentrum war, erschloss sich neue Märkte. Zucker, Zitronen, Melonen, Baumwolle, Musselin und Damast, Schwarzpulver, Glasspiegel und sogar der Rosenkranz gelangten von Osten nach Westen. So förderten die Kreuzzüge bei aller Grausamkeit auch Kulturaustausch und neuen Luxus.

Der Ausschnitt aus einer Buchmalerei in den „Grandes Chroniques de France" schildert eine Episode des „Rolandslieds".

1024 — 1125

Der Investiturstreit

Ende des 11. Jahrhunderts kam es in der europäischen Politik zu einem schwierigen Konflikt. Es ging um das Recht, geistliche Ämter zu besetzen. Kam es den Königen und dem Kaiser oder dem Papst zu? Bis dahin hatte zwischen sacerdotium *und* imperium, *geistlicher und weltlicher Macht, kaum ein Unterschied bestanden. Das Heilige Römische Reich hatte sich immer als starker Verbündeter des Papstes erwiesen. Umgekehrt hatten die Päpste die Christianisierung und Kolonialisierung der Völker im Osten durch den Kaiser unterstützt. Die Bischöfe der deutschen Reichskirche, die häufig Adlige waren und immer vom Kaiser ernannt wurden, spielten eine Schlüsselrolle in der Reichsverwaltung.*

Durch verwandtschaftliche Beziehungen und gegenseitige Treuebündnisse war bis Ende des 11. Jahrhunderts ein engmaschiges Herrschaftsgeflecht entstanden. Die Stabilität dieser Elite wurde jedoch bedroht und untergraben, als der Papst Ansprüche auf unabhängige Macht und Rechte erhob. Der Streit um die Amtseinsetzung (Investitur) der hohen Geistlichkeit warf schwerwiegende Fragen nach dem Wesen der Macht, den Grundlagen von Gehorsam und der Legitimität von Herrschaft auf. Die höchsten Wellen schlug der sogenannte Investiturstreit zwischen Papst und Kaiser im Heiligen Römischen Reich, erreichte jedoch auch eine gesamteuropäische Dimension. Beide Seiten warben in Reden, Predigten und Schriften um breite öffentliche Unterstützung. Die Haltung des Papstes war damals neu. Sie forderte ihre Gegner heraus, die Grundlagen königlicher Macht zu erklären.

RECHTS *Die Malerei auf einer Kupferplatte zeigt Papst Gregor VII. Sie befindet sich in der Kathedrale von Salerno, die er 1085 weihte und in der er beigesetzt wurde.*

Inspiriert von der Cluniazensischen Klosterreform, die eine Rückbesinnung auf die alten mönchischen Ideale und die Loslösung von weltlicher Macht gefordert hatte, begann Mitte des 11. Jahrhunderts eine Kirchenreform, die nach ihrem prominentesten Vertreter, Papst Gregor VII. (1073–1085), als „Gregorianische Reform“ bezeichnet wird. Im 10. Jahrhundert war das Amt des Papstes zum machtpolitischen Spielball italienischer Adelsparteien geworden. Dagegen wandten sich die von großem Idealismus bewegten Reformer. Ihrer Ansicht nach war es Gottes Wille, dass alle Menschen einem

gemeinsamen christlichen Gefüge angehörten. Da die Kirche das göttliche Instrument zur Verwirklichung einer solchen Vision sei, müsse ihre Autorität der weltlichen Macht überlegen sein. Die göttliche Vorsehung gestehe Königen und Fürsten ihren weltlichen Herrschaftsbereich zu, aber sie seien dem Papst unterstellt, der als oberste kirchliche Institution auf einer höheren geistlichen und moralischen Ebene stehe. Durch verschiedene Änderungen des kanonischen Rechts gelang es, die Vision zum Teil umzusetzen.

Hildebrand, ein Streiter für die Kirche

Hildebrand aus der toskanischen Adelsfamilie der Aldobrandeschi brachte mit seiner geistigen Stärke und seinem energischen Amtsstil eine meritokratische Note in die Konfrontation des Papstes mit Europas weltlichen Herrschern. Er wurde nachhaltig geprägt durch seinen Aufenthalt in der Benediktinerabtei Cluny, von der die große klösterliche Reformbewegung Westeuropas ausgegangen war. In seiner Zeit als päpstlicher Berater und Legat in Paris legte er denselben Reformeifer an den Tag wie später als Papst Gregor VII. Als der römische Adel 1058 nach üblicher Praxis seinen eigenen Kandidaten zum Papst wählte, setzte sich Hildebrand für die Wahl eines neuen Papstes ein. Dieser ernannte ihn dafür zum römischen Archidiakon. Hildebrands Eloquenz machte ihn zum geborenen Sprecher der Kirchenreform und ihrer Ziele. Eines davon war das Zölibat des Klerus, das als Mittel angesehen wurde, ein kollektives Selbstbewusstsein zu fördern und kirchliche und weltliche Institutionen klar voneinander zu unterscheiden. Die geforderte Zentralisierung der Kirche bedeutete unter anderem, dass der Papst absoluter Gesetzgeber und oberster Richter war. Viele Bischöfe wehrten sich gegen diese Beschneidung ihrer Macht. Mit der Unterstützung Hildebrands setzte Papst Alexander II. viele Ziele der Reformbewegung um. So wurde das Wahlrecht bei der Papstwahl auf das Kardinalskollegium beschränkt und dem Kaiser sein bisheriges Recht entzogen, einen Kandidaten zu nominieren. Diese Maßnahme war entscheidend für die Wiederherstellung der kirchlichen Unabhängigkeit. Hildebrand selbst verdankte seine Wahl zum Papst wohl zum großen Teil seiner Beliebtheit bei der römischen Bevölkerung. Bevor die Kardinäle ihn am 22. April 1073 zum Papst wählten, hatte das Volk seine Kandidatur mehrfach durch Akklamation unterstützt.

Während Gregor für die Abschaffung der Simonie, also des Kaufs und Verkaufs kirchlicher Ämter, kämpfte, setzten sich die europäischen Monarchen für die Beibehaltung dieser Praxis ein. Sie stellte eine ergiebige Einnahmequelle dar und erleichterte es dem Kaiser, seine Verwandten und Anhänger zu Bischöfen und Äbten zu ernennen. Das erste Konzil unter Gregors Leitung verurteilte 1074 die Simonie allgemein und bestätigte das Zölibat für den gesamten Klerus. Im folgenden Jahr legte ein zweites Konzil fest, dass nur der Papst Geistliche in ein Amt einsetzen oder sie versetzen dürfe. Die deutschen Reichsgebiete sollten zum Prüfstein für die Umsetzung dieser Politik werden. Kaiser Heinrich IV. hatte bereits zu diesem Zeitpunkt Probleme, seine Autorität zu behaupten.

Heinrich IV., ein geschwächter Monarch

Oben *Die Illustration aus dem „Leben der Mathilde von Tuszien" (1115), das der Mönch Donizo von Canossa verfasste, zeigt Heinrich IV. in Canossa vor Markgräfin Mathilde von Tuszien und Abt Hugo von Cluny. Der Kaiser bittet Mathilde, sich in dem Streit mit Papst Gregor VII. für ihn einzusetzen.*

Heinrichs verlebte eine turbulente Kindheit und Jugend. Bereits im Kindesalter wurde er 1054 zum deutschen König gekrönt und trat drei Jahre später, nach dem plötzlichen Tod seines Vaters, die Thronfolge Kaiser Heinrichs III. an. Seine Mutter, die Kaiserinwitwe Agnes, übernahm die Regentschaft, schwächte aber die Stellung ihres Sohnes, indem sie Bayern, Schwaben und Kärnten an mächtige Adlige als Lehen übergab. Zudem begann bereits zu ihrer Zeit der Wandel der päpstlichen Politik in Bezug auf die Ernennung deutscher Bischöfe. Eine Gruppe adliger Verschwörer unter Führung des Kölner Erzbischofs Anno II. entführte Heinrich 1062. Anno riss die Macht an sich und beaufsichtigte fortan die Erziehung des jungen Königs. Als Heinrich 1065 mit 15 Jahren volljährig wurde, bestieg er den Thron. 1068 versuchte er, sich von seiner Frau Bertha von Turin zu trennen, doch er musste sich dem Widerstand des Papstes beugen, was sein Misstrauen gegenüber dem Papsttum als Institution schürte. Gleichzeitig sah Heinrich sich mit weiteren großen Herausforderungen konfrontiert. Dazu gehörten Einfälle der Slawen mit einer Belagerung Hamburgs und Aufstände unter Führung von Rudolf von Schwaben und Berthold von Kärnten. Der Konflikt mit Otto von Northeim, dem Herzog von Bayern, beschäftigte Heinrich jahrelang. Otto war bereits an der Entführung des jungen Königs beteiligt gewesen. Als er weiterer Intrigen bezichtigt wurde, setzte Heinrich den Herzog 1070 ab und nutzte die Gelegenheit, dessen Besitzungen in Sachsen zu plündern. Otto besaß jedoch genügend Unterstützung, um bewaffneten Widerstand zu leisten. Doch schließlich musste er sich 1071 unterwerfen. Heinrich war bei der sächsischen Bevölkerung äußerst unbeliebt, weil er die Rückgabe aller Krongüter befohlen und eine Reihe von Burgen errichtet hatte, um die Einheimischen einzuschüchtern. Von 1073 bis 1088 hatte Heinrich mit erheblichen Aufständen der Sachsen und Thüringer zu kämpfen.

So sah Papst Gregor VII. sich einem geschwächten deutschen König gegenüber, als er die Entscheidungen der Konzilien durchzusetzen plante. Diese bedeuteten für die deutsche Krone im Effekt, dass sie die Rechte über die Hälfte ihrer Ländereien zu verlieren drohte. Da Heinrich zugleich König von Italien war, hatten die Konzilsbeschlüsse auch erhebliche Auswirkungen auf die dortige Machtverteilung. Zu Recht sah Heinrich in der päpstlichen Politik den Versuch, seine Legitimation als König zu untergraben. Würden

Der Investitur-streit

1073 Hildebrand von Savona wird als Gregor VII. zum Papst gewählt.

1075 Ein Konzil beschließt, dass nur der Papst Bischöfe ernennen oder von einem Bischofssitz zum anderen versetzen kann.

1076 Heinrich IV. erklärt Papst Gregor VII. am 24. Januar für abgesetzt. Der Papst exkommuniziert ihn am 22. Februar.

1077 Heinrich wartet (vom 25. bis 27. Januar) vor der Burg Canossa, bis Gregor ihn einlässt und den Bann aufhebt.

1077–1080 Deutsche Fürsten revoltieren gegen Heinrich, werden aber von ihm besiegt.

1080 Gregor verhängt im März erneut den Bann über Heinrich. Im Juni setzt eine deutsche Synode den Papst ab und wählt Erzbischof Guibert von Ravenna zu Papst Clemens III.

1081 Heinrich beginnt einen Italienfeldzug.

1084 Rom kapituliert vor Heinrichs Armee. Gregor flieht in die Engelsburg. Clemens III. krönt Heinrich am 31. März zum Kaiser. Robert Guiskard zieht mit seinem Heer nach Rom und befreit Gregor. Heinrich zieht sich aus Rom zurück.

1085 Gregor VII. stirbt.

1104 Heinrich IV. dankt ab.

1122 Im Wormser Konkordat verzichtet Heinrich V. auf Investiturrechte.

seine Bischöfe ihm ihre Loyalität entziehen, verlöre die deutsche Krone ihre Autorität. Der König setzte daher weiterhin seine Kandidaten in deutsche und italienische Bischofsämter ein. Zudem erklärte er die neuen Konzilsbeschlüsse und päpstlichen Dekrete für unrechtmäßig. Daraufhin exkommunizierte Gregor 1075 mehrere Angehörige des Hofes und drohte Heinrich ebenfalls den Bann an.

Der Konflikt erreichte einen neuen Höhepunkt, als der italienische Adlige Cencio I. Frangipane Papst Gregor am Weihnachtstag 1075 entführte und gefangen hielt. Nachdem die Römer den Papst befreit hatten, beschuldigte dieser Heinrich, an der Entführung beteiligt gewesen zu sein. Am 9. Juni 1075 hatte Heinrich in der Schlacht bei Langensalza einen entscheidenden Sieg über die aufständischen Sachsen errungen und war nun bereit, sich einer größeren Auseinandersetzung mit dem Papst zu stellen. Am 24. Januar 1076 rief er seine Bischöfe zu einer Synode nach Worms zusammen, die den Papst in einem ungewöhnlichen Schritt für abgesetzt erklärte. Am 22. Februar reagierte der Papst darauf, indem er Heinrich und alle Bischöfe, die an der Synode teilgenommen hatten, exkommunizierte und Heinrich mit einem Bann belegte. Viele deutsche Bischöfe und Fürsten waren darüber äußerst beunruhigt und wandten sich gegen Heinrichs Politik. Im Oktober 1076 beschlossen sie auf einem Fürstentag in Trebur, Heinrich ein Jahr Zeit zu geben, um Buße zu tun und die Aufhebung des Banns und der Exkommunikation zu erwirken. Andernfalls würden sie den Thron für vakant erklären. Heinrich zog nach Norditalien, wo er Unterstützung im lombardischen Klerus hatte, und traf kurz nach Weihnachten 1076 in Pavia ein. Zur gleichen Zeit befand Gregor sich auf dem Weg nach Augsburg zu einem vereinbartem Treffen mit dem König. Als er erfuhr, dass Heinrich in Italien war, fürchtete Gregor eine militärische Konfrontation und flüchtete sich in die Burg Canossa in der Emilia-Romagna, die seiner Anhängerin Markgräfin Mathilde von Tuszien gehörte.

Heinrichs Bussgang

Um die Aufhebung des Kirchenbanns zu erlangen, musste Heinrich einen Akt der Buße leisten. Seine Legitimation und Handlungsfähigkeit als Herrscher stand auf dem Spiel. Sein Entschluss, nicht auf Gregors Eintreffen in Augsburg zu warten, sondern in Canossa seinen Bußgang zu absolvieren, zeugte von großem politischen Gespür. Heinrich vollzog zwar äußerlich die formalen Bußhandlungen, konsolidierte aber zugleich seine Macht in einer Region Norditaliens, die ihm freundlich gesinnt war. Außerdem war er in Begleitung des Heeres, das er aufgestellt hatte, um die papstfreundliche Vereinbarung von Trebur zu verhindern. Vom 25. bis 27. Januar 1077 stand der deutsche König im Büßerhemd vor den Toren der Burg Canossa, bat um Einlass und um Aufhebung des Kirchenbanns. Schließlich wurde er vorgelassen und der Bann unter bestimmten Bedingungen aufgehoben.

Schon bald verstieß Heinrich gegen die Auflagen. Teile des deutschen Adels nutzten die Gelegenheit. Da sie Heinrich für endgültig geschwächt hielten, wählten die Fürsten von Sachsen, Thüringen und Bayern im März 1077 Rudolf von Rheinfelden zum deutschen König. Rudolf verpflichtete sich zum Gehorsam gegenüber dem Papst und versprach, die Rechte der deutschen Fürsten zu wahren. Der Thronstreit zog sich bis ins Jahr 1080 hin. Obwohl er im März erneut vom Papst mit dem Bann belegt worden war, waren die allgemeine Stimmung und das deutsche Nationalgefühl auf Heinrichs Seite. Im Oktober kam es zur Entscheidungsschlacht an der Weißen Elster bei Leipzig. Als Rudolf an Verletzungen starb, war die Rebellion endgültig gescheitert. Zudem hatte Heinrich einen mächtigen Verbündeten in Friedrich I. von Staufen gewonnen, den er an Rudolfs Stelle zum Herzog von Schwaben ernannt hatte.

Monarchie gegen Papsttum

Auf einer Synode in Brixen im Juni 1080 erklärten die Reichsbischöfe Gregor für abgesetzt und wählten den Erzbischof von Ravenna zum Gegenpapst. Ermutigt zog Heinrich wieder nach Italien und baute sein Netzwerk aus, indem er vielen Städten im Norden Privilegien einräumte. Zwischen 1081 und 1082 griffen Heinrichs Truppen drei Mal Rom an. Ende 1082 schloss die Bevölkerung Roms selbstständig einen Friedensvertrag mit dem deutschen König. Dieser sah vor, dass Gregor und Heinrich ihren Streit auf einer Synode beilegten. Ansonsten müsste ein neuer Papst gewählt werden. Zu diesem Zeitpunkt flüchtete sich der Papst in die Engelsburg in Rom, und Heinrich nahm im März 1084 die Stadt mithilfe byzantinischer Truppen ein. Nun erklärten auch die Römer Gregor für abgesetzt und bestätigten die Wahl des Erzbischofs von Ravenna. Papst Clemens III. krönte Heinrich am 31. März 1084 zum Kaiser des Heiligen Römischen Reichs.

Gregor schien in der Falle zu sein. Da griff Robert Guiskard ein, der die Gelegenheit ergriff, um seine byzantinischen Feinde in Rom zu bekämpfen. Sein Heer zwang Heinrich zum Rückzug aus Rom und befreite Gregor. Ein Jahr später starb Gregor in Salerno. Im März 1088 wurde Oddo von Ostia legal zu seinem Nachfolger gewählt. Als Urban II. verfolgte er ebenfalls eine strikte Reformpolitik. Er exkommunizierte Heinrich, der nach Deutschland zurückgekehrt war, und den

UNTEN *Auf der Burg Canossa in Norditalien empfing Papst Gregor VII. 1077 Heinrich IV.*

Gegenpapst Clemens und begann, eine starke antikaiserliche Koalition zu schmieden. Ihr gehörten die Normannen, die Rus von Kiew und die lombardischen Städte Norditaliens an. Heinrich marschierte mit seinem Heer über die Alpen und wurde 1092 von den alliierten lombardischen Städten geschlagen. Sie machten sich den Ehrgeiz von Heinrichs Sohn Konrad zunutze und krönten ihn 1093 in Monza zum König von Italien. Heinrich war gezwungen, sich in sein deutsches Stammgebiet zurückzuziehen, wo er seine Macht mittlerweile konsolidiert hatte. Anstelle seines rebellischen Sohns Konrad bestimmte er nun seinen jüngeren Sohn Heinrich zu seinem Thronfolger.

DIE SALIER
1024–1125

KONRAD II.
(um 990–1039)
regierte 1024–1039

HEINRICH III.
(1017–56)
regierte 1039–1056

HEINRICH IV.
(1050–1106)
regierte 1056–1106

HEINRICH V.
(1086–1125)
regierte 1106–1125

Papst Paschalis II., der 1099 gewählt wurde, verfolgte die Politik seiner Vorgänger weiter und hielt den Bann über Heinrich aufrecht, obwohl der Kaiser mit seiner Zusage, einen Kreuzzug zu unternehmen, Versöhnungsbereitschaft signalisierte. 1104 rebellierte der designierte Thronfolger gegen seinen Vater mit der Begründung, er schulde einem exkommunizierten Vater und Kaiser keine Treue. Auch die stets rebellischen Sachsen und Thüringer lehnten sich gegen Heinrich auf. Im Dezember 1105 wurde Heinrich IV. auf einem Hoftag in Ingelheim gezwungen, auf die Krone zu verzichten, und gefangen genommen. Doch Heinrich entkam und führte ein Heer gegen seinen Sohn Heinrich V. und Papst Paschalis am 2. März zum Sieg, starb aber wenige Tage später. Obwohl Heinrich V. die Gregorianischen Reformen unterstützte, ließ er einen Gegenpapst wählen. Mit dem Wormser Konkordat verzichtete er jedoch 1122 auf seine Investiturrechte, woraufhin der Bann gegen ihn aufgehoben wurde. Aufgrund dieser Vereinbarung konnte der Papst Heinrich als legitimen Kaiser anerkennen und der Investiturstreit war zu Ende. Aber sein langfristigen Folgen waren verheerend. Die Staufer hatten zwar ebenfalls den Ehrgeiz, die deutschen Territorien zu einem Reich zu konsolidieren, doch sollte diese Einheit erst 1871 verwirklicht werden.

Auswirkungen des Streits in Europa

Der universelle Autoritätsanspruch, den Gregor für den Heiligen Stuhl erhob, hatte auch auf die englische und die französische Monarchie Auswirkungen. Die Äbte und Bischöfe, die von Wilhelm dem Eroberer und seinem Nachfolger Heinrich I. ernannt worden waren, standen loyal zur Krone und widersetzten sich den Zentralisierungsbestrebungen Gregors und seiner Reformer. Es kam zu hitzigen Auseinandersetzungen zwischen päpstlichen und englischen Gerichten. Da Gregor sich auf den Konflikt mit dem deutschen König konzentrieren musste, konnte er jedoch nur eingeschränkt gegen Heinrich I. vorgehen. So waren die Vereinbarungen des Konkordats von London (1107), das den englischen Investiturstreit besiegelte, für den englischen König relativ günstig. Heinrich verzichtete auf das Recht, Bischöfe und Äbte einzusetzen, verlangte jedoch, dass sie ihm den Lehnseid als Vasallen leisteten. Praktisch stärkte der Investiturstreit daher die Stellung der englischen Monarchie. In ihrem Kanzleramt arbeiteten zunehmend weltliche Gelehrte, die zuweilen als Lohn Bistümer oder Abteien erhielten.

Links *Robert Guiskard befreite Papst Gregor VII. aus der Engelsburg, die Heinrich IV. und Gegenpapst Clemens III. seit März 1084 belagerten; Illustration aus dem Codex „Jenensis Bose“ von 1157.*

Ebenso anmaßend war der Umgang Philipps I. von Frankreich mit der Kirche. Da er an der Praxis der Simonie festhielt, drohte ihm Mitte der 1070er Jahre fortwährend die Exkommunikation. Doch auch ihn bewahrte die Zuspitzung der Lage in Deutschland vor dem Bann des Papstes. In Italien erwiesen sich die Normannen als wohl perfideste Verbündete Gregors VII. Frühere Päpste hatten ihnen beträchtliche Zugeständnisse gemacht in der Hoffnung, ein weiteres Vordringen der Normannen nach Mittelitalien zu verhindern und militärischen Schutz von ihnen zu erhalten. Als Heinrich IV. gegen Rom vorrückte, ließ Robert Guiskard den Papst jedoch im Stich. Sobald Heinrich die Stadt erobert hatte, jagte die aufgebrachte Bevölkerung Gregor davon und schickte ihn zu seinem Verbündeten ins Exil nach Salerno.

Die Auswirkungen des Investiturstreits waren einerseits katastrophal. Andererseits brachte er auch eine klarere Definition von geistlicher Autorität und weltlicher Macht. Gregor reformierte die päpstliche Herrschaft von Grund auf: Die Kurie wurde zum zentralen Verwaltungsapparat einer universellen Organisation. In seiner Weitsicht sorgte Gregor sich auch um das Schicksal der Ostkirche und die zunehmende Kluft zwischen dem römischen Westen und dem byzantinischen Osten. Alarmiert vom Schicksal der byzantinischen Christen, die in Palästina und Syrien zunehmend arabischen und türkischen Angriffen ausgesetzt waren, dachte er bereits über einen Feldzug nach, um die Grabeskirche in Jerusalem zurückzuerobern. Somit kann er als einer der geistigen Väter der Kreuzzüge gelten. Das Heilige Römische Reich zerfiel durch den Investiturstreit in zahlreiche Kleinstaaten. In dem Maße, wie die Macht des Königs schwand, nahmen die Befugnisse der Lokalfürsten zu. Das hatte wiederum zur Folge, dass immer mehr Bauern in Leibeigenschaft gerieten. Die Bevölkerung ächzte unter der Last lokaler Steuern und Abgaben, während die Einnahmen der Krone sanken. Auch die Gerichtsbarkeit nahm stärker lokale Züge an. In Norditalien waren die Verhältnisse ähnlich wie in Deutschland. Auch hier schwand die Macht des Kaisers und Königs zugunsten von Lokalfürsten. Vor diesem Hintergrund kam es zum Aufstieg der Staufer, die diese Schwierigkeiten auf wahrhaft imperiale Art zu lösen versuchten.

Goslar und die Salier

Die romanische Kaiserpfalz in Goslar, die Kaiser Heinrich III. Mitte des 11. Jahrhunderts bauen ließ, ist ein dauerhaftes Monument salischer Ambitionen.

Goslar entwickelte sich unter Konrad II. zu einem wichtigen Verwaltungszentrum. Sein Reichtum, den es aus dem Erzbergbau gewann, war für die politischen Bestrebungen der Salier von wesentlicher Bedeutung. Die Silbervorkommen des Harzes waren nicht weit entfernt, und Goslar selbst lag am Fuß des Rammelsbergs, wo im Mittelalter Kupfererz in erheblichen Mengen abgebaut wurde. Der finanzielle Überfluss machte Goslar zu einem „Rom des Nordens". 47 Kirchen, Privatkapellen und Klöster wurden hier vom 11. Jahrhundert an errichtet. Häufig fanden hier die Hoftage des Heiligen Römischen Reichs statt. Zwar gab es im gesamten Reich nicht weniger als 62 Kaiserpfalzen, aber Goslar war die Lieblings-Sommerresidenz Heinrichs III., der hier auch starb.

Die Salier erlangten zunächst als Herzöge von Franken großen Einfluss. Ihre Machtbasis bildeten die rheinfränkischen Städte im Westen des Herzogtums. Der Name der Dynastie leitete sich von den Salfranken ab, einem wichtigen fränkischen Teilstamm. Zudem konnte die Familie sich auf ihre direkte kaiserliche Abstammung berufen: Der Vater Konrads II., Graf Heinrich von Speyer, war der Enkel Liutgards, einer Tochter Ottos des Großen. Konrad wurde 1024 zum deutschen König gewählt und drei Jahre später von Papst Johannes XIX. zum Kaiser gekrönt. Allerdings führte er als Letzter den Titel „Herzog von Franken". Denn nach seinem Tod regierten die örtlichen Fürstbischöfe die großen rheinfränkischen Städte Mainz, Worms und Speyer als Kleinstaaten innerhalb des Reichs.

Konrad und seine Nachfolger orientierten sich stark nach Norden, vor allem nach Goslar, das Aussicht auf Münzmetalle bot. Der Zugang zu Geld half, sie aus der Abhängigkeit vom Adel zu befreien

und die eigenständige Autorität des deutschen Königs zu unterstreichen.

Konrad ließ zudem Ländereien, die Klöstern und Bischöfen übertragen worden waren, in das Reichsgut zurückführen. Die Güter, die nun wieder der Krone gehörten, wurden von Ministerialen im Namen des Königs verwaltet. Die Förderung von Münzmetallen und die Reichsgüter verschafften den Königen neben den Einkünften aus ihrem persönlichen Besitz zusätzliche Einnahmen, mit denen sie ihre Anhänger belohnen konnten. In den kolonisierten Ländern östlich von Sachsen sahen die Salier weitere Chancen, ihre Unabhängigkeit zu manifestieren. Hier ließen sich neue Reichsgüter schaffen.

Konrads frommer Sohn Heinrich III. war stark von der klösterlichen Reformbewegung beeinflusst, die von der Benediktinerabtei Cluny in Burgund ausging. Er hielt sich für berechtigt, eine Reform der Kirche zu erzwingen, und nutzte seine Macht, um ernsthafte Reformer einzusetzen. Aber gerade diese weltliche Macht über die Kirche sollte in der folgenden Generation Empörung wecken.

Als Heinrich sich mit drei rivalisierenden Päpsten konfrontiert sah, berief er im Dezember 1024 die Synode von Sutri in der Nähe von Rom ein. Seinen Wünschen folgend, wählte sie Bischof Suidberg von Bamberg zum neuen Papst. Am Weihnachtstag wurde er als Clemens II. in sein Amt eingeführt und krönte Heinrich noch am selben Tag zum Kaiser. Im Laufe seiner Regentschaft nutzte Heinrich seinen Einfluss, um noch drei weitere deutsche Reformpäpste ins Amt zu bringen. Er war jedoch der letzte Kaiser, der die Kirche dominieren konnte, und machte sich mit seiner Anmaßung den deutschen Klerus zum Gegner. Der Herzog von Niederlothringen, Gottfried II., führte mehrere Aufstände gegen den Kaiser an. Auch mit sächsischen und süddeutschen Adligen geriet Heinrich in Konflikt. Der Adel von Bayern und Kärnten versuchte 1054 bis 1055 ihn abzusetzen. Zu seinem Vermächtnis gehörten die Machtkämpfe innerhalb des deutschen Adels, die Heinrich IV. in seiner Jugend umgaben.

Die Kaiserpfalz in Goslar aus dem 11. Jahrhundert.

1152 — 1266 Die Staufer

Das Adelsgeschlecht der Staufer leitete seinen Namen von seinem Stammsitz, Burg Staufen in Schwaben, ab. Friedrich von Staufen wurde 1079 von Heinrich IV. zum Herzog von Schwaben ernannt und avancierte zu einer wichtigen Stütze des Kaisers. Als Heinrich V., der letzte Salierkaiser, ohne männlichen Nachkommen starb, brach zwischen Herzog Lothar von Sachsen und Friedrich II. von Schwaben ein Thronstreit aus. Er zeigte, wie labil die deutsche Nationalidentität war. Gegen Ende seiner Regentschaft hatte Heinrich V. sich im Investiturstreit dem Papst beugen müssen, und das Ringen um nationale Führung war praktisch zum Erliegen gekommen. Dieser Mangel sollte sich als Chance für die Staufer erweisen.

Als Heinrich V. 1125 starb, war Lothar von Sachsen 50 Jahre alt, kinderlos und arglos. Das machte ihn zum idealen Kandidaten für alle, die im deutschen König lediglich eine Galionsfigur sehen wollten. Die Familie seiner Frau, die Welfen aus Bayern, unterstützten Lothars Streben nach der Krone. In einer umstrittenen Wahl siegte er 1125 über Friedrich und wurde zum König erhoben. Die Entscheidung des deutschen Adels blieb umstritten, weil sie die Erbfolge missachtete. Friedrichs Mutter Agnes war die Tochter Heinrichs IV. Somit war er der Neffe Heinrichs V. und erbte zusammen mit seinem Bruder Konrad, dem Herzog von Franken, die persönlichen Landgüter des verstorbenen Kaisers und seiner salischen Vorfahren. Friedrich und Konrad erhoben jedoch auch Anspruch auf die Reichsgüter. Das kam einer Kriegserklärung gleich. In dem ausbrechenden Konflikt stellten sich die meisten Reichsstädte auf die Seite der beiden Brüder. Als Papst Innozenz II. Lothar 1133 zum Kaiser krönte, festigte dies seine Autorität. Ein Jahr später gaben die Staufer sich geschlagen.

RECHTS *Die Miniatur aus der „Welfenchronik" zeigt Friedrich I. Barbarossa mit seinen beiden Söhnen Kaiser Heinrich VI. und Friedrich V., Herzog von Schwaben. Die Chronik entstand um 1180 in der Benediktinerabtei Weingarten, dem Hauskloster der Welfen in Süddeutschland.*

Nach Lothars Tod 1137 wurde Konrad zu seinem Nachfolger gewählt und damit die Führungsrolle der Staufer anerkannt. Der Welfenführer Heinrich der Stolze, Herzog von Bayern und Sachsen, focht Konrads Wahl an. Er hatte das Herzogtum Sachsen als Lothars Schwiegersohn geerbt. Sein immenser Reichtum versetzte ihn in die Lage, einen Bürgerkrieg zu beginnen. Konrads Forderung an Heinrich, seine Herzogtümer

HEINRICVS·REX·
FRIDERICVS·IMPERATOR·
FRIDERICVS·DVX

DIE STAUFER

1152 Friedrich von Staufen, Herzog von Schwaben, wird als Friedrich I. Barbarossa zum deutschen König gekrönt. Papst Adrian IV. krönt ihn 1155 zum Kaiser; sein Nachfolger, Papst Alexander III., exkommuniziert ihn 1160.

1190 Friedrich Barbarossa stirbt.

1191 König Heinrich VI. und seine Frau Konstanze werden von Papst Cölestin III. zu Kaiser und Kaiserin gekrönt.

1194 Heinrich VI. und Konstanze werden Regenten von Sizilien. Im selben Jahr kommt ihr Sohn Friedrich zur Welt.

1198 Friedrich II. wird zum König von Sizilien gekrönt.

1215 Friedrich II. wird in Aachen zum deutschen König gekrönt.

1220 Papst Honorius III. krönt Friedrich II. zum Kaiser.

1250 Friedrich II. stirbt. Sein Sohn Konrad tritt seine Nachfolge an.

1254 Konrad stirbt an Malaria.

1258 Manfred, der uneheliche Sohn Friedrichs II., macht sich zum König von Sizilien.

1263 Der Papst überträgt das Königreich Sizilien Karl, dem Grafen von Anjou.

1266 In der Schlacht bei Benevent besiegt Karl von Anjou Manfred und tötet ihn.

abzugeben, stieß in Bayern wie auch in Sachsen auf wenig Gegenliebe und führte zu einer ersten, längeren Phase bewaffneter Konflikte zwischen Welfen und Staufern (1137–1142). Als Konrad 1152 im Sterben lag, war sein Sohn erst sechs Jahre alt und sein Bruder Friedrich war bereits fünf Jahre zuvor gestorben. Konrad war nie zum Kaiser gekrönt worden, erkannte aber in seinem Neffen Friedrich, dem neuen Herzog von Schwaben, jene Eigenschaften, die das Adelsgeschlecht zu imperialer Größe führen könnten: Tapferkeit, Charisma und ehrgeizigen Idealismus. Den Norditalienern, die Friedrich zu unterwerfen versuchte, verdankte er den Beinamen „Barbarossa". Indem er seinen Neffen für die Königswürde empfahl, läutete Konrad ein Jahrhundert staufischer Herrschaft ein.

Friedrich I., ein König mit Charisma

Friedrich I. Barbarossa widmete sich mit ganzer Kraft der Aufgabe, die kaiserliche Macht in Deutschland und Norditalien wiederherzustellen. In dieser Hinsicht ließ er sich von den Ottonen des 10. Jahrhunderts und von Karl dem Großen inspirieren. Friedrich wurde 1152 in Aachen zum deutschen König gekrönt. 1165 nahm er dort an der feierlichen Messe zur Heiligsprechung Karls des Großen teil, für die er sich mit viel Sinn für Symbolik persönlich eingesetzt hatte. Seine imposante Erscheinung mit dem flammendroten Haar trug zu seinem Charisma ebenso bei wie seine praktische Intelligenz und seine höfischen Manieren. Er war auf Symbole und Gesten angewiesen, weil er außerhalb der staufischen Machtbasis in Schwaben und Franken kaum Unterstützung besaß. Das Geschick, mit dem er seine Person in der Vorstellungswelt seiner Untertanen zu verankern verstand, verlieh seinen Führungsqualitäten schon zu Lebzeiten mythische Züge. In Pavia ließ er sich 1154 zum König von Italien krönen, und ein Jahr später krönte ihn der Papst zum Kaiser. Diese Ämter bestanden weitgehend nur nominell. Friedrichs wichtigster Trumpf war seine Abstammung. Seine Mutter Judith gehörte dem bayerischen Herzoghaus an. Der große Staufer hatte also zugleich welfisches Blut in den Adern, was die Hoffnung auf eine Versöhnung der beiden Lager nährte. Doch die Hartnäckigkeit des neuen Welfenführers Heinrichs des Löwen war nicht zu unterschätzen. Dieser hatte das Herzogtum Sachsen von seinem Vater, Heinrich dem Stolzen, geerbt, nachdem Konrad es der Familie 1142 zurückgegeben hatte. Heinrich der Löwe hatte wie Friedrich Barbarossa ein Talent für symbolische Gesten, aber im Gegensatz zu seinem Rivalen besaß er auch die Mittel, seiner Vision von deutschem Glanz und Ruhm als Kunstmäzen Ausdruck zu verleihen. Da Heinrich anfangs Friedrich unterstützte, erhielt seine Familie 1156 auch das Herzogtum Bayern zurück. Er gründete München und verschönerte seine sächsische Hauptstadt Braunschweig. Auf diese Weise demonstrierte er eindrücklich, dass sein Machtblock von der Nordsee bis an die Alpen reichte. Auch seine Ehe mit Mathilde, der Tochter des englischen Königs, bestätigte, dass er zu den bedeutendsten Fürsten Europas gehörte.

Friedrichs Entscheidung, den Welfen Bayern zurückzugeben, zeugte von seiner anfänglichen Kompromisshaltung gegenüber den gespaltenen deutschen Fürsten. Den abgesetzten Herzog von Bayern, Heinrich II. Jasomirgott, der auch Markgraf von Österreich war, entschädigte er mit dem Titel Herzog von Österreich. Gegenüber dem Papst verfolgte Friedrich anfangs eine ähnliche Realpolitik, da er einen Verbündeten brauchte, um die kaiserliche Macht in Norditalien wiederherzustellen. Als Papst Alexander III. aber merkte, dass Friedrichs Ziele die päpstliche Stellung als italienische Territorialmacht untergruben, exkommunizierte er ihn 1160. Im Gegenzug unterstützte Friedrich abtrünnige Kleriker, die dem Papst die Legitimität absprachen. So war es der Gegenpapst Paschalis III., der Karl den Großen auf Bitten des Kaisers heiligsprach.

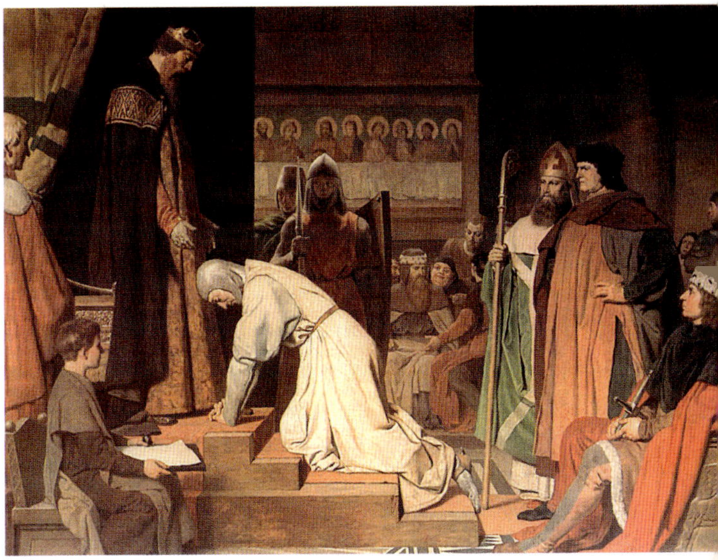

OBEN *Heinrich der Löwe unterwirft sich Friedrich I. Barbarossa. Das Gemälde von Peter Janssen (1844–1908) entstand 1882.*

Tod im Heiligen Land

Anders als Friedrich glaubte Heinrich der Löwe nicht, dass Deutschland zu wahrem Glanz ein italienisches Einflussgebiet brauchte. Zudem hatte er an der Nordostgrenze Kämpfe gegen die Slawen zu führen. Sein Entschluss, sich 1166 nicht am Feldzug des Kaisers gegen Rom zu beteiligen, trug zum Scheitern dieses militärischen Unternehmens bei. Das gleiche Muster wiederholte sich bei Friedrichs fünftem Italienfeldzug 1174. Wieder verweigerte Heinrich ihm seine Unterstützung, und Friedrich wurde am 29. Mai 1176 in der Schlacht von Legnano von den vereinten Truppen des Lombardischen Bundes vernichtend geschlagen. Daher musste der Kaiser seine italienischen Ambitionen dämpfen und im Friedensabkommen von Venedig die Unabhängigkeit der Kirchenstaaten anerkennen. So blieb Friedrich weiterhin nur dem Namen nach König von Italien. In Deutschland aber konnte er Heinrich den Löwen wegen seiner Untreue bestrafen. Das römische Recht war eine der großen Errungenschaften, die das Europa des 12. Jahrhunderts wiederentdeckte. Friedrich Barbarossa setzte darauf, dass es mit seiner klaren Methodik, ausgelegt von professionellen Juristen, Vorrang vor dem traditionellen deutschen Recht erhalten und der kaiserlichen Autorität neue Substanz verleihen würde. 1179 und 1180 wurde vor kaiserlichen Gerichten Anklage gegen Heinrich den Löwen erhoben. Die Anwendung römischen Rechts gewährleistete, dass der Herzog sein Land verlor und geächtet wurde. Anschließend marschierte Friedrichs Armee in Sachsen ein. Heinrich ging nach England ins Exil, durfte aber 1184 zurückkehren. Nachdem sich Friedrich Barbarossa mit dem Papst versöhnt hatte, beteiligte er sich 1188 am Dritten Kreuzzug und ertrank am 10. Juni 1190 im südtürkischen Fluss Saleph, als seine Armee nach Antiochia zog. Versuche, seinen Leichnam in Essig zu konservieren, scheiterten. Barbarossas Fleisch wurde in Antiochia begraben, seine Gebeine in Tyros, sein Herz und andere Organe in Tarsos.

DIE STAUFER
1079–1268

FRIEDRICH VON STAUFEN
(1050–1105)
Herzog von Schwaben
(1079–1105)

FRIEDRICH II. VON SCHWABEN
(1090–1147)
Herzog von Schwaben
(1105–1147)

KONRAD III.
(1093–1152)
regierte 1137–1152

FRIEDRICH I. BARBAROSSA
(1122–1190)
regierte 1152–1190

HEINRICH VI.
(1165–1197)
regierte 1190–1197

FRIEDRICH II.
(1194–1250)
regierte 1198–1250

KONRAD IV.
(1228–1254)
regierte 1237–1254

KONRADIN
(1252–1268)
regierte 1254–1258

MANFRED
(1232–1266)
regierte 1258–1266

Italienische Manöver

Das normannische Königreich Sizilien hatte sich mit dem Papst gegen die Staufer verbündet. Wilhelm II. (1155–1189) war jedoch sehr an einem Friedensschluss gelegen, da er seine Streitkräfte für einen Feldzug gegen Byzanz sammeln wollte. Daher sah der Frieden von Venedig (1177) einen recht günstigen Kompromiss vor. Wilhelms Tante Konstanze, die Tochter Rogers II., sollte den Sohn Friedrich Barbarossas und zukünftigen Kaiser Heinrich VI. heiraten. Wilhelm, der im selben Jahr die Tochter Heinrichs II. von England, Johanna, heiratete, dürfte damals kaum geahnt haben, dass die Heirat seiner Tante 1186 zum Ende der Normannenherrschaft auf Sizilien führen würde. Konstanze war Wilhelms legitime Erbin, als er 1189 kinderlos starb. Als Heinrich VI. und Konstanze 1191 von Papst Cölestin III. zu Kaiser und Kaiserin gekrönt wurden, waren beide fest entschlossen, ihre Ansprüche in Sizilien geltend zu machen.

Die normannischen Adligen Süditaliens waren entsetzt gewesen über die Aussicht, unter deutsche Herrschaft zu kommen, und hatten Tankred, einen Enkel Rogers II., zu ihrem König gewählt. Die letzte Rebellion Heinrichs des Löwen hielt Heinrich VI. zu Beginn seiner Regentschaft in Deutschland fest. Bis 1194 hatte sich die Lage dort jedoch wieder stabilisiert. Ein Abkommen mit den norditalienischen Städten erlaubte es ihm, auf seinem Marsch nach Süden ihre Territorien zu durchqueren. Inzwischen war er unversehens zu gewaltigem Reichtum gekommen, weil er Lösegeld für Richard I. Löwenherz von England erhalten hatte. Da die Plantagenets Tankred und Heinrich den Löwen unterstützten, war Heinrich dem englischen König nicht wohlgesonnen. Auf dem Dritten Kreuzzug kam es zu Streitigkeiten zwischen Richard und Herzog Leopold von Österreich. Leopold ließ Richard auf seiner Rückreise nach England gefangen nehmen und lieferte ihn dem Kaiser aus. Dieser ergriff die Chance, ein Lösegeld von 150 000 Mark zu verlangen und damit seine Staatskasse zu füllen.

Das Staunen der Welt

Im Februar 1194 starb Tankred. Der gespaltene normannische Adel war der kaiserlichen Armee nicht gewachsen, die am 20. November Palermo einnahm. Am Weihnachtstag ließ Heinrich VI. sich zum König von Sizilien krönen. Die schlimmste Befürchtung des Papstes war wahr geworden: eine Vorherrschaft des deutschen Kaisers nördlich und südlich seines Kirchenstaates. Es war ein erfolgreiches Jahr, das für Konstanze und Heinrich in der Geburt eines Erben am zweiten Weihnachtstag gipfelte. Als die Wehen einsetzten, befand die Königin sich in Mittelitalien auf der Reise zu ihrem Mann nach Palermo. In Jesi in den Marken machte sie Halt, um ihr Kind zur Welt zu bringen. Sie war inzwischen 40 Jahre alt. Um Zweifeln an ihrer Mutterschaft vorzubeugen, entband sie öffentlich im Beisein von Hofleuten und Einheimischen in einem Zelt, das eigens dafür auf dem Marktplatz von Jesi aufgestellt worden war. Anschließend brachte man das Kind nach Assisi, wo es auf den Namen Friedrich getauft wurde.

Das Wunderbare, das Friedrichs Geburt umgab, haftete ihm auch noch an, als er zum Mann heranwuchs, und umgab ihn ein Leben lang. Zeitgenossen verliehen ihm aufgrund seiner großen Intelligenz und Bildung, seiner rastlosen Persönlichkeit und seines unkonventionellen Eigensinns den Beinamen *stupor mundi*, „das Staunen der Welt“. In den Augen der Päpste, die ihn mehrfach exkommunizierten, war er ein Antichrist, ein religiöser Skeptiker, der sich weigerte, einen Kreuzzug zu unternehmen. Für die Staufer aber war Friedrich II. (1194–1250) ihr herausragendster Vertreter seit Barbarossa.

Da Heinrich VI. seinen Königstitel vererben wollte, sorgte er dafür, dass Friedrich bereits mit zwei Jahren zum deutschen König gewählt wurde. Als jedoch der Kaiser ein Jahr später starb, erhoben Philipp von Schwaben und Otto von Braunschweig, der Sohn Heinrichs des Löwen, Ansprüche auf den Thron. Konstanze behielt ihren Sohn in Sizilien, wo er 1198, im Jahr ihres Todes, zum König gekrönt wurde. In seinem Namen verzichtete sie auf jegliche Ansprüche auf die deutsche Krone. Friedrich verbrachte den größten Teil seines Lebens im kosmopolitischen Ambiente Siziliens. Aber seine staufische Abstammung ließ sich nicht ohne Weiteres verleugnen. Dreimal wählten ihn Fürsten, die gegen den inzwischen als deutscher König und Kaiser regierenden Otto von Braunschweig rebellierten, zum Gegenkönig. Selbst nach der dritten Wahl 1215 dauerte es jedoch noch fünf Jahre, bis Papst Honorius III. Friedrich in Rom zum Kaiser krönte. Zahlreiche Zugeständnisse, die Friedrich den deutschen Fürsten machte, stabilisierten deren Macht. 1232 gestand er ihnen zusätzlich ein Vetorecht gegen kaiserliche Gesetzesinitiativen zu. Entsprechend schwand das Ideal einer deutschen Nationalmonarchie. Die Abtretung seiner Rechte an die deutschen Fürsten bedeutete jedoch auch ein Entgegenkommen gegenüber den Welfen. So wurde der Konflikt zwischen Welfen und Staufern Mitte der 1230er Jahre beigelegt. Von 1220 bis 1236 befand Friedrich II. sich entweder auf Sizilien oder auf dem Kreuzzug. Nach einem letzten Deutschlandbesuch 1236 bis 1237 kam er nie wieder dorthin.

OBEN *Die Statue Friedrichs II. stammt von Peter Klink und wurde 2006 in Pfullendorf in Baden-Württemberg aufgestellt, das der Kaiser 1220 zur Freien Reichsstadt machte.*

Die Inspiration für seine Herrschaft bezog Friedrich aus seinem Königreich Sizilien. Bis heute bilden die „Konstitutionen von Melfi“ einen Meilenstein in der Geschichte des geschriebenen Rechts im Gegensatz zum Gewohnheitsrecht. Sein italienisches Engagement und sein Verhalten im Zusammenhang mit den Kreuzzügen trugen ihm langwierige, erbitterte Auseinandersetzungen mit dem Papst ein. Friedrich beteiligte sich am Fünften Kreuzzug nicht, was 1221 zum Scheitern dieses Unternehmens beitrug. Auch am Sechsten Kreuzzug nahm er wegen Krankheit erst verspätet teil. Daher wurde er 1227 exkommuniziert. Mittlerweile war er durch seine Heirat mit Jolande, der Erbin des Lateinischen Königreichs, zumindest nominell König von Jerusalem, da sein Schwiegervater, Johannes von Brienne, ihm den Titel übertragen hatte. Als Friedrich

1228 – zu einem für den Papst ungünstigen Zeitpunkt – zum Kreuzzug aufbrach, wurde er erneut exkommuniziert. Auf dem Kreuzzug nutzte er die syrisch-ägyptische Spaltung der örtlichen Aijubidenherrscher und erreichte durch diplomatische Verhandlungen die Rückgabe Jerusalems, das 1187 von Sultan Saladin erobert worden war. Am 18. März 1229 krönte Friedrich II. sich selbst zum König von Jerusalem. Die Spannungen zwischen seinen eigenen Rittern und dem einheimischen Adel eskalierten jedoch. So übernahmen die Aijubiden 1244 wieder die Herrschaft über die Stadt.

Aufgrund der Konzessionen, die Friedrich in Deutschland gemacht hatte, konnte er sich auf seinen Norditalienfeldzug konzentrieren. In der Schlacht bei Cortenuova errang er 1237 einen entscheidenden Sieg über den Lombardischen Bund. Seine Forderung nach einer bedingungslosen Kapitulation Mailands stärkte jedoch den Widerstand der norditalienischen Städte. Der Papst exkommunizierte Friedrich 1239 erneut. Daraufhin annektierte Friedrich große Teile des Kirchenstaats. Mit Papst Innozenz IV. (1243–1254) kam ein glühender Gegner des staufischen Abenteurertums auf den Stuhl Petri. Im Sommer 1245 erklärte der Papst Friedrich II. als Kaiser für abgesetzt. Auch in Deutschland versuchte er gegen ihn zu intrigieren, indem er Heinrich, den Landgrafen von Thüringen, als Gegenkönig unterstützte.

Das Ende der Stauferdynastie

Die Nemesis ereilte Friedrich in Parma, als die Stadt im Sommer 1247 gegen die kaiserliche Herrschaft rebellierte. Friedrichs Truppen begannen eine langwierige Belagerung, wurden aber am 18. Februar 1248 besiegt. Daraufhin griff der Aufstand auf ganz Norditalien über. Der Kaiser verlor die annektierten Gebiete des Kirchenstaates, konnte sie allerdings Anfang 1250 wieder unter seine Kontrolle bringen. Als die Bologneser seinen Sohn Enzio, den Generalvikar Norditaliens, nach der Schlacht bei Fossalta am 26. Mai 1249 gefangen nahmen, war dies ein schwerer Schlag für den Kaiser.

Friedrich II. starb am 13. Dezember 1250 auf der Burg Fiorentino in Apulien. Sein Sohn Konrad trat seine Nachfolge als König von Sizilien und Deutschland an, konnte aber seine militärische Oberhoheit in Sizilien nicht durchsetzen. Als Konrad 1254 an Malaria starb, war sein Sohn Konradin noch ein Kind. In seinem Namen regierte Konrads Halbbruder Manfred, der die Tatkraft seines Vaters geerbt hatte. 1258 usurpierte er den Thron und krönte sich zum König. Er führte einige erfolgreiche Feldzüge gegen den Papst in Nord- und Mittelitalien. Dieser rief Karl von Anjou gegen seinen neuen staufischen Gegner zu Hilfe und verhängte den Bann über Manfred. Nachdem Karl 1263 vom Papst mit dem Königreich Sizilien belehnt worden war, besiegte er Manfred am 26. Februar 1266 in der Schlacht bei Benevent und tötete ihn. Die Staufer hatten ihr Königreich in der Sonne verloren. Ihre Dynastie endete, als Konradin von französischen Truppen bei Neapel gefangen genommen und enthauptet wurde.

Parzival

Der Autor des „Parzival", der bayerische Adlige Wolfram von Eschenbach (um 1170–1220), war nicht der erste große Dichter, den dieser Stoff reizte. Der Artusritter hatte schon den Franzosen Chrétien de Troyes zu der unvollendeten Dichtung „Perceval, le Conte du Graal" inspiriert, die er seinem Mäzen Philipp, dem Grafen von Flandern, widmete. Sie diente Wolfram als Vorlage für sein umfangreiches Epos, das zudem stilistisch und thematisch der Peredur-Erzählung in der walisischen Legendensammlung „Mabinogion" ähnelt.

Der Ursprung der Parzival-Geschichte ist unbekannt. Ihre vielfältige Behandlung zeigt jedoch, wie ein literarischer Stoff in einem kosmopolitischen Ambiente die lokalen Verhältnisse widerspiegeln konnte. Wolframs „Parzival", der wohl zu den größten deutschen Dichtungen des Mittelalters zählt, ist durchdrungen von ritterlicher Ethik. Im Mittelpunkt steht die Notwendigkeit von Mitgefühl auf dem Weg zu Erkenntnis und Erlösung. Nachdem Parzivals Vater Gachmuret im Kampf getötet wurde, erzieht seine Mutter Herzeloyde den jungen Parzival fernab der Zivilisation und lässt ihn in Unwissenheit über höfisch-ritterliche Sitten. Vorbeiziehende Ritter schildern dem Jungen jedoch die Pracht des Artushofs in Camelot. Parzival macht sich auf den Weg dorthin. Seine verzweifelte Mutter zieht ihm ein Narrengewand an in der Hoffnung, dass seine Erscheinung ihm den Zugang zum höfischen Leben und den gefährlichen Verlockungen des Ritterstandes verwehren werde.

Parzival (rechts) in einer illuminierten Handschrift (1443–1446) des gleichnamigen Versepos Wolframs von Eschenbach.

Parzivals merkwürdiges Aussehen weckt in Camelot Neugier. Von Gurnemanz erhält er eine höfische Erziehung. Dann zieht er weiter auf der Suche nach Abenteuern. Er gelangt zur Gralsburg und trifft dort auf den geheimnisvollen kranken „Fischerkönig" Amfortas.

Amfortas ist der Hüter des Grals, der an einer Wunde dahinsiecht. Viele Ritter haben ihn zu heilen versucht, aber nur ein Mensch mit außergewöhnlicher spiritueller Selbsterkenntnis kann Amfortas von seinem Leiden erlösen. Es stellt sich heraus, dass Parzival dieser Ritter ist und über den Schlüssel zur Genesung des Königreichs verfügt. Nachdem Parzival von seiner Unwissenheit und Selbstsucht befreit ist, erfährt er, dass Amfortas der Bruder seiner Mutter ist und er ihm zu gegebener Zeit als Gralskönig nachfolgen wird. Wolframs symbolisch aufgeladene Schilderungen der ritterlichen Prüfungen und Herausforderungen verleihen dem deutschen Reich der Staufer etwas Mythisches. Das Thema der Regeneration eines Königreichs, das sich von seinen Wunden und Spaltungen erholt, weist offenkundige Parallelen zu den politischen und militärischen Auseinandersetzungen im Heiligen Römischen Reich zur Stauferzeit auf.

1154

1216

Das Angevinische Reich

Stephan von Blois (um 1096–1154) war der letzte Vertreter der anglonormannischen Dynastie, der die englische Krone trug. Er gelangte mithilfe von Adligen auf den Thron, die die Herrschaft Mathildes, der Tochter Heinrichs I., verhindern wollten. Stephans Thronanspruch war hinlänglich begründet: Seine Mutter Adela war die Tochter Wilhelms des Eroberers. Die Vorbehalte des englisch-normannischen Adels gegen Heinrichs einziges Kind, die von ihm designierte Thronfolgerin Mathilde, betrafen nicht allein ihr Geschlecht. Sie war mit Gottfried von Anjou verheiratet, dessen Territorien mit den Provinzen Touraine und Maine an die Normandie grenzten. Die Grafen von Anjou hatten schon seit Langem Interesse an dem Herzogtum, da sie sich die englische Krone aneignen wollten.

Mathilde hatte durch ihre erste Ehe mit Heinrich V., dem Kaiser des Heiligen Römischen Reichs, den Ehrentitel einer Kaiserin erhalten. Sie trug ihn auch nach Heinrichs Tod 1125 weiter und war sehr auf die Wahrung ihrer Rechte bedacht. Ihr zweiter Mann, der gut aussehende, energische und militärisch begabte Gottfried von Anjou, unterstützte sie eifrig bei der Durchsetzung ihrer Ansprüche, die sich mit seinem eigenen Ehrgeiz verbanden. Unmittelbar nach dem Tod Heinrichs I. von England reiste Mathilde in die Normandie, um ihr Erbe zu fordern. Obwohl sie von einigen Einheimischen unterstützt wurde, sprach sich der argwöhnische Adel des Herzogtums für Stephan aus. Mathilde und Gottfried ließen sich jedoch nicht einschüchtern. Ihre Invasion in England 1139 bildete einen Höhepunkt des Thronfolgestreits. Im April 1141 wurde Stephan abgesetzt, und Mathilde regierte einige Monate lang in London. Ihre Weigerung, die Steuern zu senken, machte sie jedoch bei der Bevölkerung unbeliebt, und bis zum Ende des Jahres konnte der König seinen Thron zurückerobern.

Rechts *Auf seinem Grab in der Kathedrale von Le Mans ist Gottfried von Anjou mit Schwert und Schild dargestellt.*

In der Normandie hatte das Paar mehr Erfolg. Gottfried sicherte sich mit Feldzügen 1142 bis 1143 sämtliche Lehnsgüter westlich und südlich der Seine, eroberte 1144 Rouen und rief sich und Mathilde zu Herzog und Herzogin der Normandie aus. Sie regierten ihr Territorium bis 1149 gemeinsam und übergaben es dann ihrem Sohn,

ENSE TVO PRINCEPS PREDONVM TVRBA FVGATVR

dem zukünftigen König von England, Heinrich II. Mit dieser Regelung war auch Ludwig VII. einverstanden, der als König von Frankreich Lehnsherr der Herzöge der Normandie war. Nach Gottfrieds Tod 1151 trat Heinrich die Nachfolge seines Vaters als Graf von Anjou an. Im folgenden Jahr heiratete er am 18. Mai in Poitiers Eleonore von Aquitanien, deren Ehe mit dem französischen König Ludwig VII. erst zwei Monate zuvor annulliert worden war. Als Tochter des Herzogs Wilhelm X. von Aquitanien regierte sie ihr Herzogtum aus eigenem Recht. In England blieb Stephans Lage heikel. Im Januar 1153 landete Heinrich mit einer Armee in England. Als im August Stephans Sohn und Erbe Eustach plötzlich starb, willigte der König in einen Kompromiss ein: Der Thronfolgeanspruch seines Sohnes Wilhelm wurde ausgesetzt und Mathildes Sohn als Stephans Erbe anerkannt. Von Ende 1153 an hatte Heinrich, der bereits Graf von Anjou und Maine sowie Herzog von Aquitanien und der Normandie war, also faktisch auch die Macht in England. Nach Stephans Tod im Oktober 1154 wurde Heinrich am 19. Dezember in der Westminster Abbey zum König von England gekrönt.

Erhalt der angevinischen Territorien

Der Vater des neuen Königs, Gottfried, hatte sich den Beinamen „Plantagenet“ zugelegt, abgeleitet vom Ginsterzweig (*planta genista*), den er zu seinem persönlichen Emblem machte. Im 15. Jahrhundert setzte sich dieser Name als Dynastiename für alle englischen Könige durch, die von Mathilde und Gottfried abstammten. Ihre Herrschaft endete erst, als 1485 Heinrich VII. aus dem Haus Tudor den Thron bestieg. Der Begriff „Angevinisches Reich“ wurde erst im 19. Jahrhundert auf die Territorien angewandt, die Heinrich II. und seine Söhne, Richard I. und Johann I., beherrschten. Sie reichten von der nordenglischen Grenze bis zu den Pyrenäen. Die Anhäufung so vieler verschiedener Länder und Titel war unter anderem auf glückliche Erbanlagen, den Zufall der dynastischen Nachfolge und eine glückliche Hand im Kriegsgeschäft zurückzuführen.

Heinrich II. war juristisch gebildet und nahm entscheidenden Einfluss auf die Entwicklung des englischen Gewohnheitsrechts, das auf Präzedenzfällen beruht. Die Rechte der englischen Krone waren klar definiert und wurden von einer Verwaltung getragen, die den Willen eines starken Monarchen unmittelbar umsetzen konnte. Eine ähnlich effiziente Staatsverwaltung gab es in der Normandie. Als in der anarchischen Phase unter Stephans Regentschaft die zivile Ordnung weitgehend zusammengebrochen war, hatte mancher Grundbesitz gewaltsam den Eigentümer gewechselt. In den „Assisen von Clarendon“ (1166) legte Heinrich unter anderem fest, dass jeweils zwölf Ritter über die legitimen Rechtsansprüche entscheiden und die Beseitigung der Missstände anordnen konnten. Diese Regelung, die auf früheren angelsächsischen Rechtsgepflogenheiten aufbaute, wurde als Geschworenengericht bekannt. Heinrich ernannte Richter, die durch das Land reisten und Rechtsfälle verhandelten. Damit stärkte er die Autorität der Krone und schränkte zugleich die Befugnisse eigennütziger Grundherren ein.

Der Schlüssel zur Durchsetzung staatlicher Autorität aber waren staatliche Einnahmen. Heinrich erhob rigoros ein Schildgeld, mit dem Vasallen sich von ihrem Kriegsdienst freikaufen konnten. Dieses Geld ermöglichte es ihm, Söldner zu beschäftigen, die in seinem Heer eine wichtige Rolle spielten. Ein wichtiges Ziel Heinrichs war es auch, den Vorrang des säkularen Rechtssystems gegenüber dem Kirchenrecht durchzusetzen. Diese Haltung brachte ihn in Konflikt mit Thomas Becket, dem Erzbischof von Canterbury, der dem König als Lordkanzler zuvor loyal gedient hatte. In den Jahren der Anarchie, die noch nicht lange zurücklagen, hatten Kirchengerichte ihre Autorität bewahren und ihre Kompetenzen sogar ausweiten können. Mit den „Konstitutionen von Clarendon" (1164) versuchte Heinrich, ihre Macht wieder zu beschneiden und die Immunität des Klerus einzuschränken. Strittig war vor allem eine Regelung, nach der

OBEN *Eine Tafel des Thomasaltars von Meister Francke (1424) zeigt „Das Martyrium des Thomas Becket".*

Das Angevinische Reich

1128 Mathilde von England, die Witwe Kaiser Heinrichs V. und Tochter Heinrichs I. von England, heiratet Gottfried Plantagenet von Anjou.

1135 Heinrich I. von England stirbt. Sein Neffe Stephan von Blois folgt ihm auf den Thron; Mathilde erhebt ihrerseits Ansprüche.

1144 Gottfried und Mathilde werden Herzog und Herzogin der Normandie. Sie übergeben die Herrschaft ihrem Sohn Heinrich, der als Heinrich II. König von England wird (1154).

1170 Thomas Becket wird ermordet.

1173/74 Die Söhne Heinrichs II., Richard und Johann, rebellieren gegen ihren Vater.

1188 Richard Löwenherz verrät seinen Vater und verbündet sich mit Philipp II. von Frankreich. Sie besiegen in Anjou die Truppen Heinrichs II. (1189).

1189 Heinrich II. stirbt; sein Nachfolger wird Richard.

1199 Richard Löwenherz stirbt; sein Bruder Johann folgt ihm auf den Thron.

1204 Eine französische Militäroffensive vertreibt die Engländer aus der Normandie, aus Anjou und Aquitanien.

1215 Der englische Adel startet mithilfe französischer Truppen eine Militäroffensive gegen Johann, der auf der Flucht stirbt (1216).

Kleriker, die von einem Kirchengericht verurteilt worden waren, anschließend der weltlichen Gerichtsbarkeit übergeben und vor ein königliches Gericht gestellt werden sollten. Von Ende 1164 bis 1170 lebte Becket in Frankreich im Exil. Seine Kampagne gegen die Politik des Königs setzte er so lange fort, bis Ritter aus dem Gefolge des Königs ihn am 29. Dezember 1170 in seiner Kathedrale in Canterbury töteten. Der Mord untergrub Heinrichs Autorität. Zwei Jahre später musste er dem Papst in der zentralen Frage Zugeständnisse machen und Klerikern ein Appellationsrecht an Rom einräumen.

Die Kriege Heinrichs II.

Heinrich führte eine Reihe von Kriegen, um an seinen Territorialgrenzen Vasallenstaaten zu gewinnen, die als Pufferzonen dienten. In dieser Hinsicht waren walisische Fürsten wenig kooperativ. Die beiden mächtigsten von ihnen waren Rhys ap Gruffudd, König von Deheubarth im Südwesten, und Owain Gwynedd von Nordwales. Sie schlossen sich zusammen und besiegten Heinrichs Armee im Sommer 1165 in der Schlacht von Crogen im Nordosten des Landes. Beim nächsten Mal ging Heinrich klüger vor: Er plante eine Invasion Irlands von der Küste Deheubarths aus. Daher schloss er ein Bündnis mit Rhys, erkannte dessen Herrschaft über ganz Wales an, ließ sich aber im Gegenzug als Lehnsherr huldigen.

In Irland stritten die Provinzfürsten untereinander um die Königswürde. Durch militärisches Eingreifen der englischen Krone waren auf der Insel nach und nach normannische Institutionen entstanden, unter anderem ein lückenhaftes Feudalsystem. Heinrich unterstützte Dermot MacMurrough von Leinster und erlaubte ihm, normannische und walisische Söldner für seinen Kampf um die Vorherrschaft in Irland anzuwerben. Die erfolgreichen Normannen begannen auf der Insel eigene Machtbasen zu errichten, was nicht in Heinrichs Sinne war. So führte er persönlich ein großes Expeditionsheer an, das im Oktober 1171 in Waterford landete. Daraufhin lenkten die meisten der einheimischen Fürsten ein und unterwarfen sich Heinrich. Die Errichtung einer Lordschaft Irland als königliches Lehen bildete einen Eckpfeiler von Heinrichs Familienpolitik. Ursprünglich hatte er beabsichtigt, seinen jüngeren Bruder Wilhelm, den Grafen von Poitou, von einer Eroberung Irlands profitieren zu lassen. Da der Graf aber jung starb, machte Heinrich seinen eigenen Sohn Johann 1185 zum Lord von Irland. Doch noch im selben Jahr machte Johann sich bei einem kurzen Besuch auf der Insel unbeliebt. In den folgenden Jahrzehnten schwand der normannische Einfluss wieder und beschränkte sich schließlich auf die Umgebung von Dublin.

Der schottische König Wilhelm I. (der Löwe) fiel 1173 bis 1174 zweimal in Northumberland ein. Dieses Gebiet hatte David I. während Stephans Regentschaft

für Schottland erobert, aber 1157 wieder an die englische Krone verloren. Als Wilhelm 1174 in Gefangenschaft geriet, musste er Heinrich den Lehnseid schwören. England errichtete Garnisonen in Edinburgh und in verschiedenen Grenzorten. Damit hatte er die Oberherrschaft über Südschottland inne, bis sein Sohn Richard I. 1189 die Herrschaft wieder an Wilhelm übertrug. Dafür erhielt er Geld, das er für die Finanzierung des Dritten Kreuzzugs brauchte.

Die Normandie war Heinrichs Kerngebiet auf dem europäischen Festland. An den Grenzen des Herzogtums verfolgte er eine ähnliche Taktik wie in Irland und in den englischen Grenzgebieten auf den Britischen Inseln. In der Bretagne war in den 1150er Jahren ein Erbfolgestreit entbrannt, nachdem Herzog Conan III. seinen Sohn Hoël enterbt hatte. Anfangs unterstützte Heinrich II. den amtierenden Herzog Conan IV., einen Neffen Hoëls. Als er 1166 die Verlobung seines siebenjährigen Sohnes Gottfried mit Conans Tochter arrangiert hatte, zwang er den Herzog jedoch zur Abdankung. Damit war Heinrich effektiv Herrscher über die Bretagne, obwohl er dort nie Lehnsherr wurde. Angesichts immer wieder aufflammender Aufstände des bretonischen Adels setzte er dort loyale Adlige ein, die seine Autorität im Herzogtum ausbauten.

Durch die Ehe mit Eleonore war Heinrich auch Herzog von Aquitanien. Er trat die Nachfolge ihres ersten Mannes, Ludwig VII., an. Gleichzeitig wurde er auf diesem Weg Herzog der im Südwesten angrenzenden Gascogne, die seit dem 10. Jahrhundert zu Aquitanien gehörte. Wegen ihrer geographisch schwierigen Lage verlangte sie eine besonders sorgsame Verwaltung. Südöstlich von Aquitanien lag die Grafschaft Toulouse.

Das riesige Gebiet mit seinen vielen befestigten Städten machte Heinrich beträchtliche Schwierigkeiten, als er 1159 einen Eroberungsfeldzug dorthin unternahm. 1161 kehrte er mit einer weiteren Armee zurück, überließ es dann aber seinen Verbündeten, unter anderen König Alfons II. von Aragón, den Kampf in seinem Namen fortzusetzen. Schließlich ergab sich Graf Raimund V. von Toulouse und leistete Heinrich den Lehnseid.

Beziehungen zu den Franzosen

Heinrichs Verhältnis zur französischen Krone war während seiner gesamten Regentschaft angespannt. Ständig versuchte König Ludwig, Heinrichs Stellung zu untergraben. So hatte er König Stephan von England gegen ihn unterstützt und gewährte Thomas Becket Exil. Allerdings befand er sich selbst in einer heiklen Lage. Ludwig fehlte es nicht nur an Heinrichs materiellen Mitteln, sondern auch an einem männlichen Erben, bis 1165 der zukünftige König Philipp II. geboren wurde. Fünf Jahre zuvor hatte Ludwig auf Drängen Englands eingewilligt, seine Tochter Margarete mit Heinrichs zweitem Sohn Heinrich zu verheiraten. Zu diesem Zeitpunkt war sie zwei und er fünf Jahre alt. Philipps Geburt machte jedoch die Aussicht auf eine Vereinigung der englischen und französischen Krone zunichte. Infolgedessen erhob Heinrich Anspruch auf die Auvergne und Bourges und unternahm 1167 und 1179 große Feldzüge dorthin. Sobald Philipp jedoch zum König gekrönt worden war, rächte er sich an Heinrich, indem er sich die Untreue von dessen Sohn zunutze machte.

Heinrich II. war sehr an dem Erhalt seiner Dynastie gelegen. Daher übertrug er seinen Söhnen eigene Titel: Heinrich der Jüngere wurde 1170 zum König von England gekrönt; Richard ernannte er 1172 zum Herzog von Aquitanien, Gottfried 1181 zum Herzog der Bretagne und Johann 1185 zum Lord von Irland. Heinrich der Jüngere bat darum, einen Teil der Territorien seines Vaters regieren zu dürfen. Doch der lehnte ab. Gemeinsam mit seinen Brüdern Richard und Gottfried rebellierte er daraufhin 1173 bis 1174 gegen den Vater. Eleonore stellte sich auf die Seite Heinrichs des Jüngeren, was sie mit einer Inhaftierung und der

Links *Die Reiterstatue Richards I. Löwenherz steht vor dem Parlament des Vereinigten Königreichs Großbritannien.*

Scheidung bezahlte. Der Rebell wurde auch von seinem Schwiegervater, Ludwig VII. von Frankreich, unterstützt. Heinrich II. überstand diesen Putschversuch, sah sich aber bald darauf mit Angriffen seines Sohnes Richard konfrontiert.

Kurz vor seinem Tod 1183 hatte Heinrich der Jüngere sich in Aquitanien einer lokalen Revolte gegen Richard angeschlossen. Daraufhin lehnte Richard die Aufforderung seines Vaters ab, das Herzogtum an seinen Bruder Johann abzutreten. Gottfried von der Bretagne unterstützte seinen Bruder Heinrich in Aquitanien gegen Richard und tat sich später auch mit Johann zusammen. Doch sie waren Richard Löwenherz nicht gewachsen, der ihre Truppen mit seiner militärischen Stärke ohne Weiteres schlug. Gleichzeitig schmiedete Gottfried mit Philipp II. von Frankreich Intrigen gegen seinen Vater. Als Gottfried 1186 starb, verlor Philipp einen wichtigen Verbündeten, fand aber in Richard schon bald einen neuen. Dieser schwor Philipp 1188 für alle Territorien, die Heinrich II. als Vasall der französischen Krone in Frankreich besaß, den Treueeid. Im Sommer des folgenden Jahres fielen die beiden Verbündeten in Anjou, dem Stammgebiet der Plantagenets, ein. Heinrich wurde in der Schlacht besiegt und starb 1189.

Johann – der Niedergang eines Königreichs

Während Johanns Regentschaft über England verloren die Plantagenets 1204 die Normandie und Anjou an die Armee Philipps II. Der triumphierende Kapetinger erzwang in Aquitanien den Rückzug der englischen Truppen bis in die Gascogne. Johanns Ruf als König war verheerend, doch in manchem ähnelte seine Politik der seines Vaters. Er legte sich mit dem Papst an, als er die Ernennung Stephen Langtons zum Erzbischof von Canterbury ablehnte. 1213 musste er nach achtjährigen Auseinandersetzungen schließlich einlenken. Ebenso wie Heinrich befasste sich auch Johann eingehend mit dem Rechtssystem, verwaltete das Land effizient und trieb eifrig Steuern ein. Der Verlust der Besitzungen auf dem Kontinent zu Beginn seiner Regentschaft beeinträchtigte jedoch seine Autorität in England. Die englischen Barone äußerten ihren Ärger über die Besteuerung so offen, wie sie es unter Heinrich II. nie gewagt hatten. In der „Magna Charta“, die sie Johann am 15. Juni 1215 in Runnymede vorlegten, stellten sie eine ganze Liste von Forderungen auf, die sich gegen die von seinem Vater installierte zentralisierte Monarchie wandten. Nachdem Johann diese Charta unter Druck unterschrieben hatte, erwirkte er vom Papst die Erlaubnis, sein Wort zu brechen. Es entbrannte ein Bürgerkrieg, an dem sich auch französische Truppen beteiligten, die der englische Adel zu Hilfe gerufen hatte. Nach zwei Jahren musste Johann sich geschlagen geben. Unter seiner Regentschaft löste sich der Machtblock der Territorien auf, den sein Vater geschaffen hatte. In England wie auch in Frankreich lag die Zukunft bei nationalen Königshäusern, die ihre Macht innerhalb fester Staatsgrenzen ausübten, statt über Gebiete zu herrschen, die geographisch so verstreut, politisch so unterschiedlich und kulturell so vielfältig waren wie im Angevinischen Reich.

Könige von England 1100–1272

Heinrich I.
(1068/69–1135)
regierte 1100–1135

Stephan von Blois
(1096–1154)
regierte 1135–1154

Heinrich II.
(1133–1189)
regierte 1154–1189

Richard I. Löwenherz
(1157–1199)
regierte 1189–1199

Johann I.
(1167–1216)
regierte 1199–1216

Heinrich III.
(1207–1272)
regierte 1216–1272

Robin Hood

Die Geschichte des Geächteten Robin Hood, der sich der staatlichen Ordnung durch Flucht in die Wälder entzog und dort mit seinen „fröhlichen“ Gesellen lebte, ist fester Bestandteil der englischen Überlieferung. Robin Hoods Eskapaden wurden erstmals literarisch in Balladen überliefert. Die frühesten Manuskripte stammen aus dem 15. Jahrhundert, die Dichtungen selbst sind aber wohl ein oder zwei Jahrhunderte älter.

In diesen literarischen Überlieferungen erscheint Robin Hood als antiklerikaler Gegenspieler des Sheriffs von Nottingham und geschickter Bogenschütze. Erst im 16. Jahrhundert kam die Vorstellung hinzu, dass Robin Hood Richard Löwenherz unterstützte und unter der schlechten Regierung Johanns aus der Gesellschaft ausgestoßen wurde, während Richard sich auf dem Dritten Kreuzzug befand. Auch die Idee, dass sich hinter Robin Hood der ins Unglück geratene Earl of Huntingdon verbarg, kam erst nach dem Mittelalter auf. Die ursprünglichen Balladen schildern ihn durchgängig als *yeoman* (Freibauern). Sie sind Teil einer breiten Überlieferung, die Robin Hood als englischen Helden feiert. Im England des Spätmittelalters war es üblich, bei den Frühlingsfesten am 1. Mai die Taten Robin Hoods und seiner Gefährten aufzuführen. Durch diese Spiele fand die Figur der Maid Marian Eingang in die Robin-Hood-Literatur.

Robin Hood ist wohl mit keiner historischen Person identifizierbar. Die Balladen über ihn sind reine Fiktion und haben keinerlei biografische Hintergründe. Dennoch geben seine Ansichten über die sozialen Verhältnisse Aufschluss über die Situation im England des Mittelalters. Robin wird zwar als Mann geschildert, der auf der Seite der Unterdrückten steht, dass er aber die Armen beschenkte, kommt in den frühen Balladen nicht vor. Die Art, wie Robin Hoods Gefährten dessen Autorität anerkennen, indem sie nämlich vor ihm niederknien, zeugt von mittelalterlichen Vorstellungen wie Treue und Ehre. Dass sie statt mit Knüppeln mit Schwertern kämpfen und als Rückgrat des Landes dargestellt werden, deutet darauf hin, dass sie ebenfalls Freibauern waren. Robin Hoods Ritterlichkeit, höfisches Verhalten und seine Frömmigkeit galten als obligatorische Tugenden für den Zusammenhalt einer Gesellschaft oder eines Königreichs. Im Gegensatz dazu stehen der Materialismus und die Selbstsucht seiner Gegner.

Besonders populär waren die Legenden über Robin Hood im englischen Landadel, der lesen und schreiben konnte und Einfluss besaß. Daher könnte die mittelalterliche literarische Überlieferung eine herrschende Ordnung widerspiegeln, die englische Tugenden und persönliche Werte idealisierte.

Robin Hood ist eine überaus facettenreiche Gestalt, und jede Epoche veränderte seinen Charakter so, wie sie ihn haben wollte. Im 16. und 17. Jahrhundert wurde er zum Adligen und damit zum Mitglied der Oberschicht erhoben, dessen romantisches Exil mit der Wiedereinsetzung eines gütigen Herrschers endete. Die Viktorianer reizte Robin Hoods philanthropische Einstellung. Sie machten ihn zum Führer freiheitsliebender Sachsen, die gegen normannische Feudalherren kämpften. Der Warner-Brothers-Film „Robin Hood, König der Vagabunden“ (1938) verlieh der englischen Sage Hollywood-Glanz und stellte den Helden und seine Gefährten als fröhliche Gesellen mit ungebrochener Erfolgsmentalität gegenüber den Herausforderungen des Lebens dar.

Robin Hoods gutes Aussehen ist ein wichtiges Merkmal der Überlieferung. In jüngster Zeit kamen Spekulationen auf, ob die Legende eine homoerotische Komponente haben könnte. Die ursprünglichen Robin-Hood-Balladen und ihre späteren Interpretationen feiern die Intensität männlicher Kameradschaft und zeigen, dass die Ablehnung von Konventionen zur Entdeckung der eigenen Identität führen kann. Maid Marians Weiblichkeit und Passivität verbannten sie an den Rand von Robin Hoods Welt.

Robin Hood, der Held englischer Balladen des Spätmittelalters, auf einem farbigen Holzschnitt, der um 1600 entstand.

1080
—
1218

Die Renaissance des 12. Jahrhunderts

Ende des 11. Jahrhunderts begann in Europa eine Phase tiefgreifender und weitreichender Wiederbelebung von Kunst und Wissenschaften, die mit der Epoche der Renaissance vergleichbar ist, die im Spätmittelalter in Italien ihren Anfang nahm. In dieser Zeit erlebte die romanische Kunst ihre Hochblüte und erste Meisterwerke gotischer Architektur entstanden. Lyrik und Epik wurden in den Landessprachen verfasst, während Latein innovative Anwendung fand, um philosophische und theologische Gedanken zu formulieren. In ganz Europa wurden erste Universitäten gegründet, etwa in Salerno, Paris, Montpellier, Bologna, Salamanca, Oxford und Cambridge. Sie leisteten Pionierarbeit bei der Wiederentdeckung des römischen Rechts und antiker Autoren wie Euklid, Ptolemäus und Aristoteles.

Der kulturelle Aufschwung im 12. Jahrhundert war eine kosmopolitische Bewegung. Italienische Zentren der Gelehrsamkeit spielten eine herausragende Rolle bei der Weiterentwicklung des römischen und kanonischen Rechts, in der Medizin und bei Neuübersetzungen altgriechischer Werke. Die französische geistliche und weltliche Elite konzentrierte sich auf philosophische Spekulation und epische Versdichtung. England und Deutschland ließen sich von dem kulturellen Vorbild Frankreichs inspirieren, während Spanien zum Bindeglied zwischen europäischer und islamischer Kultur wurde. Die Karolingerzeit hatte im 9. Jahrhundert große kulturelle Errungenschaften hervorgebracht, die sich jedoch weitgehend auf den Hof und die Kloster- und Domschulen beschränkten. Viele dieser Einrichtungen hatten unter den Einfällen der Wikinger, Sarazenen und Magyaren stark gelitten. Nun kam es zu einem umfassenderen intellektuellen und spirituellen Erwachen. Die Dichter und Denker versuchten nicht nur, das Erbe der Vergangenheit zu bewahren, sondern auch, dessen Inhalte und Erkenntnisse wiederzubeleben und für ihre eigene Zeit nutzbar zu machen.

Rechts *Die Kathedrale von Chartres mit ihrem prächtigen Rosettenfenster wurde zum Inbegriff der Wiederbelebung von Kunst und Wissenschaft im 12. Jahrhundert.*

Universitäten waren nicht die einzigen Bildungszentren dieser Zeit. Neue Kathedralen wie die in Chartres, Reims, Orléans, Canterbury und Toledo spielten eine ebenso große Rolle wie die königlichen Verwaltungsapparate. Die Höfe von Heinrich II. in England

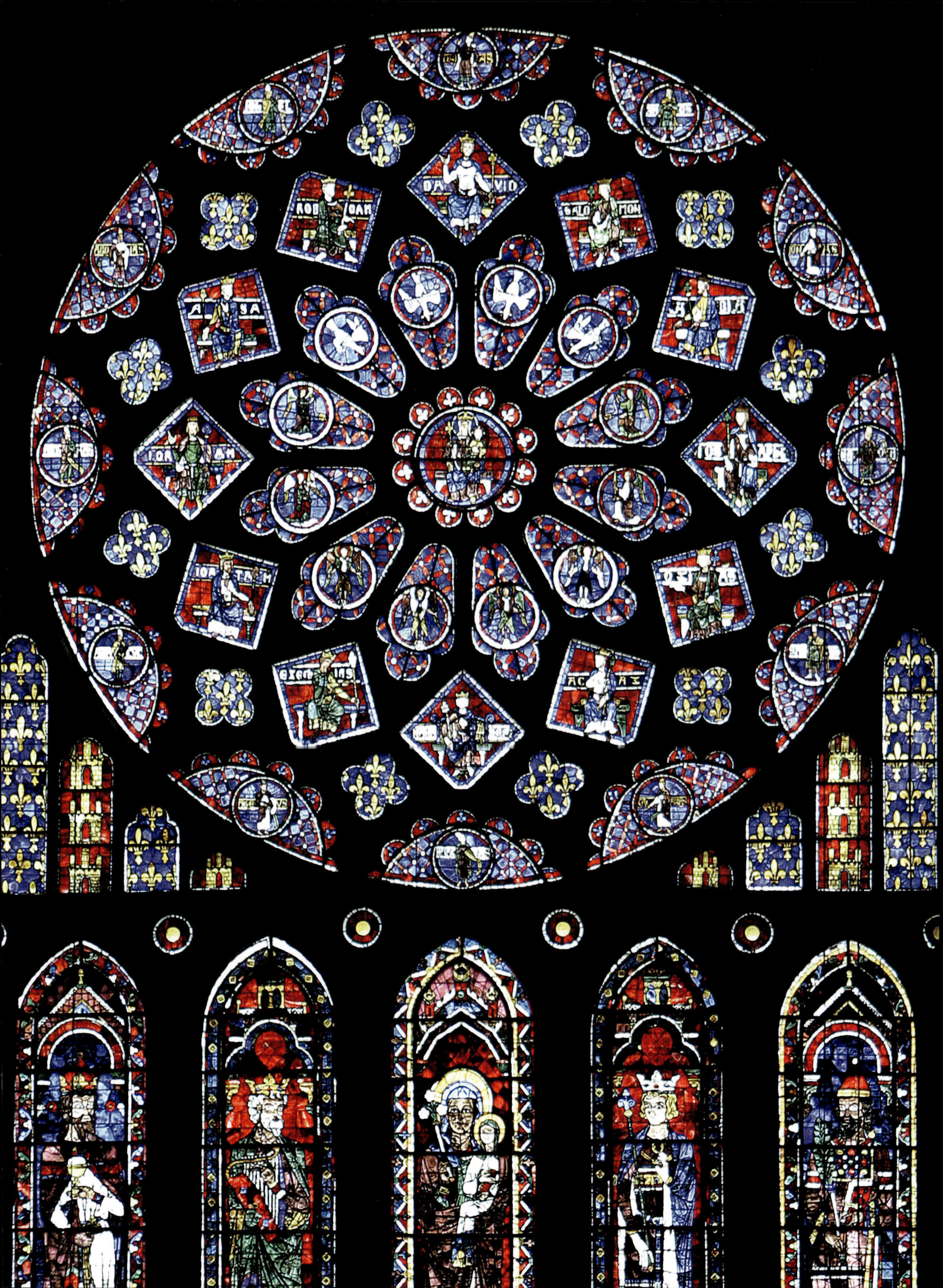
DA VID
SALO MON

und Friedrich II. in Sizilien standen den großen Klöstern wie Bec in Frankreich und Monte Cassino in Italien in nichts nach. Die Sammlungen der Bibliotheken der damaligen Zeit waren meist recht überschaubar. Die Abtei Corbie in der Picardie mit ihren etwa 340 Handschriften und die Durham Cathedral mit 546 Manuskripten galten um 1200 als außergewöhnlich groß.

Die Bedeutung des geschriebenen Wortes

Alle Bücher wurden auf Pergament geschrieben. Papyrus war im frühen Mittelalter nicht mehr in Gebrauch und Papier im Westen noch nicht eingeführt. Unter den Karolingern hatte die Buchmalerei eine Blüte erlebt. In der Hofschule Karls des Großen waren viele Prachthandschriften mit kunstvollen Initialen und Evangelistenbildern entstanden. Diese Tradition hatte sich unter den Ottonen fortgesetzt, während sie im Westfränkischen Reich einen Niedergang erlebte. Im 12. Jahrhundert erreichte die Buchmalerei in ganz Europa einen neuen Höhepunkt. Der Buchbestand umfasste Abschriften der Bibel sowie Messbücher und Lektionare (liturgische Bücher mit den Lesungs- und Predigttexten), daneben Werke der Kirchenväter Augustinus, Hieronymus, Ambrosius und Gregors des Großen. In den Bibliotheken fanden sich aber auch neuere Schriften. Große Bedeutung hatten Kommentare von Petrus Abaelard und Anselm von Canterbury sowie Werke von Autoren, die das Wissen vergangener Epochen vermittelten wie Boethius, Isidor von Sevilla und Beda Venerabilis. Ihre Lehrbücher zur Logik, Rhetorik, Arithmetik und Musik wurden zu Standardwerken. Archive nahmen an Bedeutung zu, je komplexer die Verwaltung wurde. Die Dokumentationen englischer und sizilianischer Monarchen reichten in ihrer Qualität an die päpstlichen Quellen heran.

Oben *Der Ausschnitt aus dem Stundenbuch des Herzogs von Berry (15. Jahrhundert) zeigt einen Mönch im Scriptorium beim Kopieren eines Manuskripts.*

Im 12. Jahrhundert stand die Kirche der Literatur der römischen Antike zwiespältig gegenüber. Sie hatte zwar das Lateinische als Sprache übernommen, verdammte aber das heidnische Umfeld, in dem Autoren wie Cicero, Vergil und Ovid schrieben. Dennoch diente der literarische Stil der Vergangenheit vielen Autoren als Vorbild, so etwa Johannes von Salisbury (um 1120–1180). An den Domschulen des 12. Jahrhunderts wie in Chartres oder Orléans, Bamberg oder Köln las und bewunderte man unter anderem Vergil, der nahezu überall als größter Dichter schlechthin und stilistisches Vorbild galt. Zudem ließen sich seine Werke als Vorausdeutungen auf das Christentum lesen. Als Hofdichter des Kaisers Augustus feierte Vergil das Römische Reich. Damit eignete er sich hervorragend für die Wiederbelebung der imperialen Tradition durch die Staufer. Aber auch Ovids „Ars amatoria“ (Liebeskunst) und seine „Metamorphosen“ inspirierten viele. Selbst im Benediktinerkloster Cluny wurden seine Verse kopiert. Unter den Prosaschriftstellern galt Cicero als Hauptvertreter der Rhethorik, die im Lehrplan des Mittelalters zu den sieben „Freien Künsten“ zählte. Nicht zuletzt ließen sich aus der „Naturgeschichte“ Plinius des Älteren unzählige bizarre Geschichten entnehmen.

Latein war im Mittelalter als Sprache der Wissenschaft, der Rechtswissenschaften und der Kirche noch sehr lebendig. Entsprechend wurden Grammatik und Wortschatz erheblich weiterentwickelt. Als Standardwerk galten die 16 Bände der „Institutiones grammaticae", die Priscian von Caesarea Anfang des 6. Jahrhunderts verfasste. Auch neue Wörterbücher und Enzyklopädien entstanden. Adam du Petit-Pont etwa, der im frühen 12. Jahrhundert in Paris lehrte, verfasste ein Wörterbuch mit Beispielsätzen, die die Wortbedeutung veranschaulichten. Dieses Genre vermittelt wertvolle Informationen über das Alltagsleben zu jener Zeit. Ebenso wie die Grammatik gehörte auch die Rhetorik im Rahmen des Triviums zum mittelalterlichen Curriculum. Während die Grammatik sich den Regeln von Sprache widmete, ging es in der Rhetorik um die Sprache als Instrument zur Vermittlung von Wissen und Meinungen. Sie basierte auf den politischen und juristischen Reden des Römischen Reichs und fand im Mittelalter neue Verwendung in Bibelauslegung und Predigt.

Vagantendichtung und geistliche Spiele

Die lateinische Dichtung des Mittelalter fand großen Anklang beim mittelalterlichen Publikum. Sowohl in religiösen Spielen als auch in weltlichen Gesängen ging die Entwicklung weg vom klassischen Latein und den antiken Versmaßen hin zu neuen eindringlichen Rhythmen, die an die Volkssprachen angelehnt waren. Dichter weltlicher lateinischer Lyrik waren die Vaganten, in Frankreich „Goliarden" genannt, oder „Scholaren", fahrende Studenten oder junge Kleriker, die Wein, Weib und Gesang priesen und die offizielle Kirchenhierarchie, vor allem die römische Kurie, verspotteten. Ein berühmtes Beispiel für Vagantendichtung sind die „Carmina Burana", die weltliche und religiöse Themen und Ideen ebenso vermischen wie Latein und Volkssprache. Das Drama war mit der Schließung der letzten römischen Theater als Gattung verschwunden. Die dramaturgische Kraft der christlichen Liturgie inspirierte jedoch die im Mittelalter überaus populären geistlichen Spiele. Passions- und Weihnachtsspiele sowie Episoden aus Heiligenviten wurden an den jeweiligen Festtagen aufgeführt. Studenten der Kloster- und Domschulen hatten an der Entwicklung und weiten Verbreitung dieser Spiele erheblichen Anteil.

Veränderung des Rechts

Im 12. Jahrhundert wurden Rechtsgelehrte innerhalb der staatlichen Verwaltung immer wichtiger. Die Kirche besaß nicht länger das Monopol auf Bildung. Überall brauchten Herrscher diese neue Klasse gebildeter Laien als Berater und Verwalter und investierten viel Energie in die Wiederbelebung des römischen Rechts und den allgemeinen Fortschritt der Rechtslehre. Als wichtigste Quelle diente der „Corpus Juris Civilis", den Kaiser Justinian im 6. Jahrhundert hatte

Die Renaissance des 12. Jahrhunderts

1080er Jahre Der italienische Jurist Irnerius gründet in Bologna eine Glossatorenschule, die Kommentare zum römischen Recht verfasst.

1088 Die Universität von Bologna wird gegründet.

1109 Der Philosoph Anselm von Canterbury stirbt.

1121 Petrus Abaelards Werke werden von der Kirche als häretisch verurteilt.

um 1159 Johannes von Salisbury, Sekretär des Erzbischofs Theobald von Canterbury, verfasst „Policraticus", ein staatstheoretisches Werk über die Rechte und Pflichten eines Herrschers.

1160er Jahre Die Universität von Paris wird zur Institution.

1209 Die Universität von Cambridge in England wird gegründet, womöglich von ehemaligen Studenten der Universität von Oxford.

1218 Die erste spanische Universität wird in Salamanca gegründet.

1289 Die Universität von Montpellier entsteht durch eine Verschmelzung früherer Bildungszentren wie etwa der in den 1160er Jahren gegründeten Rechtsschule.

kodifizieren lassen. Er umfasste das eigentliche Gesetzeswerk, den „Codex Iustinianus", die „Digesten" mit Kommentaren römischer Juristen, die „Institutiones", ein juristisches Lehrbuch, und die „Novellae" mit späteren Gesetzen Justinians. Juristen der Universität Bologna, vor allem Irnerius (um 1055–1130), legten dieses Gesetzeskorpus im frühen 12. Jahrhundert aus und verfassten Kommentare („Glossen") in Bezug auf ihre aktuelle Relevanz. Besondere Bedeutung erlangten die „Digesten" als Modell für eine rechtswissenschaftliche Methode, die später auf das Kirchenrecht und das Gewohnheitsrecht in Europa angewandt wurde.

Mit der wirtschaftlichen Expansion im Mittelmeerraum und Norditalien entstanden neue Handels- und Geschäftspraktiken. Urbane Zentren bevorzugten das wiederbelebte römische Recht, weil es ihrer Realität mehr entsprach als das etablierte Recht des Mittelalters, das auf ländlichen Strukturen basierte. Für Regierungen, die eine umfassende Territorialverwaltung aufbauten, war ein Rechtssystem ebenfalls attraktiv, das nicht auf lokalem Gewohnheitsrecht, sondern auf allgemeingültigen Maximen basierte. Auch das Wiederaufleben des Reichsgedankens unter den deutschen Kaisern stärkte das römische Recht. Friedrich Barbarossa wusste es geschickt zu nutzen und erhielt die Unterstützung der Universität Bologna, als er seine Herrschaftsansprüche über die lombardischen Städte geltend machte.

Italienische Universitäten verbreiteten das römische Recht nach Frankreich und Spanien. Die englische Krone sprach sich dagegen aus, aber viele Kleriker des Landes folgten römischen Rechtsprinzipien, wenn sie kanonisches Recht (Kirchenrecht) anwandten. Die Kirche begann im Mittelalter, ein einheitliches Rechtssystem der Universalkirche zusammenzustellen. Die einzelnen Richtlinien (*canones*) stammten allerdings aus unterschiedlichen Quellen wie etwa dem römischen Recht, der Bibel, den Papstbriefen oder Konzilsbeschlüssen. Der Mönch Gratianus von Bologna führte sie um 1140 im „Decretum Gratiani" zusammen, indem er sie systematisierte und miteinander in Einklang brachte. Das kanonische Recht entwickelte sich zu einem unabhängigen System. Selbst in England war sein Einfluss zu spüren, soweit es die Kirche betraf. Eckpfeiler des staatlichen Rechtssystems war hier jedoch das Gewohnheitsrecht, das auf der geübten Rechtspraxis und Präzedenzfällen basierte.

Arabische Einflüsse in Wissenschaft und Kultur

Bedeutende Anregungen erhielt die europäische Wissenschaft, als antike griechische Texte über Philosophie und Naturwissenschaften nach Westen gelangten. Es gab damals kaum lateinische Übersetzungen dieser Werke. Sie lagen vor allem auf Syrisch, Hebräisch und Arabisch vor. Neuplatonische Philosophen und nestorianische Christen, die in Byzanz verfolgt worden waren, hatten die Texte einst ins sassanidische Persien gebracht. Als byzantinische Provinzen und das Sassanidenreich im 7. und 8. Jahrhundert von Arabern erobert wurden, fanden diese die Werke in syrischer und persischer Übersetzung vor. Viele islamische Kalifen waren große Förderer der Wissenschaften und gaben Neuübersetzungen in Auftrag. So entstanden arabische Übersetzungen direkt aus dem Griechischen, etwa des „Almagest“ von Ptolemäus, aber auch aus dem Syrischen und Hebräischen. Der Schwerpunkt lag auf Werken zur Medizin, Mathematik, Astronomie, Astrologie und Alchemie, wobei die arabischen Übersetzer den antiken Texten eigene Beobachtungen und Entdeckungen hinzufügten.

Oben *Gregorios Pachymeres war ein griechischer Historiker und Schriftsteller des 13. Jahrhunderts. Im Byzantinischen Reich übersetzten Gelehrte antike griechische Texte ins Arabische. Erst nachdem sie aus dem Arabischen ins Lateinische übersetzt worden waren, konnten auch europäischen Gelehrten sie rezipieren.*

Bis zum 12. Jahrhundert hatte kaum ein Austausch zwischen dem lateinischen Westen und der arabischen Kultur stattgefunden. Im multikulturellen Königreich Sizilien, das im 10. und 11. Jahrhundert von arabischen Emiren beherrscht wurde, verbanden sich die Kulturen, und selbst nach der Eroberung der Insel durch die Normannen waren am sizilianischen Hof viele arabische Ärzte und Astrologen tätig. Die stärksten Impulse kamen jedoch über Spanien, das vom 8. Jahrhundert an zu großen Teilen muslimisch besetzt war. In den spanischen Städten entstanden Übersetzungen griechischer Texte aus dem Arabischen, vor allem als im 12. Jahrhundert das Interesse an Astronomie und Mathematik zunahm. Über Spanien gelangten Werke Euklids und Aristoteles' sowie deren arabische Kommentare nach Europa und veränderten das Denken. Euklids „Elemente“ erschienen Anfang des 12. Jahrhunderts in einer lateinischen Übersetzung, eine Generation später folgten „Data“ und „Optika“. Aristoteles' Werke „Physik“, „Meteorologica“ und „De Caelo“ („Über den Himmel“) veränderten die europäische Sicht auf die Natur. Auch die Medizin in Europa erlebte eine Revolutionierung durch die Entdeckung der antiken griechischen Literatur zu diesem Thema vor allem von Galen und Hippokrates. Aber auch Werke arabischer Ärzte fanden weite Verbreitung.

Manche arabischen Wörter blieben unübersetzt. Daher überlebten bis heute Begriffe wie Algebra und Ziffer in der Mathematik und Almanach, Zenith und Nadir in der Astronomie. Die Übersetzungen inspirierten Wissenschaftler im Westen wie Albertus Magnus zu eigenen Naturbeobachtungen. Den weitreichendsten Einfluss hatten sie jedoch auf den mittelalterlichen Bildungskanon: Nachdem das Wissen der Antike zugänglich war, erlebten Arithmetik, Geometrie, Astronomie und Musik einen Aufschwung, also die Fächer des Quadriviums, des mathematischen Teils der sieben freien Künste.

Die Wiederbelebung aristotelischer Wissenschaft

Die Naturwissenschaft der griechischen Antike ging deduktiv, nicht experimentell vor und galt daher als Zweig der Philosophie. Das entsprach der Klassifikation im Europa des 12. Jahrhunderts. So war die Wiederentdeckung klassischen griechischen Denkens stark von der Verehrung des Aristoteles als größtem Philosophen geprägt. Platons stärker diskursiver, literarischer Stil hatte weit geringeren Einfluss als die kompakte, systematische Methode des Aristoteles. Auf der Basis des aristotelischen Denkens entwickelte der Scholastiker Thomas von Aquin im 13. Jahrhundert seine Methodik. Ende des 12. Jahrhunderts hielt die Logik des griechischen Universalgenies Einzug in das europäische Denken, um 1200 wurde seine „Metaphysik“ übersetzt, gefolgt von „Ethik“ und „Politik“. Im Zuge der Rezeption passte man Aristoteles der christlichen Lehre an und schwächte manche seiner „unchristlichen“ Überzeugungen ab, so etwa die Lehre, dass das Universum ewig sei. Mit Aristoteles' Schriften gelangten aber auch die seines größten arabischen Kommentators, Averroës (1126–1198), in den Westen. Er vertrat unter anderem die Ewigkeit der Materie und die Einheit des Geistes. Da seine Lehren eine Unsterblichkeit des Individuums bestritten, förderten sie im Europa des Mittelalters ketzerisches, abweichendes Denken.

Anselm von Canterbury und Petrus Abaelard waren die bedeutendsten Philosophen ihrer Zeit. Beide wirkten, bevor Aristoteles im Westen großen Einfluss erlangte. Anselm (1033–1109) versuchte die Existenz Gottes zu beweisen und lehrte die Vereinbarkeit von Glaube und Vernunft. Abaelard (1079–1142) war ein überaus origineller Denker, dessen von der orthodoxen Lehre abweichende Ansichten im sogenannten Universalienstreit dazu führten, dass er 1121 und 1141 als Ketzer verurteilt wurde. Seine scharfsinnige Abhandlung „Sic et Non“ („Ja und Nein“) war ein bahnbrechendes Werk in der Entwicklung der dialektischen Methode. Darin listete Abaelard Aussagen aus der Bibel und Werken der Kirchenväter zu verschiedenen Themen auf und wies auf die Widersprüche hin. Indem er auf diese Weise zum Zweifeln aufforderte, untergrub er die orthodoxe Lehre. Sein Vorgehen beeinflusste im 13. Jahrhundert jedoch maßgeblich die Entwicklung der scholastischen Methode. Damit verschob sich der Schwerpunkt innerhalb des Triviums von Grammatik und der Rhetorik hin zur Logik. Theologie blieb die höchste Form der Erkenntnis. Wenn die Philosophie auf ihr Gebiet vordrang, wurde sie verurteilt, wie es bei Abaelard der Fall war. Manche westlichen Anhänger von Averroës traten für eine Doktrin der doppelten Wahrheit ein, wonach sowohl die Philosophie als auch die Theologie wahr seien, allerdings nur in ihrem jeweiligen Gebiet. Die Kirche verbot diesen Ausweg jedoch. Das Verbot bildete den Hintergrund für Inquisitionsverfahren, die ketzerische Lehren offiziell untersuchten. Sie begannen in den 1180er Jahren und endeten zum Teil mit der Verhängung der Todesstrafe durch Verbrennen. Das belegt, wie gefährlich und gewagt manche Denkweisen im 12. Jahrhundert sein konnten.

Geschichtsschreibung

Geschichte gehörte im 12. Jahrhundert zu den aufstrebenden literarischen Themen. In den Werken, die zu dieser Zeit entstanden, ist ein erfrischender Sinn für kritische Betrachtungen zu bemerken, der früheren Chroniken, Annalen und Heiligenviten fehlte.

Die „Zehn Bücher Geschichten“ von Gregor von Tours (um 538–594) galten als wichtigste Informationsquelle über die frühe Geschichte der Franken und ihre Christianisierung, also die Zeit, in der aus den Galliern der Spätantike die Franken des frühen Mittelalters hervorgingen. In seinen hagiografischen Elementen unterscheidet sich Gregors Werk jedoch vom Schaffen der Historiker des 12. Jahrhunderts und ihrer unmittelbaren Nachfolger. Sie waren nicht weniger religiös als Gregor, unterschieden aber klar zwischen Legenden und einigermaßen gesicherten Fakten. Es war die große Zeit der Enzyklopädien. Der Dominikanermönch Vinzenz von Beauvais (um 1190–1264) verfasste den „Speculum Maius“ („Großer Spiegel“), dessen drei Teile der Weltgeschichte seit der Vertreibung aus dem Paradies, den Formen angewandten Wissens wie der Chirurgie, Landwirtschaft und Politik sowie der Naturwissenschaft gewidmet sind.

Der Engländer Ordericus Vitalis (1075–1142), der als Mönch in dem reichen und einflussreichen Kloster Saint Evroul in der Normandie lebte, verfasste eine Kirchengeschichte. Sie beginnt mit der Geburt Christi, ist aber vor allem als zeitgenössisches Geschichtswerk zur politischen Entwicklung Westeuropas im ausgehenden 11. und frühen 12. Jahrhundert bemerkenswert. Aufgrund seiner Herkunft hatte Ordericus ein besonderes Interesse an der Geschichte des anglonormannischen Staats. Aus England kamen häufig Besucher nach Saint Evroul, aber auch aus Süditalien, wo das Kloster viele Tochterklöster gegründet hatte. So erhielt er Informationen, die seinem Werk zu internationaler Dimension verhalfen. Der Zisterziensermönch Otto von Freising (um 1114–1158) lieferte mit seinen „Chronica“ eine philosophisch beeinflusste Allgemeingeschichte. In seinem Werk „Gesta Frederici imperatoris“ („Die Taten Friedrichs“) schildert er die deutsche Geschichte während des Investiturstreits als Hintergrund für die Wahl Friedrichs I. Barbarossa zum deutschen König 1152. Detailliert geht er auf die ersten Regierungsjahre Friedrichs ein. Dabei handelt es sich um eine erstaunlich objektive Darstellung, obwohl Otto über seine Mutter mit dem Kaiser verwandt war und von ihr den Auftrag zu diesem Werk erhalten hatte. Wilhelm von Malmesbury (um 1080–1143), ein Mönch aus einem Benediktinerkloster in Wiltshire, schildert in seinen „Gesta Regum Anglorum“ („Taten der englischen Könige“) kenntnisreich und fundiert die Entwicklung der Monarchie von der Mitte des 5. Jahrhunderts bis zur Gegenwart des Autors. Einen ähnlichen Scharfblick für Entwicklung und Wandel von Institutionen bewies Abt Suger von Saint-Denis (um 1081–1151) in seinem Werk zur Geschichte der Abtei. Mit großem Geschick stellt er darin die Vergangenheit des Klosters in den größeren Kontext der französischen Geschichte.

Die Statue des Gregor von Tours von Jean Marcellin (um 1850) steht im Cour Napoléon des Louvre in Paris.

1180–1328 Der Triumph der Kapetinger

Von der Regentschaft Philipps II. August (1180–1223) bis zur Regentschaft Karls IV. (1322–1328) war die französische Monarchie unter den Kapetingern die stärkste Macht Europas. Eine durchgängige Reihe männlicher Erben sicherte den Fortbestand der Dynastie, und kein rivalisierendes französisches Adelsgeschlecht stellte den Herrschaftsanspruch der Kapetinger infrage. Umfangreiche Territorialgewinne gewährleisteten im 13. Jahrhundert, dass die jüngeren Söhne des Königs große Lehnsgüter erhielten und der Zusammenhalt der Herrscherfamilie gestärkt wurde. Die durchgängig enge Beziehung der Herrscher zum Papst trug wesentlich zum internationalen Ansehen der Kapetinger bei. Die Könige stützten ihre Macht aber auch auf den Ruf, sakrale Macht zu besitzen. Die Menschen glaubten unter anderem, durch die Berührung der königlichen Hand könne die Hautkrankheit Skrofulose geheilt werden. Solche Heilungszeremonien waren ein Massenphänomen und zeugten von der engen Verbindung zwischen König und Volk.

Vom späten 12. Jahrhundert an schuf die königliche Verwaltung ihre typischen Institutionen. Dazu gehörte unter anderem der *conseil du roi* oder *curia regis*, der dem König in Politik und Verwaltung beratend zur Seite stand. Mit der Konsolidierung des französischen Staates ging eine neue Abenteuerlust einher. Als die Kapetinger die merowingischen und karolingischen Königsgräber in Saint-Denis in Paris restaurierten und umgestalteten, wollten sie damit nicht nur ihren Respekt vor der Vergangenheit demonstrieren. Sie wollten mit dieser symbolischen Geste an die traditionellen Ambitionen der Könige Frankreichs anknüpfen, ihr Reich zu vergrößern.

Rechts *Die Illustration aus den „Grandes Chroniques de France“ (1274–1461) zeigt Philipp II. August im Gespräch mit einem Bischof.*

Im Gegensatz zu seinen kapetingischen Vorgängern erhob Philipp II. August seinen Sohn Ludwig VIII. nicht bereits zu seinen eigenen Lebzeiten zum Mitkönig. Das zeigt, wie sicher die französische Krone war. Philipp kann als Gründer der französischen Nationalmonarchie bezeichnet werden. Sein architektonisches Vermächtnis kann bis

DER TRIUMPH DER KAPETINGER

1204 Nach Niederlagen Englands kommen die Normandie, das Anjou und der größte Teil Aquitaniens unter französische Herrschaft.

1214 In der Schlacht von Bouvines unterliegen die Franzosen den vereinigten Truppen von England, Flandern und des Deutschen Reichs.

1248 Die Sainte-Chapelle, die Privatkapelle Ludwigs IX., wird geweiht.

1250 Ludwig IX. wird während des Sechsten Kreuzzugs in Ägypten gefangen genommen. Nach seiner Freilassung verbringt er vier Jahre im Nahen Osten, bevor er 1254 nach Frankreich zurück kehrt.

1305 Lille und Douai, die ursprünglich zur Grafschaft Flandern gehören, kommen unter französische Verwaltung.

1307 Philipp IV. etabliert das Parlament von Paris als neuen Gerichtshof. Er lässt den Templerorden zerschlagen.

1316 Philipp V. besteigt den Thron anstelle Johannas, der Tochter von Philipps Bruder Ludwig X. Philipp beruft sich auf das Salische Erbfolgerecht, das Frauen von der französischen Krone ausschließt.

1324 Der Krieg von Saint-Sardos endet mit der Niederlage Frankreichs.

heute in Paris bewundert werden. Er umgab die Stadt mit einer massiven Stadtmauer, die ein 250 Hektar großes Areal einschloss. Außerdem begann er 1202 mit dem Bau des Louvre, ließ die Hauptstraßen von Paris pflastern und am rechten Seine-Ufer zwei große Markthallen, *Les Halles*, errichten. Sicherheit, Hygiene und Verschönerung der Stadt finanzierte er durch Steuern, die er seinen Vasallen auferlegte. Philipp bewies einiges Geschick, seine Einnahmen zu steigern. Ein zuverlässiger Verbündeter war ihm der Templerorden, der den Staatsschatz verwaltete. Ein Großteil seiner Einnahmen stammte von den Pariser Juden, die bislang königlichen Schutz genossen hatten. Philipp jedoch befahl im Jahr 1180, sie in Haft zu nehmen, und zwang sie dann, ihre Freiheit mit ihrem gesamten Gold und Silber zu erkaufen. Ein Jahr später erließ er ein Dekret, das sämtliche Schulden bei den Juden der Stadt für getilgt erklärte. Im selben Dekret kündigte Philipp die Vertreibung der Juden aus Frankreich an, die aber nur teilweise umgesetzt wurde. Die Juden, die das Land verließen, kehrten später wieder zurück und ließen sich im Pariser Viertel Marais nieder.

Rückeroberung englischer Territorien

Philipps diplomatische Schachzüge und militärische Feldzüge waren durchgängig darauf ausgerichtet, englische Gebietsansprüche auf französischem Boden zu beseitigen. Daher führte er mehrfach Krieg gegen Heinrich II. von England, der zugleich Graf von Anjou und Herzog der Normandie und Aquitaniens war. Dabei konnte er Heinrichs gespannte Beziehungen zu seinen Söhnen ausnutzen. Richard Löwenherz leistete im November 1188 Philipp den Treueeid und im Sommer des folgenden Jahres zwangen sie den englischen König mit einem gemeinsamen Feldzug im Anjou, seinen Treueeid gegenüber Philipp zu erneuern. Während des Dritten Kreuzzugs verschlechterte sich jedoch das Verhältnis zwischen Philipp und Richard, der inzwischen den englischen Thron bestiegen hatte. Nachdem Philipp vorzeitig vom Kreuzzug zurückgekehrt war, suchte er nach Möglichkeiten, das Vexin für die französische Krone zurückzugewinnen. Diese Region, die an das Herzogtum Normandie angrenzte, war Richard bei seiner Verlobung mit Philipps Schwester Alice übertragen worden. Obwohl Richard die Verlobung 1191 gelöst hatte, hatte Philipp ihm zunächst erlaubt, das Gebiet zu behalten, um die Koalition für den Dritten Kreuzzug nicht zu gefährden. Nun forderte er das Territorium zurück und überredete Richards Bruder Johann, mit ihm gegen den englischen König Krieg zu führen.

1193 marschierte Philipp zunächst in das Vexin ein und anschließend in die Normandie, wo er beträchtliche Territorialgewinne machte. Zu diesem Zeitpunkt war Richard noch in der Hand des deutschen Kaisers Heinrich VI., der ihn auf dem Rückweg vom Kreuzzug hatte gefangen nehmen lassen. Nach seiner Freilassung Anfang 1194 unternahm er einen Feldzug, um die Kontrolle über die gesamte

Normandie zurückzuerobern, was bis Ende 1198 auch weitgehend gelang. Als Richard im folgenden Jahr starb und sein Bruder Johann den Thron bestieg, wendete sich jedoch das Blatt. Im Friedensvertrag von Le Goulet (1200) musste Johann weite Teile der Normandie abtreten und akzeptieren, dass die Grafen von Boulogne und Flandern Vasallen der französischen Krone statt der englischen Krone wurden. Seine übrigen französischen Besitzungen durfte Johann lediglich als Vasall Philipps behalten. Im Jahr 1202 entbrannte erneut ein Krieg. Bis 1204 eroberte die französische Armee die letzten englischen Gebiete der Normandie, den größten Teil Aquitaniens und die Grafschaft Anjou. Anschließend entzog Philipp Johann offiziell alle französischen Territorien, die er unter der Oberhoheit der französischen Krone regiert hatte.

Philipps antienglische Haltung spielte auch bei seiner Politik auf dem europäischen Festland eine Rolle. Der deutsche Kaiser, Otto IV., war ein Neffe König Johanns und Verbündeter Englands. Beide Monarchen lagen mit dem Papst in Streit. Johann weigerte sich, einen vom Papst ernannten Bischof von Canterbury zu akzeptieren, und Otto versuchte, Friedrich II. sein sizilianisches Königreich abzunehmen. Da der Papst den König von Sizilien jedoch als seinen Vasallen betrachtete, empfand er Ottos Feldzug als Angriff auf päpstliche Rechte. Philipp mischte sich in die deutschen Angelegenheiten ein und unterstützte Adlige, die auf Friedrichs Seite standen. Johann unterstützte unweigerlich Otto.

Anfangs plante Philipp, den Streit zwischen dem englischen König und dem Papst als Rechtfertigung für eine französische Invasion in England zu nutzen. Entsprechend stellte die französische Propaganda Johann als Kirchenfeind und die Invasion als Kampagne zur Unterstützung päpstlicher Autorität dar. Der Plan ging jedoch nicht auf, denn Johann kapitulierte und erkannte das päpstliche Investiturrecht an. In einer Vereinbarung wurde das Königreich England zum päpstlichen Lehen und Johann zum Vasallen des Papstes erklärt. Ein französischer Angriff hätte somit als Rebellion gegen

OBEN *Philipp II. August siegt in der Schlacht bei Bouvines im Juli 1214; Gemälde des französischen Malers Horace Vernet (1789–1863).*

den Papst gegolten. Die Tatsache, dass der Graf von Flandern, Ferdinand, Philipps Invasionsplan als einziger seiner Vasallen abgelehnt hatte, lieferte dem französischen König einen Vorwand für den nächsten Krieg. Für den Ungehorsam gegenüber seinem Feudalherrn konnte er rechtmäßig gegen den Grafen von Flandern vorgehen. In dem folgenden Krieg (1213–1214) erhielt Ferdinand militärische Unterstützung von Johann von England und Otto IV.

Mit dem Sieg, den Philipps Armee am 27. Juli 1214 bei Bouvines errang, waren die neuen Machtverhältnisse in Westeuropa besiegelt. Für die gedemütigte englische Krone bestand keine Aussicht mehr, ihre französischen Territorien je zurückzuerobern. In dieser geschwächten Position war der König 1215 gezwungen, den Baronen die geforderten und in der „Magna Charta" verbrieften Rechte zuzugestehen. Der deutsche Adel setzte Otto nach der beschämenden Niederlage ab und ersetzte ihn durch Friedrich II. Die französische Krone aber gewann an Autorität.

Die späten Kapetinger

Philipp II. August
(1165–1223)
regierte 1180–1223

Ludwig VIII.
(1187–1226)
regierte 1223–1226

Ludwig IX.,
der Heilige
(1214–1270)
regierte 1226–1270

Philipp III.,
der Kühne
(1245–1285)
regierte 1270–1285

Philipp IV.,
der Schöne
(1268–1314)
regierte 1285–1314

Ludwig X.
(1289–1316)
regierte 1314–1316

Johann I.,
der Posthume
(1316)
regierte 15.–20. November 1316

Philipp V.
(1292–1322)
regierte 1316–1322

Karl IV.
(1294–1328)
regierte 1322–1328

Ludwig IX., Kreuzritter und Verfolger

Mit den Kreuzzügen, die Ludwig IX., der Heilige, während seiner Regentschaft (1226–1270) unternahm, demonstrierte er die internationale Autorität der französischen Monarchie und ihre enge Verbindung zur Kirche. Während des Sechsten Kreuzzugs wurde der König 1250 von der ägyptischen Armee gefangen genommen. Nach seiner Freilassung blieb er noch vier Jahre im Nahen Osten, baute die Verteidigungsanlagen der Kreuzfahrerstaaten wieder auf und führte diplomatische Verhandlungen mit den islamischen Nachbarstaaten Syrien und Ägypten. Zum Schutz der Kreuzfahrerstaaten, die von Baibars, dem Mameluckenherrscher in Syrien und Ägypten, bedroht wurden, unternahm Ludwig IX. den Siebten Kreuzzug. Auf dieser Expedition erkrankte er 1270 in Tunis und starb. Mit der prachtvollen Privatkapelle Sainte-Chapelle, die Ludwig der Heilige in Auftrag gab und 1248 einweihen ließ, leistete der König einen bedeutenden Beitrag zur gotischen Architektur Frankreichs. Die Kapelle im Königspalast auf der Île de la Cité sollte demonstrieren, dass die französische Monarchie das krisengeschüttelte Heilige Römische Reich als Führer des christlichen Europa abgelöst hatte.

Finanzpolitik

Zu Ludwigs Selbstverständnis als christlicher Monarch gehörte eine antijüdische Einstellung. So ließ er 1243 über 12000 Talmud-Handschriften verbrennen. Nach der Proklamation des Sechsten Kreuzzugs wurden jüdische Geldverleiher aus Frankreich vertrieben. Ihren Besitz konfiszierte und versteigerte man, um den Kreuzzug zu finanzieren. Die Staatseinnahmen durch eine judenfeindliche Politik zu steigern hatte bei den Kapetingern eine gewisse Tradition. So befahl Philipp IV., der Schöne, der von 1285 bis 1314 regierte, im Jahr 1306 die Vertreibung aller Juden aus Frankreich und eignete sich ihre ausstehenden Kreditforderungen an. Philipps Streben, die königlichen Einnahmen

LINKS *Die Statue Ludwigs IX. befindet sich in der Sainte-Chapelle in Paris, die der König sich als Privatkapelle bauen ließ.*

zu maximieren, war teils auf die hohen Kriegskosten zurückzuführen. Denn technische Fortschritte machten Kriege immer kostspieliger. Nach seinem Krieg gegen Flandern erkannte er im Friedensvertrag von 1305 die flämische Unabhängigkeit an; Flandern musste die wohlhabenden Tuchhandelsstädte Lille und Douai an Frankreich abtreten. Auch gegen Aquitanien unternahm Philipp Feldzüge. Dort musste Eduard I. von England 1294 bis 1298 und 1300 bis 1303 die Region Guyenne verteidigen, die als einziger Teil des Herzogtums noch unter englischer Herrschaft war.

Philipp war überzeugt, dass die französische Monarchie durch eine effiziente Bürokratie mit ausschließlicher Autorität über ihre Untertanen repräsentiert werden sollte. Im Zuge dieser Politik schuf er 1307 einen neuen Gerichtshof, das „Parlament" von Paris, das für das gesamte Königreich zuständig war. Dort konnten Philipps Untertanen Berufung gegen Entscheidungen untergeordneter Gerichte einlegen. Damit beschnitt er die lokale Gerichtsbarkeit des Adels.

Im Bestreben, den Staat zu vereinheitlichen, führte Philipp eine Besteuerung des französischen Klerus ein. Diese Maßnahme zeugte von der zunehmenden Bedeutung ziviler Rechtsgelehrter im Staatsapparat, führte aber auch zum Streit mit Papst Bonifatius VIII.

(1294–1303). Zu den nächsten Opfern Philipps wurden die Tempelritter aufgrund ihres Wohlstands und ihrer Unabhängigkeit. Der König war bei dem Orden hoch verschuldet und nutzte seine Unbeliebtheit, um 1307 sämtliche Mitglieder in Frankreich verhaften zu lassen. Mittlerweile war Papst Clemens V. zu seiner gewohnten frankreichfreundlichen Haltung zurückgekehrt und schloss sich Philipps Haltung an. In einer päpstlichen Bulle wies er die europäischen Monarchen an, alle Templer zu verhaften und ihr Vermögen zu konfiszieren. Nach einer Reihe von Prozessen wegen erfundener Anschuldigungen ließ Philipp 1310 viele der verhafteten Templer auf dem Scheiterhaufen verbrennen. Der Papst löste den Orden 1312 offiziell auf.

In den letzten Jahren der Kapetingerherrschaft bestiegen nacheinander drei Söhne Philipps den Thron. Unter Ludwig X. (1314–1316) rebellierten lokale Adlige gegen die von Philipp verhängten Steuern. 1315 ordnete Ludwig die Freilassung der französischen Leibeigenen gegen Bezahlung an. Konnten oder wollten Leibeigene ihre Freiheit nicht erkaufen, wurde ihr Besitz konfisziert und der Erlös fiel an die Krone. Die Aussicht, Staatseinnahmen aus jüdischem Kommerz zu erzielen, führte 1315 zu einer politischen Wende. Juden durften zunächst für eine befristete Zeit von zwölf Jahren nach Frankreich zurückkehren. Zu den Bedingungen gehörte, dass sie keinen Geldverleih ausübten.

Einen Teil ihrer Einnahmen verwendete die französische Krone darauf, weiterhin militärischen und wirtschaftlichen Druck auf Flandern auszuüben. Als Johann I., der posthum geborene Sohn Ludwigs X., nach nur fünftägiger Regentschaft starb, folgte ihm Philipp V. (1316–1322) auf den Thron. Er bemühte sich um eine diplomatische Lösung der Flandernfrage. Graf Robert III. willigte ein, seinen Enkel Ludwig als Erben einzusetzen. Da der junge Prinz an Philipps Hof aufwuchs, schien diese Vereinbarung eine profranzösische Zukunft Flanderns zu gewährleisten. Doch Ludwig I. von Flandern (1322–1346) besaß keine lokale Machtbasis. So kam es zu einer Revolte (1323–1326) gegen seine Herrschaft, bei der ihm französische Truppen zu Hilfe kommen mussten.

Dominanz der Kapetinger

Die Thronfolge Philipps V. war zunächst umstritten. Manche Adlige unterstützten den Thronanspruch Johannas, der Tochter Ludwigs X. Doch Philipp ließ sich unmittelbar nach dem Tod seines Bruders in Reims krönen. Anschließend legitimierte er seine Macht mithilfe des Salischen Rechts, das Frauen von der Thronfolge ausschloss. Mit dem *Cour des Comptes*, dem Rechnungshof, schuf Philipp eine bleibende Institution der französischen Verwaltung. Sowohl Philipp als auch sein Bruder Karl IV. (1322–1328) mussten sich mit den Engländern auseinandersetzen, die die Guyenne im Südwesten Frankreichs als nahezu unabhängige Provinz regierten. Eduard II. von England verweigerte Ludwig X. den Treueeid, huldigte Philipp V. nur widerstrebend und verweigerte Karl IV. erneut die Treue.

»Tennisbälle, Herr!«

Der „Schatz“, den der französische Dauphin Heinrich V. in Shakespeares gleichnamigem Stück schickte, hatte im französischen Sport schon lange seinen festen Platz. Ludwig X. (1314–1316) spielte begeistert jeu de paume, *von dem das heutige Tennis abstammt. Das traditionelle Spiel im Freien ergänzte er durch eine Hallenvariante.*

In beiden Versionen des Spiels ging es darum, einen Ball mit der behandschuhten flachen Hand wegzuschlagen. In früheren Zeiten spielte man es teils auch mit bloßen Händen. Das Wort „Tennis“ leitet sich möglicherweise von dem Ruf *tenez*, „aufgepasst“, ab, mit dem Spieler ihren Aufschlag begleiteten. Die Hallenversion mit Schläger, die erst nach dem Mittelalter erfunden wurde, hieß später „real“, um sie von der Rasenvariante zu unterscheiden, die im 19. Jahrhundert populär wurde. In der Halle war das Spielfeld ringsum von Wänden umgeben, im Freien dagegen nur an drei Seiten. Das *jeu de paume*, das Ludwig X. spielte, gab es in Frankreich mindestens seit dem 12. Jahrhundert. Ähnlich alt sind das spanische *pelota* und das italienische *palla*, die ebenfalls mit der bloßen Hand gespielt wurden. Zur selben Familie der Ballspiele gehört auch *English fives*, das ohne Schläger gespielt wird. Ludwigs Innovation, das Spiel in eigens dafür gebaute Hallen zu verlegen, fand in Schlössern und Palästen Westeuropas weithin Nachahmung. Diese Bauten zeugten vom aufkommenden Einfluss der Franzosen auf Mode- und Stilfragen. Als der junge König an einer Lungenentzündung oder Rippenfellentzündung starb, führte man seinen Tod darauf zurück, dass er nach einem besonders anstrengenden *jeu de paume* zu viel kalten Wein getrunken habe, um sich abzukühlen.

Das Jeu de paume, *ein Vorläufer des modernen Tennisspiels, auf einem Stich aus dem 18. Jahrhundert.*

Die englisch-französischen Auseinandersetzungen gipfelten 1324 in einem militärischen Konflikt, der nach der Ortschaft Saint-Sardos in der Guyenne benannt ist. Dort hatte ein Franzose im englisch beherrschten Grenzgebiet eine *bastide*, eine kleine befestigte Siedlung, errichtet. Die örtlichen Grundbesitzer fürchteten, dass sie ihre Arbeiter vom Land weglocken könnte, und brannten die *bastide* mit stillschweigendem Einverständnis der englischen Lokalverwaltung nieder. Karl IV. erklärte daraufhin, die Engländer hätten das Herzogtum Aquitanien verwirkt, und führte einen sechswöchigen Feldzug durch die Gascogne, bei dem seine Truppen nur auf geringen Widerstand stießen. Damit machte Karl IV., der letzte Kapetingerkönig, seinen Standpunkt klar. Die Engländer durften ihre spärliche Präsenz im Südwesten beibehalten, mussten aber die Grenzregion Agenais an Frankreich abtreten. Bis zuletzt konnten die Kapetinger also Siege feiern. Englische Höflinge, Adlige und Soldaten überlegten jedoch, wie sie diese bittere Niederlage rächen könnten.

1144 – 1192 Der Dritte Kreuzzug

Im ausgehenden 12. Jahrhundert besaßen die Aijubiden die Vorherrschaft im islamischen Nahen Osten. Als Begründer der Dynastie gilt Saladin (um 1138–1193), ein Feldherr kurdischer Abstammung. Nach dem Sturz des Fatimidenkalifats wurde Saladin zunächst Wesir (1169) und später Sultan von Ägypten. In den folgenden Jahren unterwarf er zunächst Damaskus (1174) und dehnte anschließend seinen Machtbereich bis Aleppo (1176) und Mosul (1183) aus. So war das Lateinische Königreich Jerusalem von muslimischen Territorien umgeben, die von einem einzigen Herrscher regiert wurden.

Im frühen 12. Jahrhundert hatten die christlichen Regenten Jerusalems ihr Königreich mit beträchtlichem Erfolg ausgedehnt und gefestigt. Balduin I. (1100–1118) eroberte Akkon (1104), Beirut (1110) und Sidon (1111) und kontrollierte damit die Küste Palästinas. Daraufhin erkannten die Kreuzfahrerstaaten Tripolis, Antiochia und die Grafschaft Edessa die Oberhoheit des Jerusalemer Königs an. Unter der Regentschaft Balduins II. (1118–1131), des Vetters und Nachfolgers Balduins I., entstanden in Jerusalem mit den Templern und den Johannitern die ersten militärischen Ritterorden. Balduin II. führte einige Feldzüge gegen das fatimidische Ägypten und die Seldschuken. Auf dem Konzil von Nablus verabschiedeten hohe Kleriker und führende adlige Laien 1120 die ersten geschriebenen Gesetze des Königreichs. Von 1123 bis 1124 hielt der Emir von Aleppo Balduin II. gefangen. Aber bereits ein Jahr später besiegte der König mit seiner Armee die Seldschuken in der Schlacht von Azaz (11. Juni 1125). Während Balduins Gefangenschaft führten Stellvertreter die Regierungsgeschäfte des Königreichs weiter. Sie handelten 1124 mit Venedig eine Vereinbarung aus, die den venezianischen Kaufleuten umfangreiche Handelsrechte zugestand, und erhielten dafür im selben Jahr beträchtliche militärische Unterstützung bei der Eroberung von Tyros.

Als Melisande, die Erbin Balduins II., den verwitweten Grafen Fulko V. von Anjou heiratete, geriet Jerusalem in den Einflussbereich des Angevinischen Reichs. Fulko, Vater Gottfrieds V. von Anjou und Großvater des englischen Königs Heinrich II., wurde Mitregent des Lateinischen Königreichs (regierte 1131–1143). Unter seiner Herrschaft

RECHTS *Den blutigen Kampf der Kreuzfahrer zeigt diese Illustration aus „Les Passages faits Outremer“ von Sébastien Mamerot (um 1475).*

DER DRITTE KREUZZUG

1144 Die Grafschaft Edessa wird von Truppen Zengis eingenommen, des Herrschers von Mosul und Aleppo.

1148 Den Führern des Zweiten Kreuzzugs (1147–1149) gelingt es nicht, Damaskus einzunehmen, das mit Zengis Sohn und Nachfolger Nur ad-Din verbündet ist.

1154 Nur ad-Din erringt die Kontrolle über Damaskus.

1174 Nur ad-Din stirbt. Saladin, der Sultan von Ägypten, dehnt seinen Machtbereich auf Syrien aus.

1186 Saladin erklärt Jerusalem den Krieg.

1187 Saladins Sieg in der Schlacht bei Hattin führt zum Fall von Akkon und Jerusalem. Die westlichen Herrscher rüsten zu einem erneuten Kreuzzug.

1191 Philipp II. August von Frankreich landet im Mai in Palästina, wo er zu den Truppen Herzog Leopolds V. von Österreich stößt. Richard Löwenherz erobert Zypern und erreicht das Heilige Land im Mai. Dort unterstützt er die Truppen, die Akkon belagern. Die Stadt fällt im Juli.

1192 Richard und Saladin schließen einen Friedensvertrag; Akkon wird Hauptstadt des Königreichs Jerusalem, während Jerusalem unter muslimischer Kontrolle bleibt.

kam es jedoch zu schweren inneren Konflikten, da viele gegen den Einfluss seines angevinischen Gefolges aufbegehrten. Zudem wurde er mit einer erheblichen äußeren Bedrohung konfrontiert. Die Seldschuken hatten Zengi (um 1095–1146) als Statthalter von Mosul (1127) und Aleppo (1128) eingesetzt und erkannten ihn später als unabhängigen Herrscher an. So waren die beiden Städte unter Zengi vereint. 1144 eroberte seine Armee die Grafschaft Edessa. Angesichts dieser Entwicklung in der Region meinte der Westen, eingreifen zu müssen. So hatte der Zweite Kreuzzug (1147–1149) unter Führung des französischen Königs Ludwig VII. und des deutschen Königs Konrad III. vor allem das Ziel, Damaskus anzugreifen.

Türkische Eroberung von Damaskus

Mitte der 1130er Jahre hatte Zengi einen Feldzug gegen die türkische Dynastie von Damaskus geführt. Das 1139 zwischen Damaskus und Jerusalem geschlossene Abkommen vereitelte damals jedoch sein Ziel, die Vorherrschaft in Syrien an sich zu reißen. Mittlerweile war Damaskus 1147 aber mit Zengis Sohn, Nur ad-Din, verbündet. Die Belagerung von Damaskus durch die Kreuzfahrer im Juli 1148 war ein katastrophaler Fehlschlag und bedeutete das Ende des Kreuzzugs. Streitigkeiten über die Militärstrategie hatten die Führer des Kreuzzugs, vor allem Konrad, und den Adel von Jerusalem gespalten. Dadurch geriet Letzterer in den Ruf der Widerspenstigkeit, was es in den folgenden Jahrzehnten erheblich erschwerte, westliche Regenten für einen erneuten Kreuzzug zu begeistern. In dieser Zeit gelang es Nur ad-Din, der den Krieg gegen den Westen als Dschihad propagierte, im Nahen Osten neue Machtverhältnisse zu schaffen. In der Schlacht von Inab (29. Juni 1149) besiegten seine Truppen die Armee von Antiochia. Als der Herrscher des Fürstentums, Raimund von Poitiers, in den Kämpfen starb, war das ein schwerer Schlag für alle Kreuzfahrerstaaten.

Nachdem Nur ad-Din 1154 Damaskus eroberte hatte, schloss Balduin III. (regierte 1143–1162) 1158 ein Schutzbündnis mit dem Byzantinischen Reich. Sein Bruder und Nachfolger, König Amalrich I. (regierte 1162–1174), erneuerte die Allianz 1168. In dieser Zeit befand sich die ägyptische Fatimidendynastie im Niedergang. Nur ad-Din befahl 1169 seinem General Schirkuh, Ägypten zu erobern. Als Schirkuh nur zwei Monate später starb, ging die Macht an seinen Neffen Saladin über, der sich zum Sultan ernannte und von Nur Ad-Din unabhängig machte. Nach Nur ad-Dins Tod 1174 dehnte Saladin seinen Machtbereich auf Syrien aus.

Balduin IV., der Leprakönig

Der byzantinische Kaiser Manuel I. Komnenos war ein enger Verbündeter Amalrichs und unterstützte das Lateinische Königreich Jerusalem bei seinen Machtbestrebungen in Ägypten. Als der Kaiser 1180 starb, ging Jerusalem ein wichtiger

Links *Saladin erobert das Kreuz Christi; Illustration aus der „Chronica Majora“ von Matthew Paris (um 1200–1259).*

Helfer verloren. Amalrichs Sohn und Nachfolger, Balduin IV. (regierte 1174–1185), konnte dennoch seine Macht durchsetzen, obwohl er an Lepra litt. Zudem unterstützte ihn sein Onkel, Joscelin III. von Edessa, als sein Vetter Raimund III. von Tripolis zu mächtig zu werden drohte. Die Ehe seiner Schwester Sibylla mit Wilhelm von Montferrat, einem Vetter Friedrichs I. Barbarossa und Ludwigs VII. von Frankreich, bot ebenfalls die Aussicht auf westliche Unterstützung. Kurz nach seinem Eintreffen in Jerusalem starb Wilhelm jedoch 1177 und hinterließ Sibylla schwanger mit dem zukünftigen Balduin V. Wilhelms Tod war ein schwerer Schlag für das Königreich, dem der wachsende Einfluss Renauds de Châtillon erhebliche Probleme bereitete. Als Vasall des Königreichs Jerusalem besiegte er jedoch durch seine rücksichtslose Militärstrategie Saladin in der Schlacht von Montgisard am 25. November 1177.

Da der König leprakrank war und sein Neffe und Erbe noch ein Kleinkind, herrschte wegen der Thronfolge in Jerusalem große Anspannung. Graf Raimund III. und sein Vetter, Graf Bohemund von Antiochia, versuchten, die verwitwete Sibylla zu überreden, in die mächtige und ehrgeizige Jerusalemer Familie Ibelin einzuheiraten. Aber ihr Bruder, der kranke König, kam ihnen zuvor und vereinbarte ihre Heirat mit dem Adligen Guido von Lusignan, der erst kurz zuvor nach Jerusalem gekommen war. Balduins Enttäuschung über Guidos militärische Leistungen führte zu einem erneuten Strategiewechsel. 1183 ließ er den kränklichen fünfjährigen Balduin V. krönen, um Guidos und Sibyllas Einfluss am Hof einzuschränken. Gleichzeitig gewann Raimund von Tripolis wieder an Macht. Das Kind überlebte seinen Onkel lediglich um ein Jahr. Nach seinem Tod 1186 regierte Sibylla Jerusalem als Mitregentin ihres Mannes. Der Einfluss Guidos und seines engen Verbündeten Renaud verschärfte die Probleme des Königreichs nur noch.

Die Entwicklung vor dem Dritten Kreuzzug

Durch eine vorteilhafte Heirat war Renaud Herr von Oultrejourdain, der Region östlich des Jordans, geworden, deren Festungen die Handelswege von Damaskus nach Ägypten kontrollierten. 1186 überfiel er ohne vorangegangene Provokation eine muslimische Karawane, woraufhin Saladin Jerusalem den Krieg erklärte. Aus Protest gegen Sibyllas und Guidos gemeinsame Regentschaft war Raimund nach Tripolis zurückgekehrt. Er hatte

OBEN *Richard I. Löwenherz bricht 1191 mit seinem Heer zum Dritten Kreuzzug auf; Buchmalerei des burgundischen Schreibers David Aubert aus dem 15. Jahrhundert.*

sich sogar mit Saladin verbündet und zugelassen, dass dieser Tiberias besetzte. 1187 kam es jedoch zur Versöhnung zwischen Raimund und Guido, die nun gemeinsam eine Armee gegen Saladin in Tiberias führten. Allerdings konnten sie sich nicht auf eine Strategie einigen und scheiterten in der Schlacht bei Hattin (4. Juli 1187). Renaud wurde gefangen genommen und wegen seiner offenkundigen Missachtung der muslimischen Sitten in Krieg und Frieden hingerichtet. Auch Guido geriet in Gefangenschaft und kam nach Damaskus, durfte aber gegen ein Lösegeld nach Jerusalem zurückkehren.

Saladins Truppen überrannten das gesamte Lateinische Königreich bis auf den Hafen Tyros, den Konrad von Montferrat, ein Onkel Balduins V., verteidigte. Mit der Kapitulation der Stadt Jerusalem endete im Oktober 1187 das erste Lateinische Königreich Jerusalem. Das Fürstentum Antiochia und die Grafschaft Tripolis überstanden dagegen den Ansturm Saladins. Jerusalem war voller Flüchtlinge, die vor Saladins Heer Zuflucht in der Stadt gesucht hatten. Nach der Kapitulation durften sie nach Tyros, Tripolis und Ägypten reisen. Viele kehrten von dort nach Europa zurück. Andere, die für ihre Freiheit nicht bezahlen konnten, endeten jedoch in der Sklaverei. Angesichts dieser Katastrophe forderte der Papst die christlichen Herrscher Europas zum Dritten Kreuzzug auf. Heinrich II. von England und Philipp II. August von Frankreich stellten ihre Streitigkeiten hintan und riefen gemeinsam zu den Waffen. Um den Feldzug zu finanzieren, erhoben sie den „Saladinszehnten“. Nach Heinrichs Tod 1189 führte sein Sohn und Nachfolger Richard I. Löwenherz die englischen Ritter an. Auch der deutsche Kaiser Friedrich I. Barbarossa schloss sich dem Kreuzzug an. Am 18. März 1190 nahm sein Heer Ikonion (heute Konya), die Hauptstadt der Anatolischen Seldschuken, ein. Drei Wochen später glitt sein Pferd aus, als er den Fluss Saleph durchquerte. Friedrich stürzte auf einen Felsen und starb. Die meisten seiner Männer kehrten nach Deutschland zurück.

Richard Löwenherz im Heiligen Land

Richard Löwenherz und Philipp II. August begannen den Kreuzzug als Verbündete. Im Juli 1190 brachen der englische und der französische König von Marseille nach Sizilien auf, um von dort nach Palästina überzusetzen. In Messina galt es zunächst, einen Erbfolgestreit zu schlichten: Siziliens König Tankred hielt Johanna, die Schwester Richards und Ehefrau des früheren Königs, gefangen. Nachdem ihr Bruder am 4. Oktober 1190 Messina erobert hatte, kam Johanna frei. Noch in Sizilien verlobte sich Richard mit Berengaria von Navarra und löste zu diesem Zweck die Verlobung mit Philipps Halbschwester Alix. Philipp war über diesen Affront so gekränkt, dass er Sizilien Ende März 1191 ohne Richard verließ und Mitte Mai in Palästina eintraf. Dort schloss er sich mit seinem Heer Leopold V. an, dem Herzog von Österreich, der als Nachfolger Barbarossas die kaiserlichen Truppen befehligte.

Richard verließ Sizilien mit seinem Heer am 10. April 1191, geriet aber kurz darauf in einen heftigen Sturm. Sein Schiff konnte in Limassol auf Zypern anlegen. Mehrere seiner übrigen Schiffe liefen jedoch mit ihrer wertvollen Fracht auf Grund und wurden vom Herzog Komnenos von Zypern geplündert. Zur Vergeltung eroberte Richard kurzum die Insel. Im Juni 1191 landete er mit seinen Männern in Akkon und schloss sich den Kreuzfahrern an, die die Stadt belagerten.

Da Konrad von Montferrat Guido von Lusignan den Zugang nach Tyros verwehrt hatte, lenkte der König von Jerusalem seine Truppen nach Süden und begann 1189 eine zweijährige Belagerung Akkons. Nach Königin Sibyllas Tod 1190 verlor Guido seinen Status als Regent. Thronfolgerin war Isabella, die Halbschwester Balduins IV. und Ehefrau Konrads, der nun die Krone für sich beanspruchte. Doch Guido weigerte sich, seinen Anspruch aufzugeben. Als die Führer des Dritten Kreuzzugs im Sommer 1191 eintrafen, mussten sie sich für eine Seite in diesem Thronfolgestreit entscheiden. Richard unterstützte Guido, der im Poitou sein Vasall war. Philipp von Frankreich unterstützte dagegen Konrad, einen Vetter seines Vaters Ludwig VII. Das verschärfte die Konflikte zwischen den beiden Königen, und nachdem Akkon am 12. Juli an die Christen gefallen war, kehrte Philipp in die Heimat zurück. Ein weiterer Streit war nach der Rückeroberung von Akkon entbrannt. Die Kreuzfahrer hatten die Standarten des englischen und französischen Königs und des Königreichs Jerusalem aufgepflanzt. Die Standarte Leopolds aber hatte Richard zu Boden geschleudert und den Herzog damit beleidigt. Ende 1191 kehrte der Herzog, der ebenfalls Konrad als Thronfolger in Jerusalem unterstützt hatte, nach Österreich zurück.

Mit seinen Siegen in Arsuf (7. September 1191) und Jaffa (Juli 1192) eroberte Richard die Levanteküste weitgehend für das Lateinische Königreich zurück und beschädigte damit Saladins Ruf der Unbesiegbarkeit. Mittlerweile war jedoch klar geworden, dass es schwierig würde, Jerusalem zurückzuerobern. Zudem musste Richard nach England zurückkehren, um seine Krone gegen seinen Bruder Johann zu verteidigen. Daher schlossen Richard und Saladin am 2. September 1192 einen Friedensvertrag, der den Dritten Kreuzzug beendete.

Ein verkleinertes Königreich

Nach Beendigung des Dritten Kreuzzugs hielt sich das Königreich Jerusalem mit der Hauptstadt Akkon noch ein Jahrhundert lang. Es war ein stark verkleinertes Reich, das sich an der Mittelmeerküste von Tyros bis Jaffa erstreckte. Kurze Zeit später starb Saladin, und seine Söhne stritten sich um sein Vermächtnis. Die Adligen des Lateinischen Königreichs waren verbittert, weil sie sich von ihren westlichen Schutzherren im Stich gelassen fühlten. Als Saladins ehemaliges Reich im Bürgerkrieg versank, klagten die Jerusalem über die verpassten Chancen der Vergangenheit.

Im April 1192 wurde Konrad von Montferrat zum König von Jerusalem gewählt. Aber schon einige Tage später wurde er von Assassinen, Mitgliedern einer islamischen Sekte, ermordet. Leopold von Österreich verdächtigte Richard Löwenherz, an diesem Mordanschlag beteiligt gewesen zu sein. Er hegte zudem immer noch Groll gegen den englischen König wegen der in Akkon entfernten Standarte. Als Richard auf dem Rückweg nach England durch Österreich kam, nutzte Leopold die Gelegenheit, ihn gefangen zu nehmen. Anschließend übergab er ihn dem deutschen Kaiser,

UNTEN *Heinrich VI. begnadigt Richard Löwenherz, dem vorgeworfen wurde, den Mord an Konrad von Montferrat, dem König von Jerusalem, in Auftrag gegeben zu haben; Illustration aus dem 1196 von Petrus de Ebulo verfassten „Liber ad honorem Augusti“ („Buch zu Ehren des Kaisers“).*

Heinrich VI. Erst zwei Jahre später, 1194, durfte Richard Löwenherz nach England zurückkehren, nachdem seine Mutter ein Lösegeld von 150 000 Mark bezahlt hatte.

Konrads schwangere Witwe Isabella heiratete nur wenige Tage nach dem Mord Graf Heinrich II. von der Champagne, der seinen Onkel Richard Löwenherz politisch unterstützte. Guido von Lusignan durfte zum Trost das Königreich Zypern kaufen, das Richard erobert hatte. Als Graf Heinrich 1197 bei einem Unfall starb, heiratete Isabella Guidos Bruder Amalrich von Lusignan. Nach dem Tod der beiden trat Konrads Tochter, Maria von Montferrat, die Thronfolge an.

Die Tempelritter

Nach dem Erfolg des Ersten Kreuzzugs zog es immer mehr Pilger ins Heilige Land. Auf der Reise durch das Lateinische Königreich Jerusalem wurden sie jedoch häufig von Banditen überfallen. Daher genehmigte König Balduin II. von Jerusalem um 1120 die Gründung des Ordens „Arme Ritterschaft Christi und des salomonischen Tempels zu Jerusalem". Ursprünglich hatte der Orden ausschließlich die Aufgabe, die Pilger zu beschützen.

Bei den ersten „Tempelrittern" handelte es sich um einige Dutzend Ritter, die sich beim Eintritt in den Orden zu Armut, Keuschheit und Gehorsam verpflichteten und klösterliche Disziplin hielten. Ihr Hauptsitz befand sich auf demTempelberg von Jerusalem – der Überlieferung nach oberhalb der Überreste des salomonischen Tempels, worauf der Name des Ordens hinweist.

Die Tempelritter erhielten Unterstützung von dem mächtigen Zisterzienserabt und Kreuzzugsprediger Bernhard von Clairvaux. Er trug entscheidend dazu bei, dass der Orden 1129 offiziell von der Kirche anerkannt wurde. Danach wuchs der Orden sehr schnell. Da die Tempelritter die Sturmtrupps der Kreuzzugsbewegung bildeten, erhielten sie aus der gesamten westlichen Christenheit Land und Geld. Der Papst entband den Orden ab 1139 von allen lokalen und nationalen Gesetzen. Dieser exterritoriale Status, der auch eine Steuerbefreiung umfasste, machte aus dem Orden eine Art Staat im Staat mit eigenständiger Verwaltung. Auch weiterhin legten die einzelnen Tempelritter ein Armutsgelübde ab und verpflichteten sich, ihren gesamten persönlichen Besitz dem Orden zu übertragen. Dieser konnte es an Reichtum mit manchen europäischen Staaten aufnehmen und verfolgte eine ausgedehnte Finanz- und Wirtschaftspolitik. Die Templer bauten ein Bankwesen auf, das ursprünglich dazu dienen sollte, Pilgern während der Reise eine sichere Aufbewahrung ihrer Wertsachen zu gewährleisten. In den größeren Städten Europas unterhielt der Orden Templerhäuser.

Die Verwaltung trug klösterliche wie auch militärische Züge. Für jede Region Europas und des Nahen Ostens, in der die Templer vertreten waren, gab es einen Meister. An der Spitze stand der Großmeister, der die Gesamtleitung der Feldzüge im Nahen Osten und der Finanzgeschäfte im Westen innehatte. In ihrem weißen Mantel mit rotem Kreuz waren die Tempelritter leicht zu erkennen. Ihre Ordensregeln, die unter anderem Körperkontakt zu Frauen verboten und bei den Mahlzeiten Schweigen verlangten, zielten darauf ab, eine strenge Gemeinschaftsidentität zu stiften. Aus dieser Solidarität erwuchs auch ihr hervor-

ragender Ruf als Krieger: Das rote Kreuz auf dem Rittergewand symbolisierte Märtyrertum. Zum Templerorden gehörten nicht nur Adlige. Auf dem Höhepunkt seines Einflusses hatte er nicht weniger als 20000 Mitglieder, unter denen die Ritter eine Minderheit bildeten. Innerhalb des Ordens hatten die „Sergeanten" oder „dienenden Brüder" einen niedrigeren sozialen Status als die Ritter. Sie verrichteten unter anderem die Arbeit in den Wirtschaftsbetrieben und auf den Gütern der Templer. Im Kampf bildeten sie die leichte Kavallerie. Unter ihnen standen die Knappen, über ihnen und den Rittern standen die Kaplane oder Ordensgeistlichen.

Mit den Niederlagen der Kreuzzugsbewegung wendete sich auch das Blatt für die Tempelritter. Nach dem Verlust Jerusalems mussten sie sich in den 1190er Jahren nach Akkon zurückziehen. Als die Streitkräfte der Mamelucken (die damals Ägypten und Syrien beherrschten) in den 1290er Jahren die letzten Templerfestungen im Norden eroberten, verlegten die Tempelritter ihren Hauptsitz nach Zypern. Aber auch von dort vertrieben sie die Mamelucken. Die Beziehungen der Templer zu den anderen Ritterorden, die im Königreich Jerusalem entstanden, dem Johanniterorden und dem Deutschen Orden, gestalteten sich oft schwierig. Die Templer umgab immer eine Aura des Geheimnisvollen. Die Details ihrer Initiationszeremonien wurden streng geheim gehalten. Aufgrund dieser Geheimhaltung verdächtigten Gegner die Templer, denen viele allein wegen ihres Reichtums misstrauten, finsterer Machenschaften und konstruierten Verschwörungstheorien.

Als König Philipp IV. von Frankreich (1268–1314) 1307 die Templer in seinem Land verhaften ließ, entledigte er sich gleichzeitig der beträchtlichen Schulden der französischen Krone beim Orden. Die Anklage lautete auf Götzendienst, Ketzerei und Korruption. Unter Folter wurden Geständnisse erpresst. Papst Clemens V. löste den Orden 1312 offiziell auf, nachdem er alle christlichen Monarchen angewiesen hatte, das Vermögen der Templer zu konfiszieren. Die meisten Templer, denen päpstliche Gerichte den Prozess machten, wurden freigesprochen. Viele traten den Johannitern bei, die zahlreiche Güter des rivalisierenden Ordens übernommen hatten.

Die Illustration aus dem „Roman de Godefroi de Bouillon" (14. Jahrhundert) zeigt Tempelritter, die nach Jerusalem kommen.

1179–1244 Der Albigenserkreuzzug

Die von den Päpsten initiierten Kreuzzüge betrafen nicht nur den Nahen Osten, sondern auch Europa. So wurden im 13. Jahrhundert Vorstöße in den Norden des Kontinents unternommen, um die dortige heidnische Bevölkerung wie etwa Norweger und Schweden zu bekehren. Von den 1230er Jahren an begannen zudem Mitglieder des Deutschritterordens, das baltische Volk der Prußen zu unterwerfen und zu zwangschristianisieren. Besonders grausam aber war der Feldzug gegen die Katharer, eine als häretisch geltende Glaubensgemeinschaft, die vor allem im südwestlichen Frankreich, dem Languedoc, florierte. Die Katharer stellten die päpstliche Auslegung des Christentums grundsätzlich infrage. Entsprechend gewaltsam waren die Methoden, die zu ihrer Vernichtung angewandt wurden.

Die päpstliche Überzeugung, eine Lehre als häretisch verurteilen und sie im Namen der Orthodoxie vernichten zu dürfen, zeugt von dem neuen Selbstbewusstsein, das die Kurie zu jener Zeit entwickelt hatte. Aber die Niederschlagung der Katharer hatte auch politische und kulturelle Relevanz, da sie der französischen Krone zu neuer Macht im Südwesten ihres Reichs verhalf. Diese Region, zu der auch das Languedoc gehört, war war damals als Okzitanien bekannt. Sie besaß neben eigenen Sitten und Gebräuchen, die sie mit ihrem südlichen Nachbar, dem Königreich Aragón, teilte, auch eine eigene Sprache, die eng mit dem Lateinischen verwandte *langue d'oc.* Viele der kulturellen Besonderheiten überdauerten die Jahrhunderte. Die brutale Ausrottung des Katharismus sorgte jedoch dafür, dass diese regionale Identität keine Entsprechung auf politischer Ebene erlangte. Der Feldzug gegen die Katharer wurde als „Albigenserkreuzzug" bekannt. Die alternative Bezeichnung der Katharer als Albigenser rührt von der französischen Stadt Albi her, die als ein Zentrum des Katharismus galt.

Rechts *Die Miniatur aus der berühmten Manessischen Liederhandschrift von 1340 zeigt den Dichter Tannhäuser im Gewand der Deutschordensritter.*

Die Lehre der Katharer

Vermutlich leitet sich der Name „Katharer" vom griechischen *katharsis* („Reinigung") ab. Die Glaubensinhalte und geheimen Initiationsrituale der Bewegung reihen sich ein in die lange Tradition häretischer Gruppierungen, die mit den Gnostikern im

2. und 3. Jahrhundert begann. Nach der dualistischen Lehre der Katharer gilt die materielle Welt als inhärent böse. Sie ist der Welt des Geistes entgegengesetzt, die von der Liebe beherrscht wird. Die Radikalität dieser Trennung erklärt den Widerstand der christlichen Orthodoxie, welche die Erlösung alles Materiellen durch die Menschwerdung, Kreuzigung und Auferstehung Christi propagierte. Die Katharer lehnten die Vorstellung ab, dass Christus Fleisch geworden und gleichzeitig göttlich gewesen sei. Manche sahen den Schöpfergott des Alten Testaments als böse an, da er alles Materielle erschaffen habe. Daher war er für sie unvereinbar mit dem guten Gott des Neuen Testaments. Die katholische Kirche des 13. Jahrhunderts mit ihrem Reichtum und ihrem politischen Machtstreben galt den Katharern als Verkörperung des Hochmuts und der Schlechtigkeit alles Materiellen. Gefährlichere Lehren hätte man im mittelalterlichen Europa wohl kaum vertreten können.

Schon Mitte des 12. Jahrhunderts tauchten katharische Lehren in den Städten des Rheinlands und Nordfrankreichs auf. Bis zum späten 12. Jahrhundert hatten sich Katharer in Norditalien und im Languedoc angesiedelt und in beiden Regionen Glaubensgemeinschaften gegründet, deren Mitglieder sich als Vertreter der wahren christlichen Lehre und Bewahrer des frühchristlichen Glaubens betrachteten. Die katholische Kirche sah die Katharer mit Recht als Rivalen an, da sie sich mit eigenen Sakramenten, Gottesdienstformen, Bischöfen und Predigern wie eine eigene Kirche organisierten. Die *perfecti* (Vollkommenen) bildeten als wahre „Gemeinschaft der Heiligen" das Herz der Bewegung. Sie verpflichteten sich zu einem Leben in Armut, Keuschheit und Demut. Die *credentes*, die normalen Gläubigen, hingegen nahmen an den Gottesdiensten teil, führten aber ansonsten ein normales Leben. Die extreme Ablehnung alles Fleischlichen war beiden Gruppen gemeinsam. Fortpflanzung war verpönt, da sie eine Vermehrung des Materiellen und somit auch des Bösen bedeutete. Den *credentes* war jedoch Geschlechtsverkehr erlaubt. Die Katharer weigerten sich, an Kriegen teilzunehmen, lehnten die Todesstrafe und den Kirchenzehnten ab, der der etablierten Kirche zu Reichtum verhalf. Auch weigerten sie sich, Schwüre jeglicher Art abzulegen, da ihrer Auffassung nach durch sie der Geist der materiellen Welt unterworfen würde. Es überrascht nicht, dass die Obersten von Kirche und Staat diese Lehren als anarchische Bedrohung der zivilisierten Gesellschaftsordnung auffassten.

In der Mitte des 12. Jahrhunderts war der Südwesten des heutigen Frankreich zwischen dem Königreich Aragón und der Grafschaft Toulouse aufgeteilt. Die Region war aus heutiger Sicht dicht bevölkert und reich an Städten. Die westeuropäischen Territorien, in denen die Bewegung der Katharer florierte, neigten zur Urbanisierung. Ein Großteil der Bevölkerung des Languedoc scheint die häretische Lehre bereitwillig angenommen zu haben. Daher erwies sich die Region als besonders resistent gegenüber dem päpstlichen Legat, der 1147 von Rom gesandt wurde, um die Abweichler wieder zur rechten

Links *Das Gemälde von Pedro Berruguete (um 1450–1504) zeigt das Wunder von Fanjeaux. Der Legende nach wurden katharische und katholische Schriften ins Feuer geworfen. Letztere blieben jedoch unversehrt.*

Lehre zu bekehren. Ähnliche Missionen führten 1178 und 1180 in die Grafschaft Toulouse. Auf dem Konzil von Tours (1163) und dem Dritten Laterankonzil (1179) wurde der Katharismus offiziell verurteilt, was jedoch ohne Auswirkungen blieb. Die Katharer waren überdies nicht nur gut im lokalen Adel verwurzelt und genossen dessen Schutz, sondern waren auch bei weiten Teilen der einfachen Bevölkerung äußerst beliebt.

Planung der Offensive gegen die Katharer

Innozenz III. (1198–1216) pochte während seines langen Pontifikats energisch auf den universalen Herrschaftsanspruch des Papstes über die weltlichen Fürsten und forderte die Führung bei den aktuellen Kreuzzugsaktivitäten. 1198 rief er zum Vierten Kreuzzug auf, dessen Ziel die Rückeroberung Jerusalems war. Zudem waren ihm die Katharer ein besonderer Dorn im Auge. Die Bischöfe des Languedoc betrachtete er als Aufsässige. Diesen missfielen die großen Machtbefugnisse der päpstlichen Legaten, die zur Unterdrückung der häretischen Lehre in die Diözesen der Region entsandt wurden. 1204 ent-

DER ALBIGENSER-KREUZZUG

1179 Auf dem Dritten Laterankonzil wird der Katharismus als Häresie verurteilt.

1205 Papst Innozenz III. ernennt Folquet von Marseille zum Bischof von Toulouse und erteilt ihm den Auftrag, den Katharismus niederzuschlagen.

1208 Der päpstliche Legat Pierre de Castelnau, Mitglied der antikatharischen Mission und Gegner Raimunds VI. von Toulouse, wird ermordet.

1209 Simon de Montfort wird zum Oberbefehlshaber des Albigenserkreuzzugs ernannt. Das belagerte Béziers wird zerstört; Carcassonne kapituliert.

1213 Peter II. von Aragón fällt in der Schlacht von Muret. Die Gebiete der Grafschaft Toulouse fallen an Simon von Montfort.

1217 Raimund VI. erobert die Stadt Toulouse zurück.

1218 Simon de Montfort wird ermordet.

1229 Raimund VII. unterzeichnet einen Friedensvertrag. Dem Haus von Toulouse werden die meisten seiner Lehnsgüter aberkannt.

1243–1244 Die katharische Festung von Montségur kapituliert vor der Armee des Bischofs von Narbonne.

ließ der Papst einige dieser Bischöfe und ernannte im darauffolgenden Jahr Folquet von Marseille, einen ehemaligen Troubadour, zum Bischof von Toulouse.

Gemeinsam mit dem spanischen Priester Domingo de Guzman, einem der herausragendsten Kirchenmänner der Zeit, arbeitete Folquet ein umfangreiches Bekehrungsprogramm aus. Auch wurden öffentliche Debatten zwischen Katharern und Katholiken geführt, doch nur wenige Katharer ließen sich von ihrer Lehre abbringen. Im Jahre 1216 gründete Domingo, bekannt als heiliger Dominikus, den nach ihm benannten Dominikanerorden, dessen Auftrag die Bekämpfung von Häretikern war. In ihren Predigten argumentierten die Dominikaner fundiert und brillant. Dominikus hatte erkannt, dass die meisten Katharer keine unwissenden Fanatiker waren, sondern vielmehr gebildete und kultivierte Menschen. Als die päpstlichen Legaten nach neuerlich gescheiterten Bekehrungsversuchen 1208 nach Rom zurückkehrten, belehrte Dominikus sie: «Nicht durch die Zurschaustellung von Macht, Pomp und glanzvollen Reiteraufzügen … noch durch prächtige Kleidung gewinnen die Häretiker neue Anhänger; sie tun es durch eifriges Predigen, durch apostolische Demut, durch Enthaltsamkeit …»

Die Männer der Kirche mussten folglich dieselben Eigenschaften an den Tag legen, um ihre Sache zu verteidigen: «Eifer muss mit Eifer begegnet werden, … Scheinheiligkeit mit echter Heiligkeit, dem Predigen von Falschheit mit dem Predigen der Wahrheit.» Angesichts der Tatsache, dass sich eine regelrechte oppositionelle Massenbewegung formiert hatte, wählten die katholische Kirche und ihre politischen Verbündeten jedoch einen anderen Weg.

Graf Raimund VI. von Toulouse, der mächtigste Adlige in der Region, war ein bedeutender Verteidiger des Katharismus. Gegen Ende des Jahres 1207 kam es zur Konfrontation mit dem päpstlichen Legaten Pierre de Castelnau, der einige Jahre lang aktiv in der antikatharischen Mission mitgewirkt hatte. De Castelnau war die zentrale Figur der von Papst Innozenz erneut angeregten Kampagne, und mehrere lokale Adlige waren bereits exkommuniziert worden, weil sie die Katharer unterstützten. Es heißt, Raimund hätte de Castelnau Gewalt angedroht, als ihn dieser des Ketzertums bezichtigte. Daraufhin wurde auch der Graf exkommuniziert. Am 15. Januar 1208 fiel de Castelnau während seiner Rückreise nach Rom einem Attentat zum Opfer. Wie viele andere zog auch der Papst den Schluss, dass der Mörder auf Befehl Raimunds gehandelt hatte.

Papst Innozenz hatte nun einen Vorwand, Krieg zu führen. Er wandte sich an den französischen König Philipp II. August mit der schriftlichen Bitte, einen Kreuzzug gegen die Katharer zu unterstützen. Anstatt selbst teilzunehmen, entsandte der

König Simon de Montfort, einen abenteuerlustigen, militärisch versierten und in konventionellem Sinne frommen Adligen in den Süden. Montfort war bekannt für brutale Kriegsführung. Nach ersten Erfolgen im Languedoc wurde er von anderen adligen Kämpfern des Albigenserkreuzzuges zum Anführer gewählt. Die französische Krone hatte bereits sehr erfolgreich ihren Machtanspruch im Norden des Landes gefestigt und unterstützte nun aus strategischen Erwägungen Montforts Nominierung zum Anführer des Kreuzzugs. König Philipp II. August betrachtete den Kreuzzug nicht zuletzt als gute Gelegenheit, die Energien einiger seiner ehrgeizigen Adligen gezielt einzusetzen, und stellte ihnen die Belehnung mit den südlichen Gebieten in Aussicht. Somit war der Albigenserkreuzzug auch ein Versuch der Monarchie und des nordfranzösischen Adels, den stets auf Unabhängigkeit bedachten Süden zu unterwerfen. Doch das strategische Vorgehen beider Seiten wurde durch das hügelige Terrain und die Vielzahl befestigter Städte stark beeinträchtigt, sodass sich der Kreuzzug zu einem langwierigen Unterfangen auswuchs, bei dem schließlich eine halbe Million Menschen zu Tode kam.

Die Niederschlagung der Katharer

Raymond-Roger Trencavel war der erste Adlige aus dem Languedoc, der zum Opfer der Kreuzritter wurde. Raymond-Roger war selbst kein Katharer, hatte jedoch die Verbreitung der Lehre auf seinem Territorium geduldet. An seinem Beispiel wird deutlich, dass der Kreuzzug ein ganzes Geflecht feudaler Loyalitäten aufbrach. Als Vizegraf von Béziers und Albi war Raymond-Roger ein Vasall der Grafschaft Toulouse; als Vizegraf von Carcassonne wiederum war er König Peter II. von Aragón zur Treue verpflichtet. Der Papst übergab die Ländereien Raymond-Rogers an Montfort, der wiederum dem König von Frankreich den Treueeid leistete. Dies erzürnte den bis dahin neutralen König Peter. Das Dekret von Innozenz III., die Ländereien der Katharer zu konfiszieren, führte überdies zu Konflikten zwischen der französischen Krone und dem Papst. Nicht nur der Adel im Süden war darüber verärgert, sondern auch König Philipp II. August, der Oberherr über jene Territorien, die der Papst nun der Plünderei überließ.

UNTEN *Die befestigte Stadt Carcassonne war während des Albigenserkreuzzugs eine Hochburg der Katharer.*

Bis zum Jahr 1215 konnten die Kreuzritter die bedeutenderen Siege verzeichnen. Aber bereits die Belagerung von Béziers und der spätere Verlust der Festung an die Katharer im Juli 1209 war überaus blutig. Die meisten Einwohner, Katharer wie Katholiken, wurden getötet und die Stadt zerstört. Dann zogen die Kreuzritter nach Carcassonne weiter, das Mitte August kapitulierte. Raymond-Roger, der die Verteidung seiner Stadt angeführt hatte, wurde gefangen genommen und ermordet. Vermutlich hatte Montfort dabei die Hand im Spiel. 1213 errangen die katholischen Streitkräfte die Kontrolle über den Großteil der Grafschaft von Toulouse. An diesem Punkt intervenierte König Peter II. von Aragón zugunsten von Raymond VI., der nicht nur sein Vasall, sondern auch sein Schwiegersohn war. Die Niederlage und der Tod König Peters in der Schlacht von Muret am 12. September 1213 zwangen Raymond, ins Exil zu gehen, während die Grafschaft von Toulouse neben den Territorien des Herzogtums von Narbonne an Montfort übertragen wurden. Die Niederlage Peters II. bei Muret hatte langfristige strategische Auswirkungen, da sie allen Ambitionen der aragonesischen Krone in Südfrankreich ein Ende setzte. Während der folgenden zwei Jahre wurden die Katharer und ihre Beschützer systematisch unterworfen.

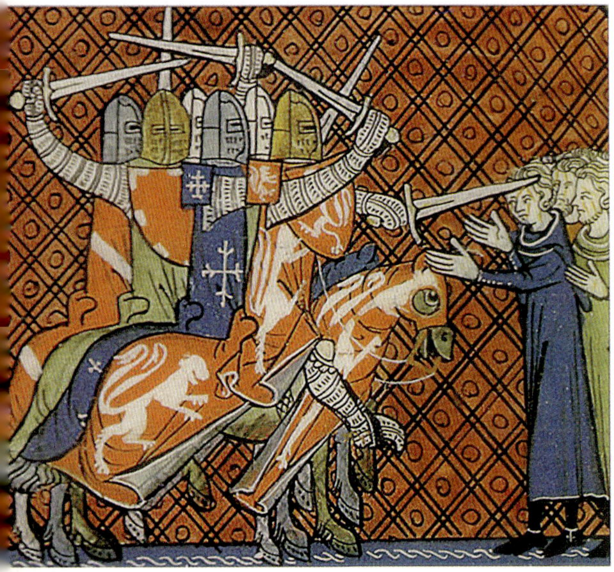

Oben *Die Illustration aus den „Grandes Chroniques de France" des 14. Jahrhunderts zeigt Kreuzritter, die Katharer niedermetzeln.*

1216 kehrte Raimund VI. in Begleitung seines Sohnes an der Spitze einer Armee zurück. Der spätere Raimund VII. eroberte Beaucaire im unteren Rhonetal und verteidigte es erfolgreich gegen Montforts Armee. Im folgenden Jahr konnte der Vater Toulouse zurückerobern und triumphierend in die Stadt einziehen. Daraufhin begann Montfort eine ausgedehnte Belagerung der Stadt, in deren Verlauf er am 25. Juni 1218 sein Leben einbüßte, als ihm ein aus dem Inneren des Belagerungsrings abgefeuerter Stein den Schädel zertrümmerte. In den folgenden Jahren konnten die Katharer ihre zuvor belagerten Zentren zurückgewinnen. Von 1226 an jedoch gewann die französische Krone erneut die Oberhand. Der Vertrag, den Raimund VII. im April 1229 in Meaux unterzeichnen musste, setzte nicht nur dem Krieg ein Ende, sondern auch der Autonomie der Region. Dem Haus von Toulouse wurden die meisten seiner Lehen entzogen, und auch die Trencavels, Feudalherren von Béziers und Carcassonne, büßten alle ihre Lehen ein.

Das offizielle Ende der Militäraktionen bedeutete indes nicht, dass die Katharer vernichtet waren. Eine Folge des Feldzugs war die Einrichtung von Inquisitionsbehörden. Diese offiziellen Gremien, die dem Heiligen Stuhl unterstellt waren, hatten den Auftrag, in Kreuzverhören angebliche Ketzer zu Geständnissen zu bewegen. Diese mobilen Einrichtungen waren von den 1230er Jahren an äußerst aktiv im südlichen Frankreich. Die Katharer suchten Zuflucht in ihren wenigen verbliebenen Hochburgen wie der Festung von Montségur, die vom Frühjahr 1243 an ein ganzes Jahr lang von der Armee des Erzbischofs von Narbonne belagert wurde. Mehr als 200 *perfecti* wurden nach der

Okzitanien

Okzitanisch ist eine romanische Sprache, die sich im Frühmittelalter wie Französisch, Italienisch und Katalanisch aus regionalen Formen des Lateinischen entwickelte. Noch heute wird es von mehr als einer Million Menschen in Südfrankreich, dem Val d'Aran in den Pyrenäen sowie entlang der französisch-piemontesischen Grenze gesprochen und schafft eine direkte Verbindung zur Kultur des westeuropäischen Mittelalters.

Das Okzitanische florierte im Hochmittelalter zunächst auch in Navarra und Aragón, wurde aber im 14. Jahrhundert vom Navarro-Aragonesischen verdrängt, einer anderen romanischen Sprache der Region. Die ersten Texte, die in Okzitanisch verfasst wurden, stammen aus dem 10. Jahrhundert. Bereits zu dieser Zeit wurde die Sprache für Literatur, Wissenschaft und Rechtsprechung verwendet. Schriftliche Zeugnisse okzitanischer Dialekte wie des Provenzalischen, Gascognischen, Languedokischen, Limousinischen und Aranesischen lassen sich mindestens bis ins 8. Jahrhundert zurückdatieren.

Der italienische Dichter Dante Alighieri prägte in seiner Schrift „De vulgari eloquentia" (1302–1305) den Begriff *lingua d'oc*. Die Bezeichnung ist abgeleitet von dem Wort *oc* für „ja", das aus dem lateinischen *hoc*, „dies", entstand. Aus dem lateinischen *hoc illud* („das ist es") entwickelte sich weiter nördlich das Wort *oïl* für „ja". Der Name *langue d'oïl* bezieht sich daher auf die Sprache des mittelalterlichen Nordfrankreichs, die als Grundlage des modernen Standardfranzösisch gilt. Die linguistischen Charakteristika des Okzitanischen belegen den Einfluss der römischen Kultur auf die Provence und Aquitanien. Der Begriff *occitan*, deutsch „okzitanisch", wurde bereits im 13. Jahrhundert gebraucht.

Die Sprache wurde im Mittelalter im südlichen Drittel Frankreichs gesprochen, zu dem auch Aquitanien, die Heimat der Troubadoure, gehörte. Okzitanisch war die Sprache der höfischen Gesellschaft und der adligen Gesellschaft. Durch die Troubadoure, die sowohl in Standard-Okzitanisch als auch in dessen Dialekten dichteten, entwickelte sich die Sprache schließlich zu einem Medium für die Hochkultur. Während des 15. Jahrhunderts wurde Okzitanien kulturell und politisch zunehmend in das französische Königreich integriert. Der lokale Adel bediente sich nun mehr und mehr des Französischen, während niedrigere soziale Schichten weiterhin Okzitanisch bevorzugten. Die hartnäckige Vorliebe der französischen Bürokratie für Vereinheitlichung und Regulierung erklärt auch ihre feindselige Haltung gegenüber dem Okzitanischen, die seit der Zeit der Katharer bis heute andauert. 1539 erließ Franz I. das Edikt von Villers-Cotterêts, das den Gebrauch jeglicher anderer Sprachen als des Hochfranzösischen in der offiziellen Rechtsprechung untersagte. Auch die Jakobinerführer während der Französischen Revolution lancierten eine dauerhafte Kampagne gegen die südfranzösische Kultur und Sprache. Sie war für sie Ausdruck von Separatismus, der die republikanische Einheit und Solidarität untergrub.

Einnahme verbrannt. Die wenigen Überlebenden versteckten sich auf dem Land. Im Südwesten Frankreichs kam es immer wieder zu sporadischen Aufständen, die jedoch im Sande verliefen. Mittlerweile hatten sich die Inquisitionsbehörden zu äußerst mächtigen Einrichtungen entwickelt. *Perfecti*, die ihnen in die Hände fielen, hatten nur eine Überlebenschance, wenn sie ihrem Glauben abschworen. Danach mussten sie als Zeichen ihrer früheren Verfehlungen gelbe Kreuze an ihre Kleidung heften. Ein neues Kapitel in der Geschichte der Minderheitenverfolgung in Europa war aufgeschlagen.

711 / 1002

Das muslimische Spanien

Die islamische Kultur in Spanien erreichte ihre Blüte im 10. Jahrhundert. Ihr Zentrum war Córdoba, wo sich auch der Sitz des Kalifats befand, das für einige Jahrhunderte den Großteil der Iberischen Halbinsel beherrschte. Mit etwa einer halben Million Einwohner bildete Córdoba Europas größten urbanen Ballungsraum. Ökonomischer Wohlstand, reges geistiges Leben und künstlerische Originalität machten das Kalifat zu einer hoch entwickelten Zivilisation, mit der es höchstens Byzanz aufnehmen konnte. Spanien war zu diesem Zeitpunkt bereits mehr als zwei Jahrhunderte unter islamischer Herrschaft, seit im Jahr 711 von Nordafrika eine Armee von Berbern eingefallen war und einen tiefgreifenden kulturellen Wandel eingeleitet hatte. Das Kalifat der Omaijaden war nun fest etabliert. Doch zuvor hatten schon viel andere fremde Einflüsse die Iberische Halbinsel geprägt.

Im ausgehenden 11. Jahrhundert war die ursprünglich christliche Zivilisation Spaniens erneut auf dem Vormarsch, um ihre verlorenen Territorien zurückzuerobern. Doch lange bevor es christlich wurde, war das Land eine römische Provinz gewesen. 152 v. Chr. hatten römische Truppen Córdoba den Karthagern entrissen und zur Hauptstadt der kaiserlichen Provinz Baetica gemacht. Die Erschütterung des Weströmischen Reichs durch die vordringenden „Barbarenvölker“ im 5. Jahrhundert beeinflusste das Land unweigerlich. In den Jahren 415 bis 418 unternahmen die germanischen Westgoten unter ihrem König Alarich erste Vorstöße ins Landesinnere. Ein anderer germanischer Stamm, die Vandalen, hatte sich bereits 409 im südlichen Spanien angesiedelt. Von dort aus zogen sie unter ihrem Anführer Geiserich 429 nach Nordafrika, wo die Vandalen zunächst Roms Verbündete wurden. Doch kurze Zeit später sollten sie zu Roms erbittertsten Widersachern werden.

RECHTS *Die Große Moschee von Córdoba, die sogenannte Mezquita, ist heute eine christliche Kathedrale. Sie wurde über einen Zeitraum von 22 Jahren erbaut und im Jahr 987 fertiggestellt.*

Innerchristliche Konflikte

Die Westgoten wurden 418 vertraglich zu römischen Föderaten gemacht und in der römischen Provinz Aquitania angesiedelt, der Region zwischen Garonne- und Loiretal. Im

5. Jahrhundert dehnte sich das zunehmend unabhängige Westgotische Reich von Gallien über die Pyrenäen bis über weite Teile Spaniens aus und verlegte seine Hauptstadt von Toulouse nach Toledo. Wie die Vandalen waren auch die Westgoten spätestens in der zweiten Hälfte des 4. Jahrhunderts zum Christentum konvertiert. Beide Völker hatten allerdings die arianische Lehre übernommen, derzufolge Christus nicht Teil des Vaters, sondern von ihm geschaffen ist. Die Ablehnung der Dreifaltigkeit wurde von der katholischen Kirche und anderen als Häresie verurteilt. Die Franken entschieden sich für die Annahme des katholischen Christentums. Ihrem König Chlodwig, der von etwa 481 an regierte, diente der Arianismus der Westgoten als willkommener Vorwand, einen Krieg gegen sie zu beginnen. Tatsächlich gelang es ihm nach dem Sieg in der Schlacht von Vouillé unweit von Poitiers im Jahr 507, die Westgoten aus Gallien zu vertreiben.

Oben *Der westgotische König Chintila regierte Galizien, Hispanien und Septimanien von 636 bis zu seinem Tod um 640. Die abgebildete Skulptur von François de Vôge aus dem Jahr 1753 steht heute im Retiro Park von Madrid.*

Ihre Zugehörigkeit zum Arianismus verlieh den westgotischen Herrschern in Spanien ein Identitätsgefühl, grenzte sie aber von ihren mehrheitlich katholischen Untertanen ab. Als sich der westgotische König Rekkared I. 587 zum Katholizismus bekehrte und kurz darauf der Adel, entstand auf der Iberischen Halbinsel eine religiöse Einheit verbunden mit einem stark empfundenen Nationalismus. Rekkareds Vater Leovigild hatte den Großteil der Halbinsel während seiner Regentschaft von 567 und 586 vereint und durch die Anerkennung von Mischehen zur Romanisierung der Westgoten beigetragen. Um das Jahr 600 hatte Spanien dadurch eine eigene nationale Identität entwickelt und war der Kirche stark verbunden. Opfer dieser hispano-gotischen Fusion war der große jüdische Bevölkerungsanteil des Landes. Aufgrund der Intoleranz, die sie unter den Westgoten erfuhren, begrüßten viele Juden das Eintreffen der muslimischen Invasoren im Jahr 711. Unter dem arabischen Kommandeur Tariq ibn Ziyad waren rund 7000 Soldaten, hauptsächlich Berber, von Tanger aus aufgebrochen. Da das Westgotenreich durch eine strittige Königswahl kurz zuvor geschwächt war, gelang es den Muslimen schnell, Toledo und Córdoba einzunehmen. Als 712 eine weitere Armee von Arabern und Berbern nach Spanien vordrang, schritt die Eroberung der Iberischen Halbinsel durch die Muslime rasch voran. Im Jahr 714 befand sich der größte Teil Spaniens unter islamischer Herrschaft und hieß nun Al-Andalus.

Die neue arabische Elite festigte ihre Herrschaft über die aus Hispano-Römern und Westgoten zusammengesetzte Bevölkerung, und es entstand eine immense religiöse und ethnische Vielfalt. Die zahlreichen Leibeigenen Spaniens erhielten ihre Freiheit, sofern sie zum Islam übertraten, was die kulturelle und politische Macht der neuen Herrscher stärkte. Spanische Christen, die an ihrer Religion festhielten, jedoch Sprache und Gebräuche der Araber annahmen, wurden „Mozaraber" genannt. Nachkommen von zum Islam konvertierten Christen hießen *muwalladun* oder *muladíes*. Auch die Berber, die in mehreren Schüben in das Land einwanderten, trugen zur multikulturellen Gesellschaft Andalusiens bei. 739 kam es in Nordafrika zu einem Aufstand der Berber gegen die arabische Vorherrschaft, der sich 741 nach Spanien übertrug. Er konnte mithilfe einer syrischen Armee niedergeschlagen werden, die den ethnischen Mix abermals anreicherte. Nicht zuletzt hatte der Aufstand die Expansion des christlichen Königreichs Asturien im Nordwesten des Landes begünstigt, den die Berbertruppen zu großen Teilen verlassen hatten, um im Süden gegen die Araber zu kämpfen.

Der Kampf gegen die islamische Expansion

Während dieser frühen Periode islamischer Herrschaft blieb Al-Andalus Teil des großislamischen Reichs, das von der Omaijaden-Dynastie in Damaskus regiert wurde. Zwar gab es starke Rivalitäten zwischen einzelnen arabischen Stämmen in Spanien. Dennoch wurden immer wieder Vorstöße nach Norden unternommen, bis 732 die Franken unter Karl Martell die arabischen Truppen in der Nähe von Tours besiegten. Nachdem auch die osmanische Armee 740 gegen Byzanz eine schwere Niederlage erlitten hatte, schien es so, als wäre der Islam im Osten wie im Westen Europas an seine Grenzen gestoßen. Das Kalifat in Syrien stand kurz davor, den Preis dafür bezahlen zu müssen. Unter den Omaijaden war das islamische Weltreich ein weitgehend säkularer Staat geworden und das Amt des Kalifen erblich. Die Abbasiden, die Nachfahren des Prophetenonkels Abbas, vertraten die Ansicht, dass der Kalif aus der Verwandtschaft des Propheten stammen müsste. Solch eine Legitimation konnten die Omaijaden nicht nachweisen. Nach größeren Aufständen im Iran, Irak und der zentralasiatischen Region Chorasan wurden sie schließlich 750 in der Schlacht am Großen Zab in Mesopotamien von den Abbasiden geschlagen. Die Sieger machten sich umgehend an das blutige Werk, die führenden Vertreter und Unterstützer des alten Regimes auszulöschen.

Abd ar-Rahman, der Enkel des vorletzten Omaijadenkalifen, war 16 Jahre alt, als seine Familie gestürzt wurde. Er entkam dem Blutbad und floh, von einigen wenigen Gefolgsleuten begleitet, nach Nordafrika. Im Jahr 755 gelang es ihm, von Ceuta über die Straße von Gibraltar nach Al-Andalus überzusetzen. Inzwischen hatte Abd ar-Rahman, der von der proomaijadischen Stimmung in der Bevölkerung profitierte, eine Armee aufgestellt. Der Statthalter von Al-Andalus war nominell dem abbasidischen Kalifat unterstellt, regierte aber faktisch unabhängig. Nach einer militärischen Niederlage fiel Córdoba in die Hand des Omaijaden-Prinzen, der sich daraufhin zum Emir von Córdoba erhob und das Recht auf die Oberherrschaft über Al-Andalus beanspruchte. Mithilfe omaijadischer Partisanen aus Syrien konnte er das Überleben seiner Dynastie sichern.

Das muslimische Spanien

711 Eine islamische Berberarmee bricht von Nordafrika nach Spanien auf und erobert Toledo und Córdoba, die Machtzentren des christlichen Westgotenreichs.

714 Der Großteil Spaniens ist unter muslimischer Herrschaft und wird als Al-Andalus bezeichnet.

750 Die Kalifendynastie der Omaijaden wird von den Abbasiden gestürzt. Das islamische Spanien erlangt politische Unabhängigkeit von den Abbasiden.

929 Abd ar-Rahman III. nimmt den Titel „Kalif" an und baut seine religiöse Unabhängigkeit vom Kalifat der Abbasiden aus. Er stellt die Vorherrschaft seiner Dynastie über die islamischen Rebellen in Spanien wieder her.

933 Toledo, die letzte Hochburg des muslimischen Widerstands, fällt an das Kalifat von Córdoba.

976 Die Große Moschee von Córdoba wird fertiggestellt.

978–1002 Abu Amir al-Mansur ist Oberster Minister des Kalifats von Córdoba und faktischer Herrscher über das islamische Spanien. Das Kalifat festigt seine Machtstellung im nordwestlichen Afrika, das offiziell als Vizekönigreich von Córdoba regiert wird.

OBEN *Die Darstellung der Schlacht von Roncesvalles (778), wie sie im „Rolandslied" geschildert wird, stammt aus einer Handschrift (um 1335/1340), die zu den „Grandes Chroniques de France" (1274–1461) gehört. Roland liegt leblos am Boden, während ein Kreuzritter über seinem Leichnam betet.*

Al-Andalus war damit offiziell keine Provinz des Kalifats von Bagdad mehr. Das neue Emirat von Córdoba betrachtete die Halbinsel als unabhängiges Herrschaftsterritorium. Allerdings beanspruchten Abd ar-Rahman und seine direkten Nachfolger eher die politische als die religiöse Unabhängigkeit von den Abbasiden. Nach wie vor mussten sie sich großen inneren Konflikten stellen. Abbasidische Partisanen, Gefolgsleute des früheren Statthalters (insbesondere in Toledo) sowie messianische Berbergruppierungen, die den Großteil Mittelspaniens kontrollierten, widersetzten sich der Expansion des Emirats während der folgenden 20 Jahre. In den späten 770er Jahren hatte Abd ar-Rahman jedoch diese Gegner besiegt und ging daran, seine Macht auf den Nordwesten Spaniens auszudehnen, wo eine Reihe rivalisierender arabischer Anführer um die Vorherrschaft stritt. Lokale Herrscher in Barcelona und Saragossa baten die Franken um militärischen Hilfe. Doch als Karl der Große mit einer Armee anrückte, änderten sie ihre Meinung: Die Erkenntnis, dass ein derart mächtiger Verbündeter sehr rasch zu einer Bedrohung werden könnte, bewegte die Emire der beiden Städte dazu, ihrem vermeintlichen Unterstützer den Zutritt zu verwehren, sodass sich Karls Armee schließlich über die Pyrenäen zurückziehen musste.

Im Spätsommer des Jahres 778 wurde die Nachhut der fränkischen Armee am Bergpass von Roncesvalles angegriffen und von baskischen Kriegern aufgerieben. Dies war eine empfindliche Demütigung für die größte Militärmacht Westeuropas. Eine weitere Eindämmung der fränkisch-christlichen Bedrohung in der Grenzregion gelang mit der Eroberung von Saragossa durch Truppen des Emirats von Córdoba im Jahr 783. Die Vorherrschaft des Emirats auf der Iberischen Halbinsel wurde bis zum Ende des 8. Jahrhundets jedoch durch aufbegehrende arabische Adlige bedroht. Eine weitere Gefahr ging von den *muwalladun* aus. Sie waren zwar zum Islam konvertiert, besaßen jedoch ein ausgeprägtes Identitätsgefühl als iberische Urbevölkerung. Dies führte in der zweiten Hälfte des 9. Jahrhunderts zu einem kollektiven Widerstand. Auch die Mozaraber versuchten, ihre Identität gegen den Islam der Besatzer zu behaupten. Um den Glauben ihrer Glaubensgenossen zu stärken, schmähten zahlreiche Christen öffentlich den Propheten Mohammed, worauf seit 850 die Todesstrafe stand. Während dieser Zeit entwickelte sich Asturien mit der Hauptstadt Oviedo zu einem wichtigen christlichen Grenzstaat, insbesondere seit das angebliche Grab des heiligen Jakobus in Santiago de Compostela entdeckt worden war. Es expandierte nach Süden und wurde 913 Teil des neu gegründeten Königreichs León. Den Mozarabern diente es zunehmend als Zufluchtsort.

Neue islamische Machtzentren

Die Machtausrichtung des Islam veränderte sich 909 mit dem Entstehen des neuen und unabhängigen schiitischen Kalifats der Fatimiden in Tunesien. Als Kalif des Westens setzte Abd ar-Rahman III. seine religiöse Unabhängigkeit von den Abbasiden durch und nahm 929 den Titel des Kalifen mit dem Beinamen *an-Nasir li-Din Allah* („Sieger für die Religion Gottes") an. Dadurch gestärkt, widersetzte er sich im westlichen Mittelmeer den Seeangriffen der Fatimiden und unterstützte Aufstände gegen deren Herrschaft in Nordafrika. Auch in Spanien selbst war es unter Abdallah, dem Großvater und Vorgänger Abd ar-Rahmans III., zu zahlreichen Unruhen gekommen. Es brauchte gut 20 Jahre, um die Zentralherrschaft wiederherzustellen. 933 fiel Toledo, das Zentrum der letzten großen Rebellion gegen den Kalifen. León verpflichtete sich, Tribut zu zahlen, konnte jedoch seine Unabhängigkeit wahren.

Es ist also verständlich, dass Abd ar-Rahman III. während seiner Regentschaft immer die Gefahr im Blick hatte, die von aufstrebenden regionalen Dynastien ausging. Aus diesem Grund tauschte er auch seine Statthalter in den Provinzen häufig aus. Zudem ließ er in der Nähe von Córdoba eine neue Stadt, Medina az-Zahra, als Sitz von Verwaltung und Hof errichten. Durch ihre Größe und Pracht demonstrierte er seinen Machtanspruch. Der wohl eindrucksvollste architektonische Ausdruck der islamischen Zivilisation Andalusiens ist jedoch die Große Moschee von Córdoba, deren Bau und Ausgestaltung erst nach zwei Jahrhunderten nahezu ununterbrochener Arbeit im Jahr 976 abgeschlossen wurde. Die Moschee wurde auf einem Gelände errichtet, das man den Christen abgekauft hatte. Die Kathedrale, die früher an dieser Stelle gestanden hatte, war niedergerissen worden. Kein anderer Bau im Westeuropa des 10. Jahrhunderts reichte auch nur annähernd an die Moschee von Córdoba heran, deren Hufeisenbögen und Rippengewölbe motivisch eine neue Phase in der Geschichte der islamischen Architektur einläuteten. Über 850 Säulen aus Porphyr, Jaspis und farbigem Marmor tragen die Deckengewölbe über den 19 Schiffen des Gebetssaals. Die Schiffe und Säulen sind durch doppelgeschossige Arkaden aus weißem und rotem Gestein miteinander verbunden. Die Kuppeln sind mit Goldmosaiken ausgekleidet, die florale und kalligrafische Elemente zeigen. Stuck und Alabasterplatten mit ähnlichem Dekor zieren die Kuppelbasen. Einzig das abbasidische Bagdad konnte es mit dieser architektonischen Demonstration von Hochkultur und politischer Macht aufnehmen.

Wohlstand und Koexistenz

Der zunehmende wirtschaftliche Wohlstand in Andalusien ging mit der Prägung von Münzen aus reinem Gold und Silber in der neugegründeten nationalen Münzprägeanstalt einher. Auch außenpolitisch konnte das Kalifat beachtliche Erfolge erzielen. Die Fatimiden-Dynastie musste ihre Feldzüge im Westen beenden und richtete ihr Augenmerk auf Ägypten, wo sie im Jahre 969 die Macht übernahm. Dies verschaffte den spanischen Omaijaden die Gelegenheit, in das entstehende Machtvakuum im Maghreb vorzustoßen. Der Oberste Minister und faktische Herrscher des Kalifats Abu Amir al-Mansur (978–1002) hatte dabei das Kommado inne. Al-Mansur, der anstelle des minderjährigen Kalifen Hischam II. regierte, erlangte mühelos die Kontrolle über den arabischen Adel. Im Verwaltungsapparat seiner Regierung waren zahlreiche Sklaven tätig, die von al-Mansur persönlich bestimmt wurden. Überdies war er alleiniger Oberbefehlshaber einer Armee, die sich größtenteils aus Berbern rekrutierte. Diese leisteten dem charismatischen Anführer bedingungslose Gefolgschaft. Auch als Förderer von Dichtern und Gelehrten sah sich al-Mansur der islamischen und arabischen Tradition verpflichtet. Insgesamt war seine Herrschaft, wie auch die seiner unmittelbaren Vorgänger, von großer Toleranz geprägt.

Der arabische Begriff *dhimmi* („Schutzbefohlener") bezeichnete alle Nichtmuslime, die einer Buchreligion angehörten, also Juden und Christen. Gegen Zahlung einer Kopfsteuer (*dschizya*) wurden sie im Kalifat geduldet, besaßen allerdings nur eingeschränkte Bürgerrechte. Sie durften keine Waffen tragen, keine muslimische Frau heiraten und in Gerichtsverfahren zählte ihre Aussage weniger als die von Muslimen. Da die Christen den Muslimen in Spanien zahlenmäßig überlegen waren, erwies sich eine massenhafte Zwangsbekehrung zum Islam als undurchführbar. Weder Christen noch Juden wurden zu einem Leben im Ghetto gezwungen oder an der Ausübung ihrer Religion gehindert. Sie mussten jedoch ein spezielles Erkennungszeichen tragen. Unter den nachfolgenden Herrschern übernahmen gebildete *dhimmi* auch hohe Regierungsämter.

Andalusisches Leben

Das Zusammenleben von Muslimen, Christen und Juden bildete bei allen Unterschieden den Boden für die gebildetste und kulturell hochstehendste Gesellschaft Europas. Córdoba wetteiferte mit der Abbasiden-Hauptstadt Bagdad, indem es Bibliotheken, Handschriftensammlungen und Übersetzungszentren einrichtete. Die Astronomen Andalusiens, die empirische Methoden wie Beobachtungen und Messungen anwandten, spielten eine maßgebliche Rolle bei der Verdrängung des ptolemäischen Weltbildes.

Die empirischen Wissenschaften verzeichneten auch beachtliche Fortschritte in der Medizin. Andalusische Ärzte erfanden Operationstechniken wie Autopsie oder Narkose sowie chirurgische Instrumente wie Knochensägen und Nadeln zum Vernähen von Wunden. Der Lebensstandard allgemein war im islamischen Spanien dank abwechslungsreicher Kost und guter hygienischer Bedingungen weitaus höher als in anderen Regionen. Als Teil des weltweiten islamischen Kulturraums importierte das Kalifat Saatgut und Lebensmittel aus dem Nahen Osten, die in Europa noch unbekannt waren, so etwa Reis, Aprikosen, Zitrusfrüchte, Auberginen und Baumwolle. Ausgeklügelte Bewässerungssysteme machten es möglich, diese Produkte auch in Andalusien anzubauen. Der lebhafte Seehandel mit dem übrigen Europa, Indien und China erforderte gutes Kartenwerk, das auf sorgfältigen geographischen Beobachtungen basierte. Spaniens Im- und Export wurde durch Verträge geregelt, die das System des Kommissionshandels vorwegnahmen. Ebenso lassen sich moderne Verfahren des Bankwesens bis hin zum Einsatz von Schecks auf Praktiken andalusischer Kaufleute zurückführen. So konnte etwa auf Gelder, die beispielsweise in Bagdad deponiert wurden, auch in Spanien zugegriffen werden. Islamischen Ingenieuren sind auch die ersten Windmühlen zu verdanken. Frühe Exemplare wurden bereits im 8. Jahrhundert im Nahen Osten betrieben, bevor sie über Andalusien nach Europa vordrangen. Im 11. Jahrhundert gab es in Spanien erste funktionstüchtige Wassermühlen. Die islamische Kultur legte traditionell stets großen Wert auf die Versorgung mit Frischwasser: Andalusiens Städte besaßen Trinkbrunnen, Kanalisationssysteme und öffentlichen Bäder sowie Europas erstes städtisches Müllentsorgungssystem.

Die arabischen Inschriften dieses scheibenförmigen Astrolabs, eines Instruments zur Berechnung der Planetenbewegungen und Sternpositionen, besagen, dass es in Toledo von Ibrahim ibn Said al-Sahli im Jahr 1067 gefertigt wurde.

Juden und Christen wurden in der Verwaltung sogar in gewissem Sinne bevorzugt, da sie komplett von ihren Schutzherren abhängig waren und unbeeinflusst von potenziellen muslimischen Splittergruppen. Im späten 10. Jahrhundert hatte diese Phase der für die damalige Zeit hohen Toleranz ihren Höhepunkt erreicht und sollte bis zur Auflösung des Kalifats ab etwa 1009 andauern. Im 11. Jahrhundert endete diese letzte glorreiche Phase des maurischen Spaniens und die territoriale Einheit zerbrach, als die christlichen Königreiche im Norden zur Rückeroberung („Reconquista“) Spaniens ansetzten.

1204 – 1302 Das Königreich Neapel

Imperialistische Bestrebungen waren im Europa des 13. Jahrhunderts ein verbreitetes Phänomen. Die Erfolge des französischen Königs Philipp II. trugen ihm den Beinamen „August" ein. Die ambitionierten Stauferherrscher in Deutschland eiferten den römischen Kaisern der Antike nach. Und in Großbritannien trieben am Ende des Jahrhunderts die Eroberungsfeldzüge Eduards I. in Wales und Schottland die Anglisierung voran. Die Anführer des Vierten Kreuzzugs errichteten ein „Lateinisches Kaiserreich" in den von ihnen eroberten griechischen und kleinasiatischen Territorien inklusive Konstantinopel. Zum Herrscher wurde 1204 Graf Balduin IX. von Flandern gekrönt. Ihm unterstanden als Vasallenstaaten auch das Herzogtum Athen, das Königreich Thessaloniki und das Fürstentum Achaia auf dem Peloponnes. Die Republik Venedig bemächtigte sich indes der Inseln Kreta und Korfu.

Der Adel aus dem besetzten Konstantinopel war in die griechischen Territorien Kleinasiens geflohen und errichtete dort zwei Reiche, die von Trapezunt am Schwarzen Meer und Nicäa an der Ostgrenze des Lateinischen Kaiserreichs aus regiert wurden. Den Hass der beiden Reiche auf die Eindringlinge aus dem Westen teilte auch ein anderer Nachfolgestaat von Byzanz, das Despotat Epirus an der Westküste des griechischen Festlandes. Diese drei neuen Mächte verbrachten Jahrzehnte damit, einander in wechselnden Bündnissen zu bekämpfen, die auch die seldschukischen Türken im Osten und das bulgarische Reich im Norden einbezogen. Schließlich gelang es dem Reich von Nicäa unter Michael VIII. Palaiologos, im Jahr 1261 Konstantinopel einzunehmen. Byzanz war damit wiederhergestellt, während Epirus und Trapezunt als unabhängige griechische Staaten weiterexistierten.

Rechts *Die Statue Karls I. von Anjou von Tommaso Solari (1820–1889) befindet sich an der Fassade des Königspalasts von Neapel.*

Es blieb jedoch lange Zeit eine Idee des Westens, den Thron in Konstantinopel wieder mit einem Katholiken zu besetzen und den Nachfolgestaat des Oströmischen Reichs an die Traditionen des Westens anzubinden. Im ausgehenden 13. Jahrhundert hatte sich insbesondere Karl I. von Anjou, der jüngste Bruder Ludwigs IX., dieses Ziel auf die

Oben *In der Schlacht bei Benevent am 26. Februar 1266 zwischen Karl I. von Anjou und Manfred von Sizilien wurde Manfred getötet. Es folgten 17 Jahre französischer Herrschaft über das Königreich Sizilien. Das Fresko aus dem 13. Jahrhundert stammt aus dem Ferrande-Turm im französischen Pernes-les-Fontaines. Es gehört zu einem Zyklus, der die Eroberung Siziliens durch Karl von Anjou und die Schlacht bei Benevent (1266) abbildet.*

Fahnen geschrieben. 1266 wurde er vom Papst als Herrscher über das Königreich Sizilien eingesetzt, das die Insel selbst sowie das süditalienische Festland umfasste. Ein Aufstand der Bevölkerung gegen die Franzosen 1282, der als „Sizilianische Vesper" in die Geschichte einging, zwang Karl dazu, sich von der Insel zurückzuziehen. Peter III. von Aragón, der die Revolte unterstützt hatte, verleibte sie nach heftigen Kämpfen seinem Reich ein. Karl und seine Nachfolger mussten sich mit der Südhälfte der italienischen Halbinsel begnügen, einem Territorium, das als „Königreich Neapel" bezeichnet wurde.

Vom Grafen zum König – Karl I. von Anjou

Karl war der jüngste Sohn Ludwigs VIII. von Frankreich. Seine Mutter, Blanka von Kastilien, richtete während ihrer Regentschaft nach dem Tod ihres Gatten 1226 all ihre Aufmerksamkeit auf Karls ältesten Bruder Ludwig. So ging Karl bei der Verteilung von Titeln und Ländereien zunächst leer aus. Erst 1247 wurde er zum Grafen von Anjou und Maine ernannt, weil sein älterer Bruder Johann Tristan gestorben war. Außerdem bevorzugte Ludwig IX. zunächst seine anderen jüngeren Brüder, Robert von Artois und Alfons von Toulouse. Womöglich erklären diese familiären Querelen Karls bestimmendes Wesen. Seine Hochzeit mit Beatrix, der Erbin des Grafen Raimund Berengar V. der Provence, im Jahr 1246 verschaffte ihm schließlich seine eigene Machtbasis als Graf der Provence.

Die Grafschaft Provence gehörte zum Königreich Burgund und war dem Heiligen Römischen Reich lehnspflichtig. Marseille, Arles und Avignon waren als Freie Reichsstädte in hohem Maße autonom, und auch der provenzalische Adel genoss große Freiheiten. Karl setzte dem laxen Regierungsstil ein Ende, indem er auf seine umfassenden Rechte als Herrscher und die Erhebung von Steuern bestand. Als er 1247 in den Norden zog, um sich als Graf von Anjou einsetzen zu lassen, schlossen sich die Reichsstädte gegen ihn zusammen. Dauerhaftere Aufstände brachen aus, als Karl während des Sechsten Kreuzzuges (1258–1260) für längere Zeit abwesend war. Gleich nach seiner Rückkehr in die Provence schlug Karl jedoch mit gewohnter Autorität seine lokalen Gegner nieder. Arles und Avignon ergaben sich im Sommer 1251, Marseille folgte ein Jahr später.

Der landwirtschaftliche Reichtum der Provence sowie der Wohlstand ihrer handeltreibenden Städte bescherten Karl reiche Einkünfte. Dennoch hatte er höhere Ambitionen, als Herrscher der Provence zu sein. Schon bald bot sich ihm die Aussicht, König von Sizilien zu werden. Der Papst, der die Insel als sein Lehnsgut betrachtete, suchte Hilfe gegen die Staufer, die seine Oberherrschaft in Sizilien nicht anerkannten. So war es die Idee von Papst Innozenz IV., Karl ins Spiel zu bringen. Doch Ludwig IX. sprach sich gegen die Entmachtung Konrads IV., des Sohnes Friedrichs II., aus, was das Unterfangen zunächst zum Scheitern brachte.

Während der folgenden zehn Jahre betätigte sich Karl als äußerst erfolgreicher, wenngleich etwas frustrierter Herrscher über die Grafschaft Provence. Mit der Zeit gewöhnte sich auch die lokale politische Elite an seinen energischen, aber effektiven Regierungsstil. Die Kräfteverhältnisse im zentralen Mittelmeerraum änderten sich jäh, als Manfred, der uneheliche Sohn Friedrichs II., 1258 in Sizilien die Macht an sich riss. Abermals wurde der Kirchenstaat nun an seiner Südgrenze mit einem energischen und findigen Staufer konfrontiert. Manfreds Vorstöße ins mittlere und nördliche Italien ließen die alten Befürchtungen des Papsttums, von den Staufern eingekreist zu werden, aufflammen. Alarmiert wiederholte der Papst sein Angebot, Karl Sizilien zu übertragen. Mit Unterstützung Ludwigs IX., der sich gegen den Usurpator Manfred wandte, unterzeichnete Karl im Juli 1263 ein Abkommen mit Papst Urban IV., das ihm auf den sizilianischen Thron verhalf.

Nach seinem Sieg in der Schlacht bei Benevent 1266 regierte Karl den italienischen Süden mit gewissenhafter Strenge. Außerdem plante er einen Großangriff gegen die Byzantiner, um das Lateinische Kaiserreich in Konstantinopel wieder aufzurichten. 1267 schloss er einen Pakt mit dem lateinischen Exilkaiser Balduin II., der Karl die Oberherrschaft über Achaia übertrug. Die Familie Villehardouin, die als Fürsten über Achaia herrschte, wurde dadurch zu Vasallen Karls. Er stattete sie mit genügend Männern und Material aus, um auf dem Peloponnes weiter gegen die Byzantiner zu kämpfen. Karl hatte bereits Korfu und die meisten Ägäischen Inseln erobert und befand sich in einer guten Ausgangssituation, um einen Frontalangriff gegen Michael VIII. Palaiologos zu lancieren.

Das Königreich Neapel

1204 Die Anführer des Vierten Kreuzzugs gründen nach der Eroberung griechischer Territorien das Lateinische Kaiserreich.

1246 Karl, der jüngste Bruder Ludwigs IX., wird durch seine Hochzeit mit Beatrix von der Provence zum Grafen der Provence. Ein Jahr später erhält er Anjou und Maine als Lehen.

1261 Michael VIII. Palaiologos schlägt das Lateinische Kaiserreich und stellt das Byzantinische Reich wieder her.

1263 Papst Urban IV. belehnt Karl I. von Anjou mit dem Königreich Sizilien, das die Insel und das unteritalienische Festland umfasst.

1266 Nach dem Sieg über Manfred von Sizilien in der Schlacht bei Benevent tritt Karl seine Regentschaft über Sizilien an.

1281/82 Karl bereitet eine militärische Großoffensive gegen Byzanz vor.

1282 Von Palermo aus breiten sich Aufstände über ganz Sizilien aus. König Peter III. von Aragón wird König von Sizilien.

1302 Friedrich III. wird als Herrscher des Königreichs Sizilien anerkannt. Der Herrschaftsbereich des Hauses Anjou-Neapel beschränkt sich auf Unteritalien.

Vorbereitungen des Angriffs auf Byzanz

Der byzantinische Kaiser Michael wandte sich schriftlich an Ludwig IX., dem er eine Wiederannäherung der lateinischen und der griechisch-orthodoxen Kirche vorschlug. Auch gab er zu bedenken, dass ein vom Bruder des Königs geführter Angriff auf Konstantinopel Ludwigs eigenen Plan gefährden würde, einen Kreuzzug zur Verteidigung der Kreuzfahrerstaaten gegen den Mamelukensultan Baibars von Syrien und Ägypten zu beginnen. Karl musste sein Vorhaben verschieben, entwickelte jedoch eine geschickte alternative Strategie, die seinen eigenen Interessen diente. Der Kalif von Tunis war einst Manfreds Vasall gewesen, und Karl wollte die Oberhoheit des Königreichs Sizilien über Mohammed I. al-Mustansir erneut durchsetzen. Sein Vorschlag, den Siebten Kreuzzug zunächst gegen Tunis zu führen, wurde unterstützt durch Gerüchte, denen zufolge der Kalif mit dem Gedanken spielte, zum Christentum überzutreten. Also segelte Ludwig IX. nach Tunis, wo er kurz nach der Ankunft verstarb. Karl belagerte erfolgreich die Stadt und machte den Kalifen abermals zum Vasallen Siziliens.

Karl mag ursprünglich geplant haben, mit der Kreuzfahrerflotte gegen Byzanz zu ziehen, doch die Schiffe wurden während der Rückkehr nach Sizilien durch einen Sturm zerstört. So scheiterte das Vorhaben. Aber es gab andere reife Früchte, die nur darauf warteten, gepflückt zu werden: Karl I. von Anjou erklärte sich 1272 zum König von Albanien, nachdem er Teile des Landes erobert hatte, welche zuvor Bestandteil des Despotats Epirus gewesen waren. Noch immer war Karl überzeugt, auch Byzanz be-

Unten *Nachdem er beschlossen hatte, Neapel anstelle von Palermo zum Regierungssitz des Königreichs von Sizilien zu machen, ließ Karl I. von Anjou das Castel Nuovo in Neapel erbauen.*

zwingen zu können. Allerdings stand eine Vereinigung der griechisch-orthodoxen und der lateinischen Kirche unmittelbar bevor. Da Michael Palaiologos bereits in intensiven Verhandlungen mit dem Papst stand, blieben Karls ehrgeizige Pläne zunächst unerfüllt.

Papst Gregor X. zeigte sich aber willens, Karl die Herrschaft über das Königreich Jerusalem zu übertragen. Dieser winzige, an der syrischen Küste gelegene Kreuzfahrerstaat war in der Tat nur ein kleiner Trostpreis, zumal die Hauptstadt von Jerusalem in das galiläische Akkon verlegt worden war. Hugo III. von Zypern hatte sich 1269 zum König von Jerusalem krönen lassen, wurde jedoch vom lokalen Adelsklüngel verachtet und kehrte schließlich 1276 auf seinen Inselthron zurück. Der Herrschaftsanspruch fiel damit an Maria von Antiochia, die sich bereit erklärte, ihre Rechte an Karl zu verkaufen. Mit päpstlicher Zustimmung kam der Handel 1277 zustande. Es bedurfte jedoch einiger taktischer Züge, bevor der einheimische Adel seinem neuen König schließlich den Treueeid schwor.

Die Wahl von Papst Martin IV. am 22. Februar 1281 war für Karl äußerst günstig. Er hatte sogar zwei aufsässige italienische Kardinäle einkerkern lassen, um sicherzustellen, dass sich das Konklave einstimmig für den französischen Kardinal Simon de Brion entschied, der von 1259 bis 1261 unter König Ludwig IX. Kanzler gewesen war. Der neue Papst stärkte Karl den Rücken gegen Byzanz, indem er Kaiser Michael Palaiologos exkommunizierte. So konnte Karl zwischen 1281 und 1282 mit päpstlicher Zustimmung die Vorbereitungen zu einem Feldzug gegen Konstantinopel treffen.

Ein erster militärischer Vorstoß von Albanien aus provozierte einen byzantinischen Gegenangriff, der Karls Armee in die Flucht schlug. Auch die Mobilmachung in Achaia war misslungen, zumal sich in dieser Provinz noch ein anderes Problem ergab: Nach dem Tod seines kinderlosen Sohnes Philipp, der als Fürst von Achaia sein Vasall gewesen war, wurde Karl entsprechend dem Vertrag von 1267 Herrscher des peloponnesischen Fürstentums. Doch die Villehardouin-Familie focht seine Nachfolge prompt an. Dieser Nachfolgestreit zog einen mehrere Jahrhunderte währenden Bürgerkrieg nach sich. Dennoch dürften Karls Hoffnungen im Sommer 1282 angesichts der 400 Schiffe, die er im Hafen von Messina für einen Großangriff auf Konstantinopel versammelt hatte, groß gewesen sein.

Aufstand in Sizilien

Am Abend des 29. März 1282, als die Kirchenglocken von Palermo den Beginn des Vespergottesdienstes einläuteten, brach ein Streit zwischen französischen Beamten und Bürgern der Stadt aus. Einem zeitgenössischen Bericht zufolge belästigte ein Franzose eine junge, verheiratete Frau, woraufhin ihr Ehemann den Übeltäter angriff und erstach. Der Konflikt mündete in ein Massaker an den französischen Besatzern. Der Aufstand weitete sich aus und bereits sechs Wochen später hatte die Regierung Karls von Anjou die Gewalt über den Großteil Siziliens verloren. Selbst die stark befestigte Stadt Messina fiel Ende April, und die Rebellen steckten Karls Armada in Brand.

Mehrere Faktoren hatten zum Ausbruch der Rebellion geführt. Karls französische Regierungsbeamte waren sehr hart. Außerdem hatte Karl durch seinen Entschluss, Neapel zu seiner Basis zu machen, den Kontakt zur Insel verloren. Die Forderungen der Rebellenanführer nach Autarkie für ihre Städte standen in einer langen Tradition des italienischen Kommunalismus. Sie wollten direkt Papst Martin IV. als oberstem Lehnsherrn unterstellt sein. Bis zu einem gewissen Grad handelte es sich bei den Vorfällen also um einen Volksaufstand. Andererseits war die Rebellion, die sich an die Sizilianische Vesper anschloss, Bestandteil der machtpolitischen Schachzüge der europäischen Herrscher.

Nachdem der Papst ihre Forderungen zurückgewiesen hatte, sandten die Rebellenführer eine Nachricht an König Peter III. von Aragón, dessen Gattin Konstanze als Tochter Manfreds von Hohenstaufen Ansprüche auf den sizilianischen Thron geltend machen konnte. Peter befand sich in einer günstigen Lage, um diesen Anspruch durchzusetzen, da seine Kriegsmarine in Tunis vor Anker lag, also nur etwa 160 Kilometer südlich von Sizilien. Im Übrigen hielten sich in Peters aragonesischem Königreich zahlreiche sizilianische Flüchtlinge auf, die Karl hassten. Diese Exilanten waren in der Regel Ghibellinen, die der päpstlichen Territorialmacht in Italien ablehnend gegenüberstanden. Karl hatte in der Vergangenheit keine Skrupel gezeigt, Menschen mit dieser Einstellung töten zu lassen. 1272 hatte er Genua den Krieg erklärt, das unter der Kontrolle der Ghibellinen stand. 1275 konnten die Ghibellinen Karl schließlich zum Rückzug aus Piemont zwingen, doch die Feindschaft blieb erbittert.

Giovanni da Procida, Manfreds früherer Kanzler und Berater Friedrichs II., war ein überaus wichtiger Mittelsmann zwischen allen am Konflikt beteiligten Parteien. Seine Verachtung gegenüber Karl war ebenso groß wie seine Ergebenheit gegenüber dem Andenken der Staufer. 1282 war Giovanni bereits 72 Jahre alt, was den geschickten Verschwörer nicht davon abhielt, als Verbindungsglied zwischen Kaiser Michael in Konstantinopel, dem aragonesischen Hof und Karls sizilianischen Widersachern zu agieren.

Die aragonesische Flotte landete am 30. August 1282 in Trapani. Anstelle der Unabhängigkeit der Städte versprach der König die Wiedereinsetzung der traditionellen sizilianischen Freiheiten. Die Sizilianer akzeptierten und krönten Peter am 4. September in Palermo zum König von Sizilien.

Noch immer konnte Karl auf den Rückhalt des Papstes zählen. Zuerst exkommunizierte Martin IV. Peter von Aragón. Dann bestimmte er Karl I. von Valois, den Sohn

des französischen Königs Philipp III. des Kühnen zum Regenten von Aragón. All dies geschah im Interesse Karls von Anjou. Martins eifrige Unterstützung der französischen Interessen untergrub jedoch langfristig die geistliche Autorität des Papstes als unabhängiger Machtfaktor.

Folglich war die christliche Kirche einer der Hauptleidtragenden der Sizilianischen Vesper. Der im Anschluss an die Ereignisse von Palermo ausbrechende franko-hispanische Konflikt dauerte bis 1302. 1284 trat Philipp III. von Frankreich in den Krieg ein. Seine Truppen rückten über Roussillon nach Aragón vor, um Karl von Valois zu unterstützen. Sie wurden jedoch bald durch Krankheiten dezimiert, und schließlich fiel der französische König 1285 selbst bei Perpignan. Doch der Krieg ging weiter, ungeachtet der Tatsache, dass im selben Jahr auch Karl von Anjou und Peter von Aragón starben. 1302 musste der Sohn und Nachfolger Karls I. von Anjou, Karl II. von Neapel, einsehen, dass weitere Versuche, Sizilien zurückzuerobern, vergeblich waren. So wurde schließlich Friedrich III., der Sohn Peters III. von Aragón, als König von Sizilien bestätigt.

OBEN *Die Sizilianische Vesper am 30. März 1282 in Palermo war ein Aufstand gegen die französische Herrschaft in Sizilien unter Karl I. Sie führte zu einem Krieg, der bis 1302 andauern sollte. Auf dem Gemälde von Francesco Hayez (1791–1882) ist das Ereignis dargestellt, das möglicherweise die Rebellion auslöste.*

Das Haus Anjou-Neapel

Die Allianz Karls von Anjou mit der ungarischen Herrscherdynastie der Arpaden hatte weitreichende Konsequenzen: Sein Sohn Karl (1254–1309), der spätere Karl II. von Neapel, heiratete Maria, die Tochter Stephans V. von Ungarn; seine Tochter Elisabeth ehelichte Stephans Thronerben Ladislaus (1262–1290). Maria erhob Anspruch auf den ungarischen Thron, nachdem Ladislaus kinderlos verstorben war, doch der ungarische Adel favorisierte Andreas III. (um 1265–1301), einen Nachkommen des Arpadenkönigs Andreas II. (1177–1235).

Königin Maria übertrug ihre dynastischen Rechte auf ihren ältesten Sohn Karl Martell von Anjou (1271–1295), der jung verstarb. Als Andreas seine Rechte nicht durchsetzen konnte, unterstützten die ungarischen Kirchenobersten die angevinische Thronfolge. Karl Robert (1288–1342), der Sohn Karl Martells von Anjou, erhob von 1300 an Anspruch auf den Thron. Seine Inthronisierung als König Karl I. von Ungarn 1312 war der eigentliche Beginn der ungarisch-angevinischen Dynastie. Durch das Erstgeburtsrecht hätte er Anspruch auf den Thron seines Großvaters in Neapel gehabt, doch Karl II. bestimmte seinen jüngsten Sohn, Robert von Anjou (1277–1343), zu seinem Nachfolger.

Robert, der 1309 zum König gekrönt wurde, war ein aufgeklärter Förderer der schönen Künste und widersetzte sich als Anführer der italienischen Welfenpartei den territorialen Ansprüchen Kaiser Ludwigs IV. (1282–1347) in Norditalien. Um den Ausschluss Karls I. von der neapolitanischen Thronfolge auszugleichen, veranlasste er nach dem Tod seines eigenen Sohnes und Erben die Hochzeit seiner Enkelin Johanna (1328–1382) mit Andreas, dem jüngeren Sohn von Karl I. von Ungarn. Überdies folgte Ludwig, der ältere Sohn Karls I., im Jahr 1370 Kasimir III., seinem Onkel mütterlicherseits, auf den polnischen Thron. In seinem Testament verfügte König Robert von Neapel ausdrücklich, dass Prinz Andreas und Johanna beide als Monarchen von Neapel gekrönt werden sollten. Johanna weigerte sich jedoch, die Herrschaft zu teilen, und ließ sich im August 1344 zur alleinigen Regentin krönen. Ihr Gemahl wurde 1345 von neapolitanischen Adligen ermordet. Auch wenn Johanna in einem Gerichtsverfahren unter päpstlicher Federführung vom Vorwurf der Komplizenschaft freigesprochen wurde, untergrub der Mord ihre Autorität merklich.

Ludwig war entschlossen, den Mord an seinem Bruder zu rächen. Er unternahm zwischen 1346 und 1348 und nochmals im Jahr 1350 Vorstöße gegen Neapel, vermochte jedoch nicht, sich als Regent im neapolitanischen Königreich zu etablieren. Die Entscheidung der Königin, Ludwig I. von Anjou (1339–1384), einen jüngeren Sohn Johanns II. von Frankreich, zu adoptieren und zu ihrem Thronerben zu machen, führte zur Entstehung eines jüngeren angevinischen Zweigs, der sich gegen die ältere Herrschaftslinie stellte. Deren Erbfolgeansprüche wurden durch Karl von Durazzo (1345–1386), einen direkten Nachfahren Karls II., verkörpert.

Johanna hatte das Avignonesische Papsttum während des Abendländischen Schismas unterstützt. Darum wurde sie 1381 durch Papst Urban VI. offiziell als Ketzerin verurteilt. Ihr Königreich, das ein päpstliches Lehnsgut war, übertrug der Papst auf Karl von Durazzo, der Johanna 1382 ermorden ließ. Ihm folgte der Mann seiner Tochter Margarethe als Karl III. von Neapel auf den Thron. Nach dem Tod Ludwigs I. streckte dieser die Finger nach dem ungarischen Thron aus. Dabei erwies er sich jedoch als wenig erfolgreich. Die ungarische Königinmutter Elisabeth veranlasste Karls Ermordung am 7. Februar 1386 und sorgte dafür, dass Ludwigs Erbin Maria (um 1371–1395) wiedereingesetzt wurde. Deren Gemahl Sigismund (1368–1437), ein Sohn des deutschen Kaisers Karl IV., verschrieb sich ganz und gar der ungarischen Sache. Seine lange Regentschaft als König von Ungarn (ab 1387) setzte jeglichen Hoffnungen auf eine Wiederherstellung der angevinischen Herrschaft ein Ende.

Der neapolitanische Königstitel ging von Karl III. auf dessen Sohn Ladislaus (1367–1414) über, der jedoch zunächst mit Ludwig II. von Anjou (1377–1417) um sein Erbe kämpfen musste. Ludwig

regierte Neapel zehn Jahre lang (1389–1399), bevor Ladislaus-treue Truppen ihn schließlich vertreiben konnten. Ladislaus' Schwester und Nachfolgerin, Johanna II. von Neapel (1373–1435), war die letzte Angehörige des Hauses Anjou-Durazzo, die Neapel regierte. Durch das Verhalten ihres Gemahls, Jakob II. von La Marche (1370–1438), lebten antifranzösische Ressentiments in Neapel wieder auf. Unruhen im Jahr 1416 zwangen Jakob II. dazu, die von ihm eingesetzten französischen Regierungsbeamten ihrer Ämter zu entheben. Jakob selbst verzichtete 1419 auf seinen Herrschertitel. Mit dem Tod Johannas starb die ältere angevinische Linie aus. Ihr folgte Renatus von Anjou (1409–1480) aus der jüngeren Linie für kurze Zeit auf den Thron. Schließlich gelang es König Alfons V. von Aragón nach einer erfolgreichen Belagerung Neapels (1441–1442), die Insel Sizilien mit dem unteritalienischen Festland zu einem Königreich zu vereinen.

Die Heirat von Sigismund, dem Sohn Kaiser Karls IV., mit Maria von Ungarn ist im Hintergrund dieser Illustration zu sehen. Sie stammt aus einer Handschrift der „Chronik" des französischen Historikers Jean Froissart (um 1337–um 1405).

1337 – 1453 Der Hundertjährige Krieg

Der Krieg, den England und Frankreich von 1337 bis 1453 ein gutes Jahrhundert lang gegeneinander führten, war im Grunde eine Aneinanderreihung einzelner Konflikte, die von Phasen des Friedens unterbrochen wurden. Im Zentrum der Feindseligkeiten standen Herrschaftsansprüche rivalisierender Dynastien. So stritten Englands Könige des Hauses Plantagenet mit den französischen Herrschern der Valois um den französischen Thron. Schließlich endete der Krieg mit der weitgehenden Vertreibung der Engländer aus Frankreich. Während des Krieges kam es zudem zu folgenschweren Innovationen auf dem Gebiet der Kriegstechnik sowie zur Herausbildung eines neuen Nationalgefühls in England und Frankreich.

Obwohl die Normandie Lehnsgut der anglonormannischen Herrscherdynastien Englands und ihrer Nachfolger war, mussten sie als Herzöge der Normandie der französischen Krone den Treueeid leisten. Wilhelm dem Eroberer und seinen Erben missfiel dieser Vasallenstatus. Umgekehrt missfiel den französischen Kapetingern, dass ein großer Teil ihres Reichs unter Fremdherrschaft stand. Diese Spannungen wurden durch den Machtzuwachs des Hauses Anjou-Plantagenet verstärkt. Auf dem Höhepunkt ihrer Macht herrschten die englischen Könige nicht nur über die Normandie, sondern auch über Maine, das Anjou, die Touraine, das Poitou, die Gascogne, die Saintonge sowie über Aquitanien. Die englischen Könige kontrollierten also innerhalb Frankreichs nicht nur mehr Territorien als die französische Krone. Sie waren zudem Vasallen einer Dynastie, die faktisch weitaus weniger Macht besaß als sie selbst.

Rechts *Die Darstellung der Schlacht von Crécy am 26. August 1346 ist dem Abschnitt der „Grandes Chroniques de France" entnommen, der das 14. Jahrhundert behandelt.*

Der Hintergrund des Krieges

Englands schwache Stellung unter König Johann (1199–1216) ermöglichte es Philipp II. August von Frankreich, den Großteil der angestammten englischen Territorien zu erobern. In der Schlacht bei Bouvines (1214) im heutigen Flandern gelang es Philipp, den deutschen Kaiser Otto IV. sowie dessen Verbündeten, König Johann von England, zu schlagen. Diese Demütigung war ein maßgeblicher Grund, dass König Johann sich den Forderungen der englischen Barone fügte und die „Magna Charta" unterzeichnete.

DER HUNDERT-JÄHRIGE KRIEG

1324 Der Krieg von Saint-Sardos endet mit einer Niederlage der Engländer und führt indirekt zur Entthronung Eduards II. von England.

1328 Karl IV. stirbt. Ein Neffe Philipps IV. besteigt als erster König aus dem Haus Valois den Thron.

1337 Philipp VI. beansprucht die englischen Gebiete der Gascogne; Eduard III. behauptet, der rechtmäßige König von Frankreich zu sein. Der Krieg beginnt.

1346 Der englische Sieg bei Crécy führt zur Einnahme von Calais.

1356 Die Engländer siegen bei Poitiers.

1360 Im Frieden von Brétigny werden Aquitanien, die Gascogne, die westliche Bretagne und Calais England zugesprochen.

1369 Gascognische Adlige wehren sich gegen die Besteuerungsmaßnahmen des Schwarzen Prinzen. Der Krieg wird fortgesetzt.

1372 Poitiers wird zurückerobert.

1389–1415 Während der zweiten Friedensphase bricht der Bürgerkrieg der Armagnacs und Bourguignons aus.

Fortsetzung auf Seite 141

Philipp kontrollierte nun das Anjou, die Bretagne, Maine sowie die Touraine. Dem Haus Anjou-Plantagenet verblieben von seinen französischen Territorien nur noch Teile der Gascogne. In der Folge strebte der englische Adel mit aller Kraft danach, diese Demütigung und die Niederlagen im Krieg von Saintonge (1242) und Saint-Sardos (1324) zu rächen.

Die Auslöschung der Hauptlinie der Kapetinger lieferte den Engländern einen willkommenen Kriegsvorwand. Nach seinem Tod im Jahr 1314 hinterließ Philipp IV. drei männliche Erben: Ludwig X., Philipp V. und Karl IV. Seine Tochter Isabella war die Gemahlin Eduards II. von England und Mutter Eduards III. Ludwig X. starb bereits 1316, sein Sohn, Johann I., nur wenige Monate später. Nun erhob Philipp V. Anspruch auf den Thron. Er berief sich auf die alte „Lex Salica", derzufolge keine Frau den französischen Thron besteigen durfte, um die Ansprüche von Ludwigs Tochter Johanna zu vereiteln. Auf dieselbe Rechtsgrundlage griff auch Karl IV. zurück, der nach dem Tod Philipps V. 1322 verhindern wollte, dass dessen Töchter die Erbfolge antraten.

Der kurze Krieg von Saint-Sardos in der Gascogne lieferte einen Vorgeschmack auf die gewaltigen Auseinandersetzungen der Folgezeit. Karl IV. von Frankreich belagerte die englische Festung La Réole, die nach einem Monat kapitulieren musste. Englands Demütigung war besiegelt. Einst hatte der englischen Krone das gesamte Herzogtum Aquitanien gehört. Nun blieben ihr nur noch Bordeaux und ein schmaler Küstenstreifen. Diese nationale Schmach hatte zur Folge, dass Eduard II. 1327 von unzufriedenen Adelskreisen entthront wurde. Sein Sohn Eduard III. bestieg den Thron. Als im Folgejahr Karl IV. starb, waren viele der Ansicht, dass Eduard der rechtmäßige Erbe des französischen Throns sei. Karl war der letzte Repräsentant der älteren Kapetinger-Linie gewesen und sein einziges Kind war eine Tochter. Eduard war nicht nur Karls Neffe und nächster lebender Verwandter, sondern auch der einzige lebende männliche Nachkomme Philipps IV. Die französischen Adligen freilich waren entsetzt angesichts der Vorstellung, von einem englischen König regiert zu werden. Auch sie beriefen sich auf die „Lex Salica", die nicht nur Frauen von der Erbfolge ausschloss, sondern auch alle, die ihre Herrschaftsansprüche aus ihrer Verwandtschaft zu einer Frau herleiteten. So wurde Philipp von Valois, ein Kapetinger und Neffe Philipps IV., 1328 unter dem Namen Philipp VI. zum ersten König des Hauses Valois gekrönt.

Am Vorabend des Krieges konzentrierten sich die französischen Ambitionen auf die Gascogne, die noch immer in englischer Hand war. Eduard hatte die Provinz behalten dürfen. Allerdings musste er im Gegenzug von seinen Ansprüchen auf die französische Krone zurücktreten. Während Philipp Pläne zur Eroberung der

Gascogne schmiedete, führte Eduard gegen die Schotten Krieg, die sich inzwischen mit Frankreich verbündet hatten. 1337 beanspruchte Philipp schließlich die gesamte Gascogne als Lehnsgut für sich. Eduard wiederum erhob Anspruch auf die französische Krone.

Die englische Seemacht

Für die Engländer verlief die erste Kriegsphase unglücklich. Sie hatten sich mit Flandern sowie mit einzelnen Adligen der Niederlande verbündet. Die Entlohnung der Verbündeten sowie die Unterhaltung von Truppen auf fremdem Gebiet stellte eine enorme Belastung der englischen Kriegskasse dar. Daher wurden diese Allianzen bis 1340 wieder aufgekündigt. Die französische Angriffsflotte setzte Schiffe ein, die von der Republik Genua zur Verfügung gestellt wurden. Es kam zu einer empfindlichen Störung des englischen Handels, insbesondere des Exports von Rohwolle nach Flandern sowie des Imports von Wein und Salz aus der Gascogne. Bei der Schlacht von Sluys im Jahre 1340 gelang es den Engländern dennoch, ihre Oberhoheit auf See zu behaupten. Und für den Rest des Krieges konnte der Ärmelkanal erfolgreich gegen jede weitere französische Invasion verteidigt werden. Später verlagerte sich der Schwerpunkt des Konflikts in die Gascogne und die Bretagne, wo die beiden Mächte rivalisierende Anwärter auf das Herzogtum unterstützten. In beiden Regionen verliefen die Kämpfe der frühen 1340er Jahre allerdings ergebnislos.

OBEN *Das anonyme Porträt zeigt König Eduard III., der England von 1327 bis 1377 regierte.*

Im Juli 1346 startete Eduard eine Großoffensive. Seine Truppen landeten an der Küste der Normandie und nahmen Caen ein, bevor sie plündernd in Richtung der heutigen Niederlande vorstießen. Bei Crécy kam es zur Schlacht. Die Niederlage der Franzosen war großenteils dem Einsatz englischer und walisischer Bogenschützen zu verdanken. Nun konnte Eduard ohne Gegenwehr nach Norden vorrücken und 1347 Calais einnehmen. Der englischen Armee gelang es damit abermals, ihre Truppen in einer befestigten Stadt auf französischem Terrain zu installieren. Auch die Entwicklung in Schottland verlief für die Engländer zu diesem Zeitpunkt günstig. Dort wurde König David II. nach seiner Niederlage in der Schlacht von Neville's Cross 1346 gefangen genommen.

Die Heldentaten des Schwarzen Prinzen

Während der folgenden Kriegsphase trat der Sohn Eduards III. auf den Plan, der Prince of Wales, auch „der Schwarze Prinz" genannt. 1356 landete er mit seinen Truppen in der Gascogne und rückte bis nach Poitiers vor, wo er einen entscheidenden Sieg über die Franzosen errang. Frankreichs neuer König, Johann II., der Gute, ein Förderer der Künste, der an der Kriegsführung uninteressiert war, geriet in Gefangenschaft und wurde nach England gebracht, wo man ihn vier Jahre lang festhielt, während das wirtschaftlich geschwächte Frankreich versuchte, Lösegeld für seine Freilassung aufzubringen.

Die Könige des Hauses Valois 1328–1461

Philipp VI.
(1293–1350)
regierte 1328–1350

Johann II.
(1319–1364)
regierte 1350–1364

Karl V.
(1338–1380)
regierte 1364–1380

Karl VI.
(1368–1422)
regierte 1380–1422

Karl VII.
(1403–1461)
regierte 1422–1461

RECHTS *Eine Illustration aus den Chroniken des Jean Froissart zeigt die Ermordung Etienne Marcels im Jahr 1358. Marcel hatte den englischen Söldnertruppen Karls von Navarra die Tore von Paris geöffnet. Er wurde von Jean Maillart, dem Anführer unzufriedener Bürger der Stadt, an der Porte Saint-Antoine getötet.*

Mittlerweile herrschte in weiten Teilen des ländlichen Frankreichs Anarchie. Söldner zogen plündernd und brandschatzend durch das Land. 1358 kam es zu einem Bauernaufstand, der „Jacquerie", doch auch innerhalb der französischen Elite taten sich tiefe Gräben auf. Kronprinz Karl agierte während der Abwesenheit seines Vaters als Regent und berief 1356 die Generalstände ein, ein Gremium, das sich aus Vetretern der drei Stände Geistlichkeit, Adel und Stadtbürger zusammensetzte. Étienne Marcel, der Führer der Pariser Kaufmannschaft, trat dafür ein, Karl keine finanzielle Unterstützung zu gewähren und stattdessen die Macht der Monarchie einzuschränken. Karls Widerstand veranlasste Marcel, den König von Navarra zu unterstützen, den er auf dem französischen Thron zu installieren hoffte. Dessen bewaffnete Truppen standen bereits Anfang des Jahres 1358 vor den Toren von Paris.

Die englischen Truppen versuchten, aus dieser innenpolitischen Krise Frankreichs Kapital zu schlagen. 1358 startete Eduard III. neuerlich eine Offensive, doch es gelang ihm weder Paris noch Reims einzunehmen. Karl versicherte sich der Unterstützung aus den Provinzen, als er seine Macht über Paris und die gewaltbereiten Bewohner der Stadt etablierte. Der Friede von Brétigny, der 1360 die erste Kriegsphase beendete, sah vor, dass England Aquitanien, die Gascogne, die westliche Bretagne sowie die Grafschaft Calais erhielt, ohne Frankreich tributpflichtig zu sein. Ein Lösegeld in Höhe von drei Millionen Kronen, zahlbar in Raten, wurde für die Freilassung König Johanns festgelegt. Auch wenn England die Normandie und – zumindest theoretisch – auch den Anspruch auf den französischen Thron aufgeben musste, war der Friedensvertrag für die Nation ein Erfolg. Die immensen Lösegeldbeträge, die die Franzosen zu leisten hatten, waren für die englische Staatskasse ein regelrechter Segen und versetzten das Land in die Lage, weitere Kriegsvorbereitungen zu treffen. Als Garantie für zukünftige Zahlungen musste Johann II. zwei seiner Söhne als Geiseln an England ausliefern. Als 1362 sein Sohn Ludwig aus England floh, beschloss der französische König, sich zu ergeben. Offenbar zog er die englische Kriegsgefangenschaft der Bürde der französischen Krone vor. Nach seinem Tod folgte ihm sein Sohn als Karl V. auf den Thron.

Die erste Friedensphase

Während der ersten Friedensphase (1360–1369) bewegten Karl zwei zentrale Fragen: Wie konnte er die an England verlorenen Gebiete für Frankreich zurückerobern? Und wie konnte er die ländlichen Regionen von den entlassenen Söldnern befreien, die inzwischen ein gesellschaftliches Chaos anrichteten? Die Lösung fand er in Bertrand du Guesclin, einem Adligen aus der Bretagne, der bei internen Konflikten des Herzogtums umfängliche Erfahrungen in Guerillataktiken gesammelt hatte. Guesclin hatte 1364 die Streitkräfte Karls II. von Navarra zerschlagen und wurde nun von Karl V. an die Spitze der marodierenden Söldnerkompanien gestellt, um sie für die französische Krone einsatzbereit zu machen.

In Kastilien tobte während der 1360er Jahre ein Bürgerkrieg. Die Engländer unterstützten die Interessen König Peters I., des Grausamen, während die Franzosen auf der Seite seines Halbbruders und Widersachers Heinrich von Trastamara standen. 1365 vertrieben Guesclins Männer Peter aus Kastilien. Nun aber griff der Schwarze Prinz ein, der als Vizekönig seinen Vater auf dem aquitanischen Thron vertrat. In der Schlacht von Nájera im April 1367 brachten die anglo-gascognischen Truppen den Soldaten du Guesclins eine empfindliche Niederlage bei. Es war der letzte bedeutende Sieg des Schwarzen Prinzen, der kurz darauf an Wassersucht erkrankte, an der er später auch starb. Seine Regentschaft in der Gascogne und Aquitanien wurde zunehmend autokratisch. Als Peter I. mit der Zahlung seiner Schulden in

Fortsetzung von Seite 138

1399 Henry Bolingbroke (Heinrich IV.) entreißt Richard II. die englische Krone.

1415 Heinrich V. erklärt den Krieg; die Engländer siegen bei Agincourt. Nach den Eroberungen von Caen (1417) und Rouen (1419) ist die Normandie englisch.

1420 Im Vertrag von Troyes erkennt Karl VI. Heinrich V. als seinen Erben an.

1421 Eine schottische Armee erreicht Frankreich und schlägt die Engländer in der Schlacht von Baugé.

1422 Heinrich V. und Karl VI. sterben. Heinrich VI. wird zum König von England und Frankreich gekrönt.

1429 Die Belagerung von Orléans durch die Engländer wird durch die Hilfe Johannas von Orléans aufgehoben. Reims öffnet seine Tore für die Armee des Dauphins. Er wird als Karl VII. gekrönt.

1435 Im Vertrag von Arras schließen die Bouguignons Frieden mit Karl VII.

1449 Die Franzosen erobern Rouen zurück. Caen (1450), Bordeaux und Bayonne (1451) folgen.

1453 Nach der Schlacht bei Castillon verlieren die Engländer alle französischen Territorien bis auf Calais.

Rückstand geriet, erhob der Prinz unverhältnismäßig hohe Steuern. Die gascognischen Adligen riefen die französische Krone um Hilfe an, woraufhin Karl V. den Prinzen nach Paris beorderte. Als der Schwarze Prinz dieser Aufforderung nicht nachkam, erklärte der König, dass die Engländer die Bestimmungen des Friedensschlusses verletzt hätten. Im Mai 1368 erklärte Karl den Krieg und die Feindseligkeiten flammten erneut auf.

Wiederaufnahme der Kampfhandlungen

Während der zweiten Hauptphase des Hundertjährigen Krieges wendete sich das Blatt für die Franzosen. Karl entschied sich für eine Zermürbungstaktik: Die englischen Streitkräfte sollten sich an einer möglichst breiten Front aufreiben, sodass Karl größere Kampfhandlungen erspart blieben. Bei dieser Strategie waren die Franzosen auf Guesclins erprobte Fähigkeiten angewiesen, der 1370 zum „Connétable von Frankreich" ernannt wurde. Ihm gelang es, mittels Blitzattacken und Bestechungen eine englische Großoffensive im Norden Frankreichs zurückzudrängen. Zudem konnten die Franzosen auf die kastilische Flotte zählen, da Guesclin Peter den Grausamen gefangen genommen hatte und seit 1370 mit Heinrich von Trastamara ein Verbündeter der Franzosen auf dem Thron saß. England mangelte es dagegen an Befehlshabern. Aufgrund seiner Krankheit wurde der Schwarze Prinz 1371 seines Kommandos enthoben; sein Vater, der König, war bereits zu alt, um noch selbst zu kämpfen. Einer der herausragendsten Militärführer Englands, John Chandos, Seneschall von Poitou und Connétable von Aquitanien, starb im Kampf; ein anderer, der Gascogner Jean III. de Grailly, wurde gefangen genommen. 1372 gelang Guesclin mit der Rückeroberung von Poitiers ein Vergeltungsschlag gegen die Franzosen. Bereits fünf Jahre später konnten seine Truppen auch Bergerac einnehmen. Überdies verhandelte Karl äußerst effizient mit den Städten und Regionen, die Frankeich verloren hatte. Bereits 1374 hatte er sämtliche Territorien zurückgewonnen, die infolge des Friedensvertrags abgetreten worden waren, mit Ausnahme von Calais und Aquitanien. Nachdem der Schwarze Prinz 1376 und Eduard III. ein Jahr später gestorben war, bestieg der minderjährige Sohn des Prinzen, Richard von Bordeaux, den Thron. Der Tod Guesclins 1370 sowie eine schottische Großoffensive in den 1380er Jahren brachten es mit sich, dass neue Friedensverhandlungen im Interesse beider Konfliktparteien lagen. Diese wurden 1389 besiegelt.

Die zweite Friedensphase

Während der zweiten Friedensphase (1389–1415) kam es in beiden Reichen zu internen Machtkämpfen. Die zerstrittenen Brüder Karls V. beherrschten den Regentschaftsrat, der im Namen des minderjährigen Thronfolgers die Regierungsgeschäfte führte. Als Karl VI. schließlich die Regentschaft antrat, erwies er sich als schwache Persönlichkeit. 1392 begann er dem Wahnsinn zu verfallen, sodass seine Onkel abermals die Macht übernahmen und sich ein offener Kampf zwischen zwei Fraktionen anbahnte. Die Orléanisten, später „Armagnacs" genannt, unterstützten den jüngeren Bruder des Königs, Ludwig von Valois, Herzog von Orléans. Die „Bourguignons" waren dagegen Anhänger von Johann Ohnefurcht, dem Herzog von Burgund und Vetter des Königs. Sie waren verantwortlich für die Ermordung Herzog Ludwigs von Orléans im Jahre 1407. Anführer seiner Partei wurde nun Bernard VII., Graf von Armagnac.

Doch auch die englische Krone war in interne Konflikte verstrickt. Richard II. gelang es nicht, einen Aufstand in Irland zu ersticken. 1399 riss sein Vetter Henry Bolingbroke die Krone an sich und bestieg als Heinrich IV. den Thron. Von dem Jahr 1400 an wurde er zudem mit massiven walisischen Aufständen konfrontiert, die von Owain Glyndwr angeführt wurden. Im Norden hatte der Regierungswechsel zu einer Reihe neuerlicher schottischer Angriffe entlang der Landesgrenze geführt. Als Antwort erfolgte 1402 eine Invasion der Engländer in den Nachbarstaat, die mit einem Sieg über die Schotten in der Schlacht von Homildon Hill endete. In der Folge kam es zu einem blutigen und langwierigen Zwist zwischen Heinrich und dem Herzog von Northumberland aus der mächtigen Adelsfamilie Percy. Er endete 1408 mit der Kapitulation der Familie Percy. All diese Konflikte in Verbindung mit neuen massiven Angriffen der Franzosen und Skandinavier auf die englische Flotte hatten zur Folge, dass England bis 1415 nicht in der Lage war, den Krieg gegen Frankreich wieder aufzunehmen.

Azincourt und die Folgen

Mit ihrer Kriegserklärung 1415 spekulierten die Engländer darauf, von dem internen Chaos zu profitieren, das damals in Frankreich herrschte. 1414 hatte Heinrich V. das Angebot der Armagnacs ausgeschlagen, ihn bei seinem Ringen um die Krone zu unterstützen, sofern die Grenzen, wie sie 1360 im Vertrag von Brétigny festgelegt worden waren, wiederhergestellt würden. Der König strebte vielmehr danach, die während der Regentschaft Heinrichs II. (1154–1189) besetzten französischen Gebiete zurückzuerobern.

Oben *Das aufwendig vergoldete Porträt Heinrichs V. stammt von einem anonymen Künstler des 15. Jahrhunderts.*

Mit diesem Ziel vor Augen erreichte Heinrich im August 1415 mit einer Armee Harfleur in der Normandie. Bei Azincourt nördlich der Somme kam es am 25. Oktober 1415 zur entscheidenden Konfrontation. Den Engländern gelang es, die zahlenmäßig überlegene und besser ausgestattete Armee der Franzosen zu bezwingen. Zwar mag die spätere englische Propaganda die eigene Unterlegenheit übertrieben haben, um die Dimension des Sieges zu betonen. Es kann jedoch kein Zweifel daran bestehen, dass die Niederlage bei Azincourt für die Franzosen ein Debakel war. Heinrich rückte weiter vor und eroberte weite Teile der Normandie, die sich nun zum ersten Mal seit zwei Jahrhunderten wieder unter englischer Kontrolle befanden.

Diese englischen Siege waren zu weiten Teilen den erbitterten innerfranzösischen Querelen geschuldet. Bei Azincourt fiel Herzog Karl von Orléans in die Hände der Engländer, und Herzog Bernard VII. von Armagnac wurde 1417 von Anhängern der Bourguignons in Paris ermordet. Von 1417 an kontrollierten die Bourguignons sowohl Paris als auch den König selbst. Ihr andauernder Konflikt mit den Armagnacs hinderte die französische Armee daran, sich auf den Kampf gegen die Engländer zu konzentrieren. Obwohl sich die französischen Splittergruppen 1419 auf einen Waffenstillstand verständigten, beschlossen die Bourguignons, sich mit den Engländern zu verbünden.

Unter dem Einfluss der Bourguignons unterzeichnete Karl VI., der mittlerweile dem Wahnsinn verfallen war, 1420 den Vertrag von Troyes. Damit erkannte er Heinrich V. von England als seinen Thronfolger an. Letzterer heiratete später Karls Tochter Katharina, während Heinrichs Erben als rechtmäßige zukünftige Herrscher über Frankreich bestätigt wurden. Der Dauphin und spätere König Karl VII. wurde hingegen als unehelich erklärt und enterbt. Ende des Jahres 1420 marschierte Heinrich triumphierend in Paris ein, wo die Generalstände das anglo-französische Abkommen ratifizierten.

Französisches Kriegsglück

Um diese Zeit mischte sich erneut Schottland in den Krieg ein: Unter der Führung des Earl von Buchan landete eine starke schottische Armee in Frankreich und verwickelte die Engländer in Gefechte. Thomas von Lancaster, der erste Herzog von Clarence, fiel 1421 in der Schlacht von Baugé, und auch die meisten anderen englischen Befehlshaber wurden getötet oder gefangen genommen. Nur kurze Zeit nach dem Tod Heinrichs V. 1422 starb auch Karl VI. Nun wurde Heinrichs minderjähriger Sohn zum König von England und Frankreich gekrönt. Als Verbündete Englands unterstützten ihn die Bourguignons, während die Armagnacs zu Karls Sohn hielten. So war die Forstsetzung des Krieges praktisch garantiert. 1429 belagerten die Engländer Orléans, das kurz vor der Kapitulation zu stehen schien. Zu diesem Zeitpunkt betrat ein Bauernmädchen namens Jeanne die Bühne.

Sie behauptete, eine göttliche Vision empfangen zu haben, derzufolge es ihr vorherbestimmt sei, die Engländer aus Frankreich zu vertreiben. 1429 bewegte sie den Dauphin dazu, sie nach Orléans zu schicken. Ihr Einfluss auf die Kampfmoral in der belagerten Stadt war enorm. Kurz nach ihrem Eintreffen gingen die französischen Truppen in die Offensive und zwangen die Engländer zum Abzug. In der Folge nahmen die Franzosen verschiedene englische Stellungen entlang des Loiretals ein und besiegten in der Schlacht von Patay (1429) eine ihnen weit überlegene Streitmacht, die von John Talbot, dem ersten Earl von Shrewsbury, angeführt wurde. Nicht einmal die berühmten englischen und walisischen Bogenschützen vermochten es diesmal, dem französischen Vormarsch etwas entgegenzusetzen. Derart gestärkt, konnte der französische Kronprinz in Reims einmarschieren, wo er noch im selben Jahr zu König Karl VII. gekrönt wurde.

Oben *Jeanne d'Arc (Johanna von Orléans) beeindruckte die französischen Soldaten mit Führungsstärke und missionarischem Eifer. Das Miniaturporträt stammt aus dem späten 15. Jahrhundert.*

Jeanne oder Johanna von Orléans wurde später von proenglischen Bourguignons gefangen genommen, an die katholische Gerichtsbarkeit übergeben und wegen Ketzerei auf dem Scheiterhaufen verbrannt. Der französische Vormarsch kam zeitweilig zum Stillstand, und die Kriegsparteien nahmen erneut Friedensverhandlungen auf. Der Bruch zwischen Engländern und Bourguignons läutete schließlich die Schlussphase des Krieges ein. Ein Onkel des englischen Königs Heinrich VI., Graf Humphrey von Gloucester, war mit Jakobäa, der Herzogin von Straubing-Holland, verheiratet. Er beschloss, die Ländereien seiner Gemahlin zurückzuerobern, was einen Konflikt mit Philipp III., dem Herzog von Burgund, heraufbeschwor. Als sich Philipp 1435 mit Karl VII. versöhnte, unterzeichneten die Bourguignons den Friedensvertrag von Arras. Als Folge konnten die königlichen französischen Truppen Paris wieder in ihre Gewalt bringen. Und die Bourguignons mussten sich fortan darauf konzentrieren, ihre Interessen auf dem Gebiet der heutigen Niederlande zu verteidigen. Dies zwang sie quasi dazu, sich aus dem Kampfhandlungen des französischen Bürgerkrieges zurückzuziehen.

In den folgenden Jahren wurde immer offenkundiger, dass Karl VII. die langen Friedensphasen genutzt hatte, um die Militär- und Zivilverwaltung neu zu organisieren. Eine professionellere Armee sowie ein stärker zentralisierter Staat brachte den Franzosen nun regelmäßig Siege über die Engländer ein. Rouen wurde 1449 zurückerobert, Caen ein Jahr später, Bordeaux und Bayonne wiederum ein Jahr später. Die letzte Schlacht des Hundertjährigen Krieges wurde 1453 in Castillon ausgefochten. Dort schlug der französische Befehlshaber Jean Bureau mithilfe von Kanonen die anglogascognischen Truppen seines Gegners John Talbot.

Die Folgen des Krieges

Der Hundertjährige Krieg spiegelte die militärischen, sozialen und politischen Umbrüche wider, die sich in einem so langen Zeitraum unweigerlich vollziehen, trug aber auch zu ihnen bei. In England kam es im 14. Jahrhundert durch die dem Parlament übertragene Macht über Steuererhebungen zur Festigung der zentralisierten Macht. Gleichzeitig wurde die feudale Praxis der Kriegsdienstleistungen von einer besoldeten Armee verdrängt, deren professionelle Oberbefehlshaber die Truppen rekrutierten. Im technischen Bereich erfuhr die Artillerie durch den Krieg einen regelrechten Entwicklungsschub: Der Langbogen und später auch Feuerwaffen verminderten zunehmend die Bedeutung der Kavallerie. Taktische Innovationen der Engländer veränderten die Kriegsführung grundlegend. Die Siege in Crécy und Azincourt waren großenteils auf die Besetzung fester Verteidigungsstellungen mit Landsknechten zurückzuführen. Der typisch englische Einsatz leicht bewaffneter berittener Truppen, später Dragoner genannt, die für die Kampfhandlungen von ihren Pferden abstiegen, sollte in ganz Europa Schule machen. All diese Entwicklungen führten zu einem allmählichen Rückgang der schweren Kavallerie, die als kostspielig und unflexibel galt. Dadurch kam es zu einem sozialen und kulturellen Niedergang des Ritterstands.

Obwohl England von diesen strategischen und institutionellen Neuerungen profitierte, stand die Nation vor einer unüberwindlichen Schwierigkeit: Die feindlichen Territorien waren schlicht zu groß, als dass England sie innerhalb eines angemessenen Zeitraums besetzen konnte. Allein Frankreich war flächenmäßig dreimal so groß wie England, und die französische Bevölkerungszahl überstieg die englische um das Vierfache. Zwar konnten englische Truppen während des Krieges weite Teile Frankreichs besetzen. Doch die Eroberungen mussten mit Garnisonen gesichert werden, was die Möglichkeit der Armee, Feldzüge und Angriffe zu unternehmen, beträchtlich einschränkte. John Talbots Armee bei Orléans bestand aus 5000 Männern, womit er den Truppen der Stadt und ihres Umlands weit unterlegen war. Als Jeanne d'Arc die Kampfmoral der Franzosen zusätzlich steigerte, war ihr Sieg unausweichlich.

Die andauernden Kriegshandlungen hatten auch starke Auswirkungen auf die Zivilbevölkerung. Weite Teile der ländlichen Regionen Frankreichs wurden verwüstet. Doch durch das Leid bildete sich auch ein neues Nationalgefühl heraus. Als endlich der Sieg errungen war, wurde dieser als Erfolg der Regierung angesehen. Die feudalen Strukturen wichen einem zentralisierteren Regierungssystem. In ähnlicher Weise war auch das Leben in England betroffen. Der neue Nationalgeist spiegelte sich hier unter anderem in der Besorgnis wider, eine französische Invasion könne die Ausrottung der englischen Sprache zur Folge haben. Seit der normannischen Eroberung war die Kultur der englischen Eliten französisch geprägt gewesen. Diese Dominanz fand im ausgehenden 14. Jahrhundert ihr Ende. Auch der Schwerpunkt der englischen Wirtschaft verschob sich: Vor dem Krieg hatte England große Mengen Rohwolle in die Niederlande exportiert, wo Weber sie zu erlesenen Textilien verarbeiteten. Dieser Handel wurde nicht nur durch die unzuverlässigen Allianzen der Herzöge von Burgund unterbrochen, sondern auch durch die hohen Steuern, mit denen englische Waren belegt wurden. Die Weber Englands bauten daraufhin eine eigene Textilindustrie auf, deren Produkte schon bald internationale Wertschätzung erfuhren.

Oben *Nachdem seine vier Brüder kinderlos verstorben waren, wurde Karl VII. 1422 zum König von Frankreich gekrönt. Das Porträt von Jean Fouquet (1420–1481) wurde wahrscheinlich zwischen 1444 und 1451 fertiggestellt.*

Wandel der Militärstrategie

Der Krieg bestätigte die technische Überlegenheit des Langbogens gegenüber der Armbrust. Der Einsatz des Langbogens verlangte immense Körperkräfte und viel Erfahrung. Doch die Waffe war äußerst zielgenau. Die Armbrust hingegen war leicht zu bedienen und besaß gegen Kettenhemden und Rüstungen große Durchschlagskraft. Andererseits war sie unhandlich und schwer und die Nachladung war sehr zeitaufwendig. Die walisischen und schottischen Bogenschützen hatten den Engländern eine bittere Lektion erteilt. In feste Stellung gebracht, konnten sie aus großer Entfernung enormen Schaden anrichten und sogar einen Angriff der Kavallerie abwehren. Diese Strategie wandten die Engländer nun auf französischem Boden an: Nachdem sie das Gelände für eine Schlacht

ausgewählt hatten, befestigten sie ihre Stellung und vernichteten den Gegner. Im frühen 15. Jahrhundert verlor der Langbogen bereits wieder an Bedeutung, da er die neu entwickelten Brustpanzer nicht durchdringen konnte. Eine entscheidende Neuerung in der Kriegstechnik war die Einführung von Schwarzpulver und Kanonen im späten 14. Jahrhundert. So spielte die Artillerie eine entscheidende Rolle beim französischen Sieg in der Schlacht bei Castillon (1435), der letzten größeren militärischen Auseinandersetzung des Hundertjährigen Krieges.

OBEN *Die anonyme zeitgenössische Illustration zeigt den Sturm auf eine Burg und die Bezwingung ihrer Mauern während einer Belagerung im 15. Jahrhundert. Die Soldaten setzen Langbögen, Kanonen und Arkebusen (eine frühe Form des Gewehrs) ein.*

Die neuen Waffentypen führten automatisch zur Ausbildung neuer Heeresformen. Nun siegten Herrscher, wenn sie große Armeen rekrutieren konnten, die mit Langbögen und Feuerwaffen ausgestattet waren, und zusätzlich die Mittel besaßen, um Söldner anzuheuern. Diese neue Professionalität verdrängte das traditionelle Modell eines Heeres aus Rittern, die für ihre Lehnsherren Kriegsdienst leisten mussten. Das aufkommende Nationalgefühl trug zudem dazu bei, dass genügend Steuern eingenommen wurden, um solche Riesenarmeen zu unterhalten. Den Königen standen nun ausreichende militärische Mittel zur Verfügung, um sowohl internationale Konflikte auszutragen als auch Invasionen im eigenen Land abzuwehren. Die französische Armee war bei dieser Entwicklung Vorreiter. In England stießen die Neuerungen jedoch zunächst auf Widerstand. Zwar spielten auch hier die Ritter in der Kriegsführung eine immer geringere Rolle, aber ihre kulturelle Bedeutung – insbesondere ihr Wertekodex – blieb groß.

Die Auswirkungen des Krieges auf das englische und französische Königshaus

Bis zur Mitte des 15. Jahrhunderts waren die institutionellen Unterschiede zwischen den Monarchien Englands und Frankreichs deutlich zutage getreten. In Frankreich war es den

Generalständen während des Krieges gelungen, ihre eigene Stärke und Unabhängigkeit auszubauen. Sie besaßen das Recht, von der Krone erhobene Steuern anzuerkennen oder abzulehnen. Unter Führung von Étienne Marcel machten die Generalstände von dieser Macht weidlich Gebrauch und versuchten, die Macht der französischen Monarchen einzuschränken und mit der „Großen Ordonnanz" eine Art ständisch-demokratische Verfassung durchzusetzen. Die Generalstände sollten Steuern eintreiben und ausgeben dürfen sowie ein regelmäßig tagendes unabhängiges Gremium bilden, das die Regierung in einem gewissen Maße kontrollierte. Doch die Kampagne scheiterte. Sie mündete in die blutigen Konflikte der Jacquerie in den 1350er Jahren. Angesichts der verheerenden Zustände stellte sich der Adel auf die Seite der Krone. Die Große Ordonnanz wurde verworfen, und die Generalstände entwickelten sich nicht in der Art des konsultativen englischen Parlaments. Die Monarchie ging aus dem Konflikt gestärkt hervor, was Frankreich schließlich zum Sieg verhalf: Die Verbindung von nationaler Identität und institutioneller Macht der Könige erlangte eine tiefe historische Bedeutung.

Auch in England wandelte sich die Institution der Monarchie dank der Herausbildung eines Nationalgefühls angesichts ausländischer Bedrohungen. Doch die Autorität der englischen Krone im eigenen Land war in der Mitte des 15. Jahrhunderts weitaus geringer, als dies in Frankreich der Fall war. Der Bauernaufstand 1381 wies allerdings einige Parallelen zur französischen Jacquerie auf. Etwa 100 000 Rebellen marschierten nach London, um gegen hohe Kriegssteuern und die Leibeigenschaft zu protestieren. Doch bald war die Ordnung wiederhergestellt. Der Anführer des Aufstandes, Wat Tyler, wurde von Soldaten des Königs getötet, und die Bauern mussten unverrichteter Dinge wieder in ihre Heimat zurückkehren. Die Steuern blieben hoch, während sich Krone und Adel durch die Eroberung großer Teile Frankreichs in der ersten Kriegsphase bereicherten. In späteren Kriegsphasen erlitt die englische Staatskasse durch die hohen Kriegskosten und den teuren Unterhalt der Garnisonen in den eroberten Gebieten dramatische Einbußen. Der Geldmangel führte unweigerlich zu einem Autoritätsverlust des Königs, was England dauerhaft bürgerkriegsähnliche Zustände bescherte. Die rivalisierenden Adelshäuser Lancaster und York stritten in den „Rosenkriegen" zwischen 1455 und 1485 um die Kontrolle über die englische Krone.

Englands Enttäuschung über das Desaster seines großen kontinentalen Abenteuers saß tief. Bei Kriegsende war Calais der einzige englische Besitz auf dem Festland. So enorm die territorialen Verluste auch waren, die psychologischen Auswirkungen des Krieges wogen womöglich noch schwerer. England definierte sich nun bewusst als Opponent des übrigen europäischen Kontinents. Und aus Sicht des kontinentalen Festlands führte der Inselstaat eine Randexistenz. Doch die geographische Lage des Landes, verbunden mit seiner langen Seefahrertradition, versetzte es in die Lage, von Möglichkeiten jenseits des Atlantiks zu profitieren: Das Zeitalter der Entdecker brach an.

DIE PLANTAGENETS WÄHREND DES HUNDERTJÄHRIGEN KRIEGES

EDUARD III.
(1312–1377)
regierte 1327–1377

EDUARD, PRINCE OF WALES,
der Schwarze Prinz
(1330–1376)

JOHN OF GAUNT
(1340–1399)

RICHARD II.
(1367–1400)
regierte 1377–1399

HEINRICH IV.
(1366–1413)
regierte 1399–1413

HEINRICH V.
(1387–1422)
regierte 1413–1422

HEINRICH VI.
(1421–1471)
regierte 1422–1461, 1470–1471

Das Parlament von England

Der Begriff „Parlament" wurde erstmals im frühen 13. Jahrhundert zur Bezeichnung eines nationalen Diskussionsforums verwendet. Die Wurzeln jener Institution lagen im konsultativen Great Council, *einer Versammlung aus Vertretern des Adels und des hohen Klerus, die seit der normannischen Eroberung regelmäßig von englischen Herrschern einberufen wurde.*

Der konstitutionelle Parlamentarismus Englands basiert auf der 1215 von König Johann unterzeichneten „Magna Charta". Sie verbriefte die Grundrechte und gewährte dem Adel politische Rechte, die die Macht des Königs beschränkten. König Johann widerrrief das Dokument. Es wurde jedoch von William Marshal, dem Regenten Heinrichs III., und 1225 vom König persönlich bestätigt. Nach ihrer erneuten Verabschiedung 1297 durch das Parlament Eduards I. wurde die Magna Charta endgültig zum Fundament der englischen Rechtstradition. In der Folgezeit etablierte sich die Praxis, Parlamente einzuberufen, wenn die Monarchen neue Steuern zu erheben wünschten. Bereits Mitte des 13. Jahrhunderts nahmen gelegentlich Ritter der englischen Grafschaften an diesen Versammlungen teil, um der Krone, insbesondere in finanziellen Angelegenheiten, beratend zur Seite zu stehen.

Adel und hoher Klerus beeinflussten während der Minderjährigkeit Heinrichs III. die Regierung erheblich. Als der junge König seine Herrschaft antrat und jegliche Beratung ablehnte, forderte der verstimmte Adel 1258 die Verabschiedung der „Bestimmungen von Oxford". Heinrich musste der Einschränkung seiner Recht wohl oder übel zustimmen. Ein Staatsrat aus 15 Baronen wurde eingerichtet, dessen Leistungen das dreimal jährlich einberufene Parlament überprüfte. Simon de Montfort, der sechste Earl von Leicester, wurde zum Anführer der konstitutionalistischen Bewegung. 1264 entband der Papst Heinrich von seinem Eid, den Oxforder Bestimmungen Folge zu leisten. In dem sich anschließenden bewaffneten Konflikt unterlag Heinrich. Montforts Truppen schlugen ihn in der Schlacht von Lewes (14. Mai 1264) und nahmen ihn gefangen.

Im Dezember 1264 berief Montfort das erste englische Parlament ohne Einwilligung des Königs ein. Der Klerus und die Barone wurden einbestellt, ferner jeweils zwei Ritter aus jeder Grafschaft. Die Anwesenheit zweier gewählter Vertreter aus jeder Stadt stellte eine echte Neuerung dar. Im Rahmen des *Model Parliament* von 1295 übernahm Eduard I. Montforts System. Damals fasste man die Vertreter von Ritter- und Bürgerschaft bereits unter dem Begriff *the Commons* zusammen. Die Oxforder Bestimmungen waren nach der Niederlage und dem Tod Montforts in der Schlacht von Evesham (4. August 1265) ausgesetzt worden. Dessen ungeachtet war es den Rittern und Bürgern gelungen, ihren Einfluss im Parlament zu stärken, und es wurde allgemein anerkannt, dass bei Steuerdebatten die Anwesenheit der *commons* erforderlich war. Die Vorstellung jedoch, dass Ritter und Bürger bei allen Parlamentsdebatten anwesend sein sollten, setzte sich erst Mitte des 14. Jahrhunderts durch.

1341 begannen die *commons*, sich unabhängig von Adel und Klerus zu versammeln. Unter Eduard III. setzte es sich durch, dass die Zustimmung beider Häuser des Parlaments sowie des Königs vonnöten war, um ein Gesetz zu verabschieden oder eine neue Steuer zu erheben. Der Hundertjährige Krieg ist insofern Teil der Geschichte des englischen Konstitutionalismus, als der König gezwungen war, die Zustimmung des Parlaments für die hohe Besteuerung einzuholen, welche zur Deckung der Kriegskosten notwendig war. Eine parlamentarische Zustimmung war auch bei der Absetzung König Eduards II. und der Inthronisierung seines Sohnes nötig gewesen. Freilich versuchte Eduard III. trotzdem, sich dem prüfenden Blick des Parlaments weitestmöglich zu entziehen. Bei der Zusammenkunft des „Good Parliaments" 1376 äußerten sich die *commons* kritisch über die Art der Kriegsführung. Sie pochten neuerlich auf ihr Recht, die öffentlichen Ausgaben zu kontrollieren.

Die Illustration aus dem 16. Jahrhundert zeigt Eduard I. beim Vorsitz über das Parlament 1278. Er wird von Alexander III. von Schottland und Llywelyn II. von Wales flankiert.

longtain voyage: quil souffira de porter seulemēt vng
las de soye a vng ymage de sainct george pendāt a icellui.
Aussi se ledit colier dor avoit besoing de reparacion il pōra
estre mis en la main de louvrier iusques a ce quil soit
repare. Lequel colier aussi ne pourra estre enrichy de
pierres ou daultres choses reserve led ymage qui pourra
estre garny au plaisir du chevalier. Et aussi ne pourra
estre ledit colier vendu engaige donne ne aliene pour
necessite ou cause quelconque que ce soit

1301 – 1417

Avignon und das Abendländische Schisma

Die traditionell enge Beziehung zwischen dem Heiligen Stuhl und der französischen Monarchie wurde zu Beginn des Pontifikats Bonifatius' VIII. (regierte 1294–1303) getrübt, da Philipp IV. versuchte, den Klerus mit Steuern zu belegen. Als der Erzbischof von Bordeaux, Bertrand de Got, 1305 zum Papst gewählt wurde, war das Verhältnis jedoch wiederhergestellt. Das Konklave fand aus Sicherheitsgründen in Perugia statt und nicht in Rom, wo bewaffnete Kämpfe zwischen den mächtigen Adelsparteien der Ghibellinen und der Guelfen mit den Familien Colonna und Orsini an der Spitze ausgebrochen waren. Überdies war das Kardinalskollegium gespalten in französische und italienische Kardinäle. Der neue Papst Clemens V. (amtierte 1305–1314) beschloss, sich in Lyon krönen zu lassen, und verblieb mit seinem Hof in den ersten vier Jahren seines Pontifikats in Poitiers. Die Zerstörung großer Teile des Lateranpalastes, der offiziellen Papstresidenz in Rom, durch einen Brand 1307 lieferte dem Papst einen weiteren Vorwand, nicht zurückzukehren.

Im März 1309 verlegte Papst Clemens V. seinen Hof nach Avignon. Die Stadt gehörte zur Grafschaft Provence, deren Feudalherr der König von Neapel war. Dieser Schritt kündigte einen längerfristigen Politikwandel an. Clemens und seine Nachfolger richteten sich für fast 70 Jahre in Avignon ein. Während dieser Zeitspanne rückte die Vorstellung von einer geeinten Christenheit aufgrund der Machtkämpfe zwischen den europäischen Monarchien in weite Ferne.

Rechts *Manno di Bandino schuf die vergoldete Bronzeskulptur von Papst Bonifatius VIII. im Jahr 1301, vier Jahre vor Bonifatius' Tod.*

Papst Gregor XI. (amtierte 1370–1378), wie seine Vorgänger ein Franzose, ließ den päpstlichen Hof im Januar 1377 wieder nach Rom zurückverlegen. Das Konklave, das im Folgejahr seinen Nachfolger wählen sollte, war erneut von einer französisch-italienischen Spaltung betroffen. Die Bevölkerung Roms forderte einen gebürtigen Römer auf dem Heiligen Stuhl. Doch die Wahl der Kardinäle fiel schließlich auf den Erzbischof von Bari, den gebürtigen Neapolitaner Bartolomeo Prignano. Als Papst Urban VI. (regierte 1378–

1389) ging er rigoros gegen die Selbstbereicherung der Kurie während der Exiljahre in Avignon vor. Er zog die Kardinäle zur Rechenschaft, war jedoch aufgrund seines unbeherrschten Wesens kaum erfolgreich. Eine Gruppe französischer Kardinäle zog nach Anagni und verfasste dort ein Manifest, in dem sie beklagten, zur Wahl eines italienischen Papstes gezwungen worden zu sein. Im September 1378 wählten sie den Erzbischof von Cambrai, Robert von Genf, zum Papst. Dieser richtete seinen eigenen päpstlichen Hof in Avignon ein, wo er als Gegenpapst Clemens VII. von 1378 bis 1394 regierte. Er war der erste von fünf abtrünnigen avignonesischen Gegenpäpsten während des sogenannten Abendländischen Schismas. Diese Kirchenspaltung wurde erst 1417 durch das Konzil von Konstanz (1414–1418) aufgehoben. Es erklärte die Rechte sämtlicher aktueller Anwärter auf den Heiligen Stuhl für nichtig und wählte einen neuen Papst, Martin V. (amtierte 1417–1431).

Der Priester-Kaiser

Mit dem Pontifikat Innozenz' III. (amtierte 1198–1216) erreichte die päpstliche Macht ihren Höhepunkt: Lotario dei Conti nutzte seine juristische Bildung, um den päpstlichen Anspruch auf Universalherrschaft zu definieren. Alle Macht käme von Gott. Daher unterstünden alle weltlichen Herrscher dem Papst, der als Vertreter Gottes auf Erden das Ausführungsorgan des göttlichen Willens sei sowie das Oberhaupt eines universellen christlichen Reichs, welches allen Formen weltlicher Machtausübung übergeordnet sei. Der Papst sei nicht nur der Hohepriester Gottes, sondern auch höchster Richter und „universeller König", dessen Majestät die aller weltlichen Regenten überstrahle. Diese *plenitudo potestatis* (Machtfülle) zeichnete den „Vizekönig Gottes" aus und befugte ihn als „Priester-Kaiser", zwischen Gott und Menschen zu vermitteln: «Gott wird in uns verehrt, indem wir verehrt werden, und in uns wird Gott verachtet, wenn wir verachtet werden.»

Diese Vorstellung von der päpstlichen Autorität prägte auch die Ansichten Benedetto Caetanis, der aus einer niederen Adelsfamilie aus der Region um Anagni stammte. Wie Innozenz war Caetani Jurist und hatte in der Kurie eine beachtliche Karriere durchlaufen. Nach seiner Ernennung zum Kardinal 1281 war er als päpstlicher Legat an verschiedenen Königshöfen Westeuropas tätig. 1294 wurde Caetani als Bonifatius VIII. zum Papst gewählt. Sein Ausspruch «Ego sum Caesar, ego imperator» belegt, wie groß der Einfluss Innozenz' III. auf seine Gedankenwelt gewesen sein muss. Sein Pontifikat war von persönlichen und institutionellen Katastrophen geprägt. Der Hauptgrund für sein Scheitern lag neben seiner persönlichen Urteilsschwäche in den machtpolitischen Entwicklungen in Europa. Die weltlichen Monarchen hatten sich weit von der Vorstellung eines übergeordneten Papsttums entfernt. In seiner Bulle „Clericis laicos" von 1296 wehrte sich Bonifatius gegen die Laieninvestitur und die Besteuerung des Klerus durch die Könige von Frankreich und England.

Avignon und das Abendländische Schisma

1305 Ein Konklave in Perugia wählt Bertrand de Got, den Erzbischof von Bordeaux, zum Papst. Er wird in Lyon als Papst Clemens V. gekrönt und bleibt mit seinem Hof in Poitiers, da in Rom Kämpfe zwischen rivalisierenden Adelsparteien toben.

1307 Ein Feuer zerstört den Lateranpalast in Rom.

1309 Clemens zieht mit seinem Hof nach Avignon.

1377 Gregor XI. verlegt den Papstsitz nach Rom zurück.

1378 Bartolomeo Prignano, der Erzbischof von Bari, wird von einem zerstrittenen Konklave zu Papst Urban VI. gewählt. Unzufriedene französische Kardinäle ziehen nach Anagni und wählen Robert von Genf, den Erzbischof von Cambrai, zum Gegenpapst. Clemens VII. nimmt seinen Sitz in Avignon.

1378–1417 Während des Abendländischen Schismas residieren fünf Antipäpste in Avignon in Opposition zu den Päpsten in Rom.

1417 Ein ökumenisches Konzil tritt in Konstanz zusammen(1414–1418). Es erklärt die Ansprüche aller rivalisierenden Päpste für nichtig und wählt Oddo di Colona, Erzpriester der Lateranbasilika, zu Papst Martin V.

„Clericis laicos"

Die Päpste hatten den Königen vor langer Zeit gestattet, den Klerus mit Steuern zu belegen, um die Kreuzzüge zu finanzieren. Doch „Clericis laicos" erklärte, dass der Papst immer zustimmen musste, wenn die Könige Einkünfte der Kirche für weltliche Zwecke einsetzen wollten. Im Gegenzug untersagte Philipp IV. die Ausfuhr von Gold und Münzen aus seinem Herrschaftsgebiet. Folglich versiegten die der Kurie aus Frankreich zufließenden Geldströme in den späten 1290er Jahren. Die in der Bulle erhobene gewagte Behauptung, der Laienstand insgesamt sei ein Feind des Klerus, zeigt die radikale Einstellung des Papsttums. 1287 wurde dem Papst das Zugeständnis abgenötigt, dass

UNTEN *Die Darstellung Bonifatius' VIII. und des Kardinalskollegiums stammt aus einer späteren Ausgabe des „Liber Sextus Decretalium", einer erstmals 1298 herausgegebenen Sammlung päpstlicher Rechtstexte.*

Könige den Klerus zumindest in nationalen Notfällen mit Steuern belegen durften. Bereits zuvor hatte Bonifatius Philipp IV. erklären müssen, dass sich seine Bulle nicht auf die feudalen Abgaben bezogen, welche dem König aus kirchlichen Besitztümern zustanden.

Dennoch steigerte sich das päpstliche Selbstbewusstsein angesichts des Erfolgs des von Bonifatius erstmalig ausgerufenen „Jubeljahrs" 1300, in dem Rompilgern der vollkommene Ablass gewährt wurde. Daher zeigte sich der Papst im Konflikt mit König Philipp um Bernard Saisset, einen seiner wichtigsten Unterstützer in der französischen Kirche, nicht kompromissbereit. Saisset war ein Adliger aus dem Languedoc, der als Abt von St. Antonin in Pamiers (ab 1268) und später als Bischof von Pamiers (ab 1295) den lokalen Widerstand gegen die französische Monarchie angeführt hatte. Diese Institution betrachteten er und seine Anhänger als fremde nordfränkische Macht, die darauf aus war, die Freiheiten, die Traditionen und die Sprache des Südens abzuschaffen. Philipp ließ Saisset wegen Landesverrat verhaften und im Oktober 1301 anklagen. Bevor er aber verurteilt werden konnte, musste Saisset, der als Kleriker Immunität genoss, zunächst seiner Bischofswürde enthoben werden. Bonifatius wies Philipps diesbezügliche Forderungen selbstverständlich zurück. Stattdessen bestand er darauf, dass Saisset freigelassen und nach Rom entsandt würde, um sich dort einem Gerichtsverfahren zu stellen.

Streitigkeiten zwischen König und Papst

Gegen Ende des Jahres 1301 war das Verhältnis zwischen Papst und König vollends zerrüttet. In einer im Dezember vom Papst verfassten Bulle mit dem Titel „Ausculta fili" („Höre, mein Sohn") heißt es an den König gerichtet: «Lass Dir von niemandem einreden, Du habest keinen über Dir ... denn der ist ein Narr, der solches glaubt.» Gleichzeitig berief Bonifatius die französischen Bischöfe zu einer Synode in Rom im folgenden November ein. Philipp konterte, indem er im April 1302 eine Reichsversammlung zur Klärung kirchlicher Fragen in Paris anberaumte. All jene Vertreter aus Klerus und Laienstand, die seiner Einladung folgten, lehnten die Vorstellung ab, dass der Papst die Oberherrschaft über Frankreich besitze. Am 18. November 1302 verfasste Bonifatius als Reaktion auf die Pariser Versammlung eine Bulle mit dem Titel „Unam Sanctam". Deren Kernaussage, dass es «für die Erlösung absolut notwendig ist, dass ein jedes menschliches Wesen Untertan des römischen Pontifex ist», war eine unmissverständliche Formulierung des päpstlichen Supremats auf geistlicher wie auf weltlicher Ebene. In der Folge erwog der Papst weitere Maßnahmen, darunter auch Philipps Exkommunikation. Doch der König berief abermals eine Versammlung ein, die sich aus altgedienten französischen Kirchenmännern zusammensetzte. Diese bezichtigten Papst Bonifatius schließlich des Götzendiensts und der Häresie.

Inzwischen war Philipp klar geworden, dass einzig die Entfernung des Papstes aus seinem Amt eine Lösung bringen konnte. Guillaume de Nogaret, der oberste Berater des

Königs, empfahl Philipp, Bonifatius gefangen nehmen und nach Frankreich bringen zu lassen, wo ihn ein Kirchenkonzil seines Amtes entheben sollte. Bei der Umsetzung des riskanten Plans ging Nogaret heimlich vor. Er rekrutierte eine Schar Legionäre aus dem Apennin, bevor er sich mit den Colonna in Verbindung setzte, die erbitterte Feinde der Caetani-Familie waren, aus der Bonifatius stammte. Sciarillo Colonna, dessen Onkel und Bruder auf Betreiben des Papstes ihre Positionen im Kardinalskollegium verloren hatten, schloss sich den rund 2000 Soldaten Nogarets an. Der Trupp erreichte am 7. September 1303 den Palast des Papstes in Anagni. Bonifatius wurde ergriffen und in eine dreitägige Kerkerhaft genommen. Seine Ermordung durch den Pöbel konnte nur mit Mühe verhindert werden. Es heißt, Sciarillo habe den Papst ins Gesicht geschlagen. Diese „Ohrfeige von Anagni“ avancierte rasch zur einer europaweiten *cause célèbre*.

In der Kathedrale seiner Heimatstadt Anagni hatte Papst Innozenz III. im September 1227 die Exkommunizierung Friedrichs II. verkündet. Daher bildete die Stadt eine denkbar geeignete Kulisse für eine Demütigung des Papsttums durch eine weltliche

OBEN *Das Fresko aus dem Dom von Florenz zeigt eine allegorische Darstellung Dante Alighieris, eine Ausgabe seiner „Göttlichen Komödie“ in der Hand haltend. Der Dichter steht unter dem Himmel, flankiert von den Höllentoren, dem Läuterungsberg des Fegefeuers und den Stadtmauern von Florenz.*

Macht. Dante Alighieri, der kein Freund des Papstes war und den Anspruch des Papsttums auf Universalherrschaft ablehnte, empörte sich über die Demütigung von Bonifatius. In seinem 1312 und 1313 verfassten Werk „De Monarchia“ argumentiert er gegen die Theokratie und für die kaiserliche Machtautonomie. Sowohl Kaiser als auch Papst, so Dante, seien von Gott mit der Macht ausgestattet, über ihre jeweiligen Dömanen zu herrschen. Die Abscheu, die der Dichter angesichts der schmachvollen Behandlung des Papstes verspürte, fand ihren literarischen Niederschlag in der „Göttlichen Komödie“. Darin wird beschrieben, wie ein neuer Pilatus den «Vikar Christi» in den Kerker werfen lässt (Purgatorio, XX., Verse 85–93). Die Einwohner von Anagni befreiten Bonifatius, der wenige Tage später nach Rom zurückkehrte. Doch die Strapazen hatten den 78-jährigen Pontifex schwer angeschlagen. Er verstarb einen Monat später.

UNTEN *Der päpstliche Palast in Avignon, ein festungsartiger Bau im gotischen Stil, wurde in der Mitte des 14. Jahrhunderts errichtet.*

Die Papstwahl des äußerst anpassungsfähigen Clemens V. im Jahr 1305 bedeutete eine Kapitulation der Kurie vor der französischen Monarchie. Der Papst kam Philipp entgegen, indem er die Verfolgung von französischen Mitgliedern des Templerordens unterstützte, die der König 1307 aufnahm. Dennoch setzte Philipp seinen Rachefeldzug gegen Bonifatius noch über dessen Tod hinaus fort. 1309 überredete er Clemens V., eine gerichtliche Untersuchung zu veranlassen, um den gegen den vorigen Papst erhobenen Vorwürfen des Ketzertums und der Sodomie auf den Grund zu gehen. Auf dem im Jahr 1311 einberufenen Konzil von Vienne wurde jedoch beschlossen, sämtliche Vorwürfe gegen Bonifatius – und auch gegen die der Häresie beschuldigten Templer – aus Mangel an Beweisen fallen zu lassen.

Das Avignonesische Papsttum

1309 verlegte Papst Clemens V. die päpstliche Residenz nach Avignon. Avignon war eine selbstverwaltete Stadt innerhalb einer anderen Enklave, der Grafschaft Venaissin. Diese war 1274 als Erbe an den Heiligen Stuhl gefallen. Oberste Feudalherren beider Territorien waren die Grafen der Provence. Seit Karl von Anjou hatte die angevinische Linie des französischen Königshauses die Provence regiert. Im frühen 14. Jahrhundert herrschten die Kapetinger/Angevinen zudem als Könige von Neapel über Süditalien.

Königin Johanna I. von Neapel verkaufte Avignon im Jahr 1348 an den Papst. Dadurch verschmolzen die Stadt und die sie umgebende Grafschaft zur vereinigten päpstlichen Enklave. Insofern gehörte die Region nicht mehr zu den territorialen Besitztümern der französischen Krone. Dennoch war der französische Einfluss auf das Exilpapsttum in Avignon sowohl politisch als auch kulturell eklatant. Die Kurie wurde von den französischen Kardinälen dominiert, und die Zeremonien des päpstlichen Hofs waren denen der französischen Monarchen nachempfunden. Die strenge Größe des neuen avignonesischen Papstpalasts, dessen Bau von den späten 1330er Jahren an ein Vierteljahrhundert in Anspruch nahm, bildete die Kulisse für eine der aufwendigsten Hofhaltungen Europas. Dabei war die Kurie stets bestrebt, die Verfahren zur Steigerung ihrer Einkünfte, die diesen Prunk finanzierten, zu zentralisieren.

Das System der Pfründe, der Einkünfte aus einem kirchlichen Amt, wurde vielfach missbraucht, indem Amtsanwärter ihre Posten kauften – eine Praxis namens Simonie. Geistliche Pflichten wurden daher mehr und mehr an andere Personen übertragen, so sie nicht völlig vernachlässigt wurden. Zudem bestand auch die Möglichkeit, die Früchte mehrerer Ämter gleichzeitig zu ernten. Das System des Kirchenzehnten besaß um das Jahr 1300 bereits eine lange Tradition. Das Avignonesische Papsttum führte zusätzlich die „Annaten" ein. Das waren die Einkünfte des ersten Jahres nach Antritt eines hohen kirchlichen Amts, die dem Heiligen Stuhl zurückerstattet werden mussten. Die Börse von Avignon war einer der ersten europäischen Devisenmärkte. Hier agierten Vetreter der großen italienischen Bankhäuser als Mittelsmänner zwischen der Apostolischen Kammer (der zentralen päpstlichen Finanzbehörde) und den Kreditgebern sowie den Schuldnern der Kurie. Regionen, in denen ein vergleichbar organisierter Finanzmarkt fehlte, Skandinavien etwa oder weite Teile Mittel- und Osteuropas, sandten nach wie vor Münzgeld auf dem Land- oder Seeweg nach Avignon, was durchaus heikel war.

Einsetzende Gegenreaktionen

Schon bald zeichneten sich Widerstände gegen den päpstlichen Luxus ab: Anhänger John Wyclifs (um 1324–1384) in England, die Hussiten in Böhmen sowie die „Fraticelli" in Italien äußerten ihre Abscheu gegen die Zurschaustellung des Prunks und predigten eine Rückkehr zu den apostolischen Werten der Armut und einfachen Lebensführung.

Auch von intellektueller Seite kam Kritik: Der „Defensor Pacis" des Marsilius von Padua (um 1275–um 1342) geht in seiner Ablehnung eines monarchischen Papsttums über Dantes Schriften noch hinaus und propagiert das Supremat des Kaisers über den Papst. Der englische Franziskaner und Philosoph Wilhelm von Ockham (um 1288–um 1348) musste 1328 aus Avignon fliehen, nachdem er im sogenannten Armutsstreit die These vertreten hatte, dass es nicht ketzerisch sei zu behaupten, dass Jesus und seine Jünger kein Eigentum besessen hätten. Ockhams „Dialogus" (1332–1348), ein Hauptwerk der politischen Theorie jener Zeit, untersuchte unter anderem die Legitimation weltlicher und geistlicher Macht.

Sowohl Ockham als auch Marsilius wurden aufgrund ihrer Schriften exkommuniziert, die vor dem Hintergrund des Konflikts zwischen Papst Johannes XXII. (regierte 1316–1334) und Kaiser Ludwig IV. (regierte 1328–1347) entstanden. Die beiden Autoren hatten eine uralte Debatte wieder angeheizt, indem sie das Recht des Papstes, den Kaiser zu krönen, zurückwiesen. Ludwig, vom deutschen Adel unterstützt, fiel 1327 mit einer Armee in Italien ein und installierte in Rom Nikolaus V. als Gegenpapst. Dessen kurze Wirkungsperiode (1328–1329) nahm bereits das bevorstehende Schisma vorweg. Diese Episode machte den Papst noch abhängiger von französischer Unterstützung, sodass Clemens VI. (regierte 1342–1352), der frühere Erzbischof von Rouen, Ludwig 1346 exkommunizierte.

Die von Papst Clemens 1343 erlassene Bulle „Unigenitus" rechtfertigte die päpstlichen Ablässe, die Sündern ihre zeitlichen Sündenstrafen erließen. Auch wenn Clemens kein sehr frommer Papst gewesen sein mag, so war er doch ein glühender Mäzen von Musikern und Komponisten.

Oben *Der Holzschnitt zeigt den „Ablasskrämer" aus dem „Ellesmere Chaucer", einer illustrierten Handschrift von Geoffrey Chaucers „Canterbury Tales" aus dem frühen 15. Jahrhundert.*

Papst Gregor XI. (amtierte 1370–1378) begriff, dass der Papst in Rom residieren musste, wenn er seine Macht über Italien aufrechterhalten wollte. Maßgeblichen Einfluss auf diese Erkenntnis hatte die Dominikanerin Katharina von Siena. Das folgende Abendländische Schisma der Jahre 1378 bis 1417 schadete der Idee einer Universalkirche immens, da England, Polen und Norditalien den Papst in Rom unterstützten, während Frankreich, die spanischen Königreiche und das Königreich Neapel den avignonesischen Exilpäpsten Rückhalt zusicherten.

Im frühen 15. Jahrhundert versuchte die Bewegung des Konziliarismus, die Kirche zu einen und zu erneuern, indem sie die absolute Macht des Papstes durch repräsentative Konzilien einschränkte. Doch obwohl die Päpste schließlich nach Rom zurückkehrten und es nur noch einen einzigen Pontifex gab, sollte das Papsttum in Zukunft nur noch ein Wettstreiter unter vielen um die Vorherrschaft in Europa sein.

Petrarca – Vorreiter der italienischen Renaissance

Schon früh wurde Kritik über das Papsttum im avignonesischen Exil laut. Sie war vielfach inspiriert von dem italienischen Dichter Petrarca, der in den 1340er Jahren während seines Aufenthalts in der Stadt schrieb: «Ich staune über diese mit Gold beladenen, in Purpur gekleideten Männer, die sich der Plünderungen von Fürsten und Nationen rühmen.»

Petrarcas Polemik ignoriert, dass viele der Exilpäpste durchaus fähige Kirchenfürsten waren. Johannes XXII. (regierte 1316–1334) etwa sanierte die Kirchenfinanzen, und Benedikt XI. (amtierte 1334–1342) ging massiv gegen korrupte Kleriker vor. Spätere avignonesische Päpste versuchten, die andauernden Zwistigkeiten zwischen französischen und italienischen Kardinälen zu beenden, und bauten die Kurie zur Verwaltungszentrale der Kirche um. Gelegentlich kam es in der Folge zu Vetternwirtschaft bei der Ämtervergabe. Eine weitere – unbeabsichtigte – Begleiterscheinung der Reformen war eine zunehmende Bürokratisierung und Zentralisierung.

Francesco Petrarca (1304–1374) verbrachte einen Teil seiner Jugend in Avignon. Sein Vater, ein Advokat, war dem päpstlichen Hof gefolgt, der für ihn eine lukrative geschäftliche Einnahmequelle darstellte. Nach einigen Semestern des Jurastudiums in Montpellier und Bologna zog Petrarca gegen Mitte der 1320er Jahre nach Avignon zurück, wo er von etwa 1330 an als Kaplan im Haus des Kardinals Giovanni Colonna wirkte. Doch war es die Heilige Stadt, die ihn wirklich anzog, wie das auf Lateinisch verfasste Epos „Africa" belegt. Während eines Romaufenthalts wurde er zu dem Werk inspiriert, das den Sieg Scipios über Hannibal während des Zweiten Punischen Krieges (218–201 v. Chr.) zum Thema hat. Die römischen Colonna, denen das Gedicht gefiel, unterstützten Petrarca während seiner Arbeit daran. Der Stoff war ihm erstmals auf einem Spaziergang in den Bergen des Vaucluse bei Avignon in den Sinn gekommen. Petrarcas Zeichnung von Scipio als Held bildet ein zentrales Element seiner künstlerischen Vision von Roms vergangenem Glanz in Verbindung mit der Notwendigkeit einer Wiederbelebung der klassischen künstlerischen und literarischen Tradition zu seiner Zeit. Ein Vergleich der Dekadenz Avignons, einer Stadt «zügelloser Gelage» und «verderbten Müßiggangs», mit der Erhabenheit Roms bildet den Kern von Petrarcas programmatischen Schilderungen einer „Renaissance". „Africa" war dem neapolitanischen König Robert gewidmet, der den Dichter im Jahre 1341 mit Lorbeer kränzte. Diese Zeremonie am Ostersonntag in Rom knüpfte bewusst an die Förderung der Dichter Horaz, Ovid und Vergil durch Kaiser Augustus an. Trompeten erschallten und der gefeierte Dichter war in ein prächtiges Gewand gehüllt. Petrarcas Dankesrede avancierte später zum Manifest der italienischen Renaissance.

Statue Petrarcas vor den Uffizien in Florenz.

um 1080 – um 1400

Das Goldene Zeitalter von Florenz

Nach dem Zusammenbruch des Weströmischen Reichs passte sich Florenz wie viele andere europäische Städte an die neuen Umstände an und konnte so überleben. Julius Cäsar hatte Florentia („die Blühende") 59 v. Chr. gegründet. Mit seiner Lage am Zusammenfluss von Arno und Mugnone und guten Straßenverbindungen zur Poebene trieb die Stadt seit jeher regen Handel. Im Frühmittelalter spielte Florenz zunächst eine eher untergeordnete Rolle in der Region, da die langobardischen Könige, die im 7. Jahrhundert den Großteil Mittel- und Norditaliens beherrschten, Lucca zur Hauptstadt der Toskana gekürt hatten. Florenz, das weiter im Inland lag, war eher Angriffen durch die Byzantiner ausgesetzt, die zu dieser Zeit noch immer Territorien im Nordosten Italiens besaßen. Außerdem bestand von Lucca aus eine direkte Verbindung zur langobardischen Hauptstadt Pavia. Im Hochmittelalter erlangte Florenz schließlich seine kulturelle und finanzielle Vorrangstellung zurück.

Die Markgrafschaft Toskana wurde 774 nach der Eroberung des Langobardenreichs durch Karl den Großen gegründet. Die Region, die südlich an das Karolingerreich angrenzte, setzte sich aus mehreren Grafschaften zusammen, zu denen auch die Stadt Florenz zählte. Lucca blieb bis zur Mitte des 11. Jahrhunderts Sitz des Markgrafen, der ein Vasall der Kaiser des Heiligen Römischen Reichs war. Von da an entwickelte sich Florenz schnell zur Verwaltungshauptstadt der Region und nahm mit der Zeit auch eine intellektuelle und kulturelle Führungsrolle ein. Die herrschende Elite der Stadt schloss sich den Gregorianischen Reformen an und unterstützte deswegen das Papsttum in seinem Machtkampf gegen das Reich. Papst Gregor VII. (amtierte 1073–1085) genoss den Rückhalt Mathilde von Tusziens, die von 1076 an als Markgräfin über die Toskana herrschte. Sie war zudem Herrin der Burg Canossa, wo der Kaiser 1077 seine Unterordnung unter das Papsttum demonstrierte. Obgleich viele toskanische Städte, darunter auch Lucca, sporadisch rebellierten und für das Reich Partei ergriffen, stand Florenz' Loyalität gegenüber Mathilde zu keinem Zeitpunkt infrage. Ihre Heirat mit Welf V., dem zukünftigen Herzog von Bayern (regierte 1101–1120), 1089 verlieh der antikaiser-

RECHTS *Die mächtige Kathedrale Santa Maria del Fiore mit ihrer roten Kuppel von Filippo Brunelleschi wird von einem achteckigen Baptisterium und dem von Giotto in den 1330er Jahren konstruierten Campanile eingerahmt.*

Das Goldene Zeitalter von Florenz

1182 Florentinische Kaufleute gründen die erste Gilde der Stadt, die *Arte dei Mercanti.*

1210er Jahre Die Kommune spaltet sich in prokaiserliche Ghibellinen und propäpstliche Guelfen.

1250–1260 Das *Primo Popolo* ist eine von Kaufleuten dominierte Form der Demokratie.

1260 In der Schlacht von Montaperti schlägt das ghibellinische Siena die florentinischen Truppen. In Florenz kehren die ghibellinischen Adligen an die Macht zurück.

1266 Der Sieg Karls von Anjou in der Schlacht bei Benevent sichert die Dominanz der Guelfen in Italien.

1267 Die Ghibellinen werden aus der Stadt vertrieben.

1282 Die *Popolani* gewinnen die politische Macht zurück.

1293 Die *Ordinamenti della giustizia* schreiben eine republikanische Regierung während des *Secondo Popolo* vor.

1378 Die nichtorganisierten Arbeiter kommen mithilfe der kleinen Gilden an die Macht. Das *Popolo grasso* schlägt den Aufstand nieder.

1379 Giovanni de' Medici gründet die erste Familienbank.

lichen Front über die Alpen hinweg neue Geschlossenheit. Auch wenn Welf die Toskana schon nach wenigen Jahren wieder verließ, nachdem er erfahren hatte, dass Mathilde ihre Ländereien dem Papst vermacht hatte, trug die Ehe doch zur schicksalhaften Verbindung der Stadt Florenz mit den papsttreuen Guelfen bei.

Die Solidarität der Florentiner, die sich bereits bei der erfolgreichen Verteidigung der Stadt gegen die Armee Heinrichs IV. 1082 gezeigt hatte, verband Mathilde eng mit ihren Untertanen. Daher verteilte die Markgräfin großzügig lokale Freiheiten und Privilegien. Als Mathilde 1115 starb, besaß die Stadt alle Merkmale einer unabhängigen italienischen Kommune. Kaiser Friedrich Barbarossa versuchte, die politische Autonomie von Florenz einzuschränken, indem er 1185 die Markgrafschaft Toskana wiedererrichtete und der Stadt ihr *contado,* ihr Umland, nahm. Doch 1197 konnte Florenz die Kontrolle über seine Ländereien zurückgewinnen, indem es sich die Unterbrechung der kaiserlichen Machtpolitik durch den Tod von Barbarossas Nachfolger Heinrich VI. zunutze machte.

Machtkämpfe

Der Bevölkerungszuwachs der Stadt Florenz wurde von wirtschaftlichem Fortschritt begleitet. Neue Vororte entstanden und machten den Fluss Arno, der die Stadt einst schützend umschlossen hatte, nunmehr zu ihrer Hauptverkehrsader sowie zu einer Energiequelle für lokale Industriezweige, die von Wasserkraft abhängig waren. Im Vergleich mit der einstigen Regelmäßigkeit der rechtwinklig zueinander verlaufenden Straßen des alten Florentia wirkte Florenz inzwischen geradezu formlos. Die vom Land in die Stadt gezogenen Adligen reproduzierten in ihren innerstädtischen Enklaven die Architektur jener burgartig befestigten und mit Türmen versehenen Bauten, die sie einst errichtet hatten, um ihre Besitztümer auf dem Land zu verteidigen. Dutzende von Türmen prägten nun das Florentiner Stadtbild und schienen die Zersplitterung der Zentralmacht zu symbolisieren, zumal der Adel sie dazu nutzte, seine Haushalte in Zeiten politischer Unruhen zu schützen. Mit der Gründung der „*Arte dei Mercanti*" im Jahre 1182 besaßen Kaufleute erstmals die Möglichkeit, ihre Interessen in organisierter Form zu vertreten, und in den folgenden Jahrzehnten sollten auch das ständig im Anwachsen begriffene Kunsthandwerk sowie das Handelswesen allgemein zahlreiche spezifische Zünfte gründen.

Wie die meisten italienischen Städte führte auch Florenz in den 1190er Jahren die Institution des *podestà,* ein magistratsähnliches Amt, zur Besänftigung ziviler Unruhen ein. Der *podestà,* für gewöhnlich ein Adliger, stammte meist aus einer anderen Region Italiens. So war er während seiner einjährigen Amtszeit ein neutraler Richter über lokale Konflikte. Diese Neuerung bewährte sich jedoch nur für die Dauer einer Generation: Während der zweiten Dekade des 13. Jahrhunderts spaltete sich der Adel in prokaiserliche Ghibellinen und in Guelfen, die oft die Interessen der Zünfte unterstützten.

1244 dominierten die Ghibellinen und versuchten, ihre Stellung zu stärken, indem sie Elemente der merkantilen Zusammenschlüsse in die Regierung integrierten. Doch 1250 wandten sich die Kaufleute gegen ihre neuen Schutzherren und errichteten eine eigene Form der Demokratie. Während dieser Phase des *Primo Popolo* verordnete die Regierung eine Verringerung der Höhe der Türme, die sie als Symbole der adligen Parteien betrachtete. 1252 wurde der Goldflorin zusätzlich zum Silberflorin von 1135 eingeführt. Die neue Münze unterstrich den Wohlstand und den wirtschaftlichen Ehrgeiz der merkantilen Stadtgesellschaft. Eine neue Regierung erforderte auch ein neues Gebäude für ihre diversen Gremien. So begannen 1255 die Bauarbeiten zum *Palazzo del Popolo* (heute „Bargello"), der mit seinen Zinnen und dem Turm ländliche Festungsbauten imitierte. In der Schlacht von Montaperti (1260) gelang es den Truppen von Siena, einem starken ghibellinischen Rivalen in der Toskana, die florentinische Armee zu besiegen. Florenz' Niederlage besiegelte das *Primo-Popolo*-Experiment. Wiedererstarkte ghibellinische Adelskreise schafften die demokratischen Strukturen wieder ab und ordneten die Zerstörung von Palästen, Türmen und Häusern adliger Guelfen an. Diese Vergeltungspolitik setzte sich bis ins Jahr 1266 fort, als die Ghibellinen nach dem Sieg Karls von Anjou über den sizilianischen Stauferkönig Manfred in der Schlacht bei Benevent (26. Februar) in Bedrängnis gerieten.

OBEN *Die 14 kleineren Zünfte der Stadt Florenz wurden auch als* „Arti minori" *bezeichnet. Eine von ihnen war die um 1236 gegründete* „Arte de' Beccai" *(Fleischerzunft), deren Wappen hier zu sehen ist. Die Wappen schmücken die Mauern von Orsanmichele, die traditionell die Kirche der Zünfte war.*

Mit Karls Sieg hatte die von den Ghibellinen unterstützte kaiserliche Sache einen herben Rückschlag erlitten. Da sich der Papst seiner florentinischen Bankkaufleute bedient hatte, um eine päpstlich-französisch-angevinische Achse der Macht zu finanzieren, gehörte die Stadt nun sowohl wirtschaftlich als auch politisch zu diesem Einflussbereich. Eine guelfische Restauration und die Vertreibung der Ghibellinen mit päpstlicher Unterstützung war die Folge. 1267 war das Schicksal der Ghibellinen in Florenz besiegelt. Karl von Anjou wurde für einen Zeitraum von zehn Jahren zum *podestà* der Stadt ernannt. Er ließ die Stadt von Gouverneuren regieren und errichtete eine von Guelfen dominierte Verwaltung. Florentinische Soldaten standen in der Schlacht von Campaldino (1289) an der Spitze einer aus Guelfentruppen zusammengesetzten toskanischen Armee. Der Sieg über die Ghibellinen verlieh den Guelfenführern in Florenz zusätzliche Autorität.

Architektur: Sinnbild der Herrlichkeit

Am Ende des 13. Jahrhunderts war Florenz eine der größten europäischen Städte. Durch Landflucht aus den umliegenden Gebieten stieg ihre Einwohnerzahl rasch auf 100 000. Kapitalreserven aus Handel und Finanzwesen wurden genutzt, um dem Glanz der Stadt

auch architektonisch Ausdruck zu verleihen. Im Mittelalter benötigten alle großen Städte Europas eine Burg und eine Kathedrale, um das Stadtgebiet zu kontrollieren und das Leben der Bürger zu regulieren. Das erste größere öffentliche Gebäude von Florenz, der Bargello, erfüllte die Funktion einer Burg. Bauarbeiten zu einer neuen Kathedrale, Santa Maria del Fiore, begannen Mitte der 1290er Jahre. Auch Klöster waren für die mittelalterliche Stadt von großer Bedeutung. Und Florenz war ein Sammelpunkt der neu entstehenden Orden, die ihre Bauten im für Florenz typischen gotischen Stil errichteten.

Im zweiten Viertel des 13. Jahrhunderts begannen die Franziskaner mit dem Bau ihres Klosters, das dem Heiligen Kreuz („Santa Croce") gewidmet war. In den 1290er Jahren wurde es nochmals umgebaut und erhielt sein heutiges Erscheinungsbild. Der Bau der großen Dominikanerkirche Santa Maria Novella dauerte von 1246 bis in die 1350er Jahre. Wie auch die Ordenshäuser der Augustiner, Serviten und Karmeliter hatten diese Bauten einen enormen Einfluss auf ihr unmittelbares soziales Umfeld, nicht nur in religiöser, sondern auch in kultureller und wirtschaftlicher Hinsicht.

Die florentinische Stadtregierung

Nach wie vor war die florentinische Politik von Zwistigkeiten zwischen einzelnen Gruppierungen geprägt. In der Zeit nach dem *Primo Popolo* wuchs der Einfluss der *popolani*, der Kaufleute und Händler, die in den bedeutenderen Zünften organisiert waren und sich in bewusster Opposition zu den adligen *magnati* definierten. 1282 wurde die *popolani*-Bewegung zur dominierenden Kraft innerhalb der Kommune. Die konstitutionelle Umbildung, die sie elf Jahre später erwirken konnte, beinhaltete unter anderem den formalen Ausschluss der *magnati* aus dem politischen Leben der Stadt.

Die *Ordinamenti della giustizia* von 1293, die die neue Verfassung der Kommune bildeten, gaben der Stadtregierung, der *signoria*, eine republikanische Struktur. Die neun Mitglieder der *signoria*, genannt *priori*, wurden in zweimonatigen Intervallen von den Zünften gewählt. Den Kopf des Gremiums bildete der *gonfaloniere*. Er war während seiner kurzen Amtszeit der oberste Repräsentant der Stadt. Die *signoria* musste bei

OBEN *Die Bauarbeiten am Palazzo della Signoria, heute als Palazzo Vecchio bekannt, begannen 1299. Der Palast wurde an der Stelle eines älteren Turms errichtet, der zum Besitz der Familie Foraboschi gehörte. Heute prägt der neue Turm das Erscheinungsbild des Platzes.*

ihren Regierungsentscheidungen zwei weitere gewählte Gremien konsultieren: die *dodici* („Zwölf“) und die *sedici* („Sechzehn“). Zudem konnte sie auf das Fachwissen von Räten mit Ressorts wie Kriegsführung, Sicherheit oder Kommerz zurückgreifen. 1299 begannen die Bauarbeiten zum Palazzo della Signoria, dem heutigen Palazzo Vecchio, dem Regierungssitz des *Secondo Popolo.* Sein burgähnliches Aussehen ist ein Sinnbild für die defensive Haltung, die mit der republikanischen Selbstbehauptung der Stadt einherging. Von Anfang an wurde die florentinische Republik von internen Querelen geprägt: Die unteren kaufmännischen Schichten (*popolo minuto*) setzten sich zunehmend von den höheren (*popolo grasso*) ab, die die großen Zünfte (*Arti maggiori*) dominierten.

Florenz' chronische Neigung zur Splittergruppenbildung äußerte sich auch in den Spannungen zwischen den *Neri* und den *Bianchi,* den „Schwarzen“ und den „Weißen“, in den 1290er Jahren. Diese Gruppierungen waren jeweils Anhänger der Familien Donati und Cerchi, die um politischen Einfluss rangen. Nach der Vertreibung der Ghibellinen hatten sich die Guelfen aufgespalten. Die schwarzen Guelfen hielten an einer propäpstlichen Ausrichtung fest, während sich die weißen Guelfen papstkritisch zeigten und gegenüber der neuen Verfassung der Stadt aufgeschlossener waren. Nachdem die *priori* im Jahr 1300 die Anführer der Donati und der Cerchi ins Exil verbannt hatten, richteten die Schwarzen einen Appell an den Papst. Dessen Unterhändler, der französische Prinz Karl von Valois, besetzte die Stadt, um sie anschließend an Corso Donati auszuliefern, der eine aus „Schwarzen“ gebildete Regierung etablierte. Zahlreiche „weiße“ Guelfen, darunter auch Dante Alighieri (um 1265–1321), wurden verbannt.

Im 14. Jahrhundert war Florenz auch äußeren Bedrohungen ausgesetzt, die von dem ghibellinischen Mailand sowie von Lucca und Pisa ausgingen. Als der Herzog von Lucca, Castruccio Castracani, den Florentinern im Jahre 1325 eine militärische Niederlage beibrachte, wandte sich die Stadtregierung hilfesuchend an die angevinischen Herrscher von Neapel. 1326 wählte Florenz Herzog Karl von Kalabrien, den neapolitanischen Thronerben, auf zehn Jahre zu seinem *signore.* Dieses Experiment fand jedoch ein abruptes Ende, als der Herzog bereits zwei Jahre später unerwartet starb. Florenz musste sich ein weiteres Mal um Neapels Beistand bemühen, als es von Mastino II. della Scala bedroht wurde, dem mächtigen *signore* von Verona. Das Ergebnis war eine kurzzeitige Zwangsherrschaft 1342, die durch einen Volksaufstand und die Wiederherstellung der traditionellen Freiheiten der Stadt beendet wurde.

Seit Langem waren die Florentiner innere Turbulenzen und äußere Bedrohungen gewohnt. Mitte des 14. Jahrhunderts aber sah sich Florenz ganz neuen Gefahren ausgesetzt. Nach schweren Überschwemmungen, die 1333 die alten Gebäudestrukturen vernichtet hatten, mussten neue Brücken über den Arno gebaut werden. Die Pestepidemie, die als „Schwarzer Tod“ in die Geschichte einging, traf Florenz von den späten 1340er

Jahren an hart. Ebenso katastrophal für die Stadt war der Zusammenbruch ihres Bankwesens zur selben Zeit. Die Banken hatten sich auf zwielichtige Finanzgeschäfte eingelassen und wurden Opfer einer Spekulationsblase, die von venezianischen Bankhäusern verursacht worden war. Diese Finanzmisere mündete in eine europaweite Bankenkrise, die das Kreditwesen zum Kollabieren brachte und einen wirtschaftlichen Abschwung verursachte, der Jahrzehnte andauern sollte.

Oben *Das Marmorporträt Cosimo de' Medicis, das wahrscheinlich um 1464 von Andrea del Verrocchio angefertigt wurde, ist das einzige erhaltene Porträt des Medici-Fürsten.*

Eine lehrreiche Revolte

Die demokratischen Strukturen in Florenz basierten auf den großen Zünften. Im Laufe der Zeit entstand daraus eine vom *Popolo grasso* dominierte Oligarchie. Als 1378 Streitigkeiten innerhalb der kaufmännischen Elite herrschten, nutzten die *ciompi*, nicht organisierte Wollweber, den Augenblick zu einem Aufstand. Zahlreiche rechtlose Arbeitergruppen, darunter Gerber und Färber, schlossen sich den *ciompi* an, die von der *signoria* das Recht zur Gründung eigener Zünfte für einzelne Handwerkergruppen forderten. Dabei wurden sie von radikalen Mitgliedern der kleinen Zünfte (*Arti minori*) wie etwa derjenigen der Bäcker oder Müller unterstützt. Ende Juli rissen sie die Regierungsmacht an sich und neue Zünfte wurden gegründet. Doch den Aufständischen gelang es nicht, ihre Einigkeit zu bewahren. Bereits Ende des Sommers hatte eine Allianz aus großen und kleinen Zünften die *ciompi*-Regierung entmachtet und deren Zunft aufgelöst. In den Folgejahren gewann das *Popolo grasso* seine Macht zurück.

Diese Ereignisse trugen zu einer wachsenden allgemeinen Enttäuschung über die Theorie und die praktische Umsetzung der republikanischen Verfassung bei. Gleichzeitig errang die Stadt militärische Erfolge. Durch die Eroberung von Pisa 1406 wurde Florenz zum ersten Mal in seiner Geschichte zur Seemacht. Nach wie vor herrschte ein Gegensatz zwischen den Arbeitern der *Arti minori* und dem *Popolo grasso.* Daher beschloss die Führungselite, sich besser zu schützen, und gestattete der mächtigen Medici-Familie (Europas ersten „Bankiers“) im frühen 15. Jahrhundert eine Regierungsumwälzung. Die republikanische Verfassung wurde zwar beibehalten, aber jeglicher Bedeutung entkleidet. Die von den Medici vorangetriebene Transformation wurde äußerst subtil vollzogen, da die Florentiner auf die Geschichte ihrer Stadt und ihre republikanische Werteordnung stolz waren, die den Ruhm der Stadt begründet hatte. Cosimo de' Medici (1389–1463) leitete die von seinem Vater Giovanni (1360–1429) gegründete Bank, trat jedoch selten öffentlich in Erscheinung. Dank seiner finanziellen Mittel und seines Mäzenatentums verfügte er jedoch über ausgezeichnete Verbindungen, die ihm dabei halfen, Florenz zu kontrollieren. Wie später sein Enkel Lorenzo (1449–1492) war Cosimo alleiniger Regent der Stadt Florenz. Dass die Medici das Tragen eines Fürstentitels geflissentlich vermieden, ermöglichte es den Florentinern, ihr kommunales Selbstwertgefühl aufrechtzuerhalten und an die ungebrochene Kontinuität ihrer republikanischen Vergangenheit zu glauben.

Giotto und der Realismus

Obwohl Florenz als Geburtsstätte des rinascimento *gilt, scheint ihre Geschichte die Idee von den scharf abgegrenzten Epochen der Renaissance und des Mittelalters zu widerlegen.*

Der Werdegang von Giotto di Bondone (um 1267–1337) ist typisch für seine Zeit. Er wurde in Florenz oder im Umland der Stadt geboren. Berichte von seiner übernatürlichen Begabung prägen die Giotto-Tradition. So zeichnete er etwa eine Fliege auf eine Leinwand, die gerade von seinem Kollegen Cimabue (um 1240–um 1302) bearbeitet wurde. Die Fliege sah so echt aus, dass Cimabue sie mit der Hand zu verscheuchen versuchte. Erstmals schilderte Giorgio Vasari (1511–1574) diese Anekdote in seinem Werk „Le vite dei più eccellenti architetti, pittori et scultori italiani", das im Jahr 1550, zwei Jahrhunderte nach Giottos Tod, entstand. Es versucht zu belegen, dass florentinische Künstler die vorzüglichsten und frühesten Vertreter der Renaissance waren. Vasari stellte Giottos naturalistischen Stil gegen die Steifheit früherer toskanischer Künstler, die noch immer einer von byzantinischen Vorbildern geprägten Tradition verhaftet waren, so etwa Cimabue oder Duccio (um 1255/60–um 1318). Deren stilisierte und mosaikhafte Malerei könnte man als „mittelalterlich" oder „gotisch" bezeichnen.

Doch ist die Individualität und Natürlichkeit, die Giottos Figuren auszeichnet, auch schon bei einigen älteren Künstlern erkennbar. So ist Cimabues „Maestà" (1280er Jahre) eine zugängliche Fürsprecherin, während Duccios „Maestà" (1308–1311) an Lebhaftigkeit durch die 20 Engel und 19 Heiligen gewinnt, die sich um die Madonna scharen. Zweifellos besitzen Giottos Darstellungen des Leidenswegs Christi eine neue dramatische Qualität, so etwa die berühmte „Klage" (um 1305). Sein Talent für Bildkompositionen sowie seine meisterliche Beherrschung der Perspektive sind Gründe dafür, weshalb der Betrachter seiner Bilder emotional berührt wird. Dennoch war auch Giotto seinen Meistern verpflichtet. Die Gesten der Trauernden auf dem Gemälde „Der Tod des heiligen Franziskus", das Giotto für die Bardi-Kapelle in der florentinischen Franziskanerkirche Santa Croce schuf, erinnern an stilisierte Trauerdarstellungen byzantinischer Mosaiken und Heiligenikonen. Giottos Kunst entzieht sich jeglicher oberflächlicher Kategorisierung. Sieht man in ihm ausschließlich den Wegbereiter der Renaissance, so wird man seinem Genie nicht annähernd gerecht.

„Die Klage" (um 1305) heißt ein Fresko von Giotto in der Scrovegni-Kapelle von Padua. Die Heilige Familie und die Jünger trauern um den toten Christus, dessen Leichnam soeben vom Kreuz abgenommen wurde.

722 – 1492

Die Reconquista

Die Rückeroberung der von Muslimen besetzten Iberischen Halbinsel war ein Prozess, der sich einer Interpretation zufolge über siebeneinhalb Jahrhunderte hinzog. Bereits 722, kaum mehr als zehn Jahre nachdem die ersten nordafrikanischen Invasoren in Spanien angelangt waren, errangen die Christen ihren ersten großen Sieg. In der Schlacht von Covadonga trafen muslimische Truppen auf Angehörige des westgotischen Adels, die in das bergige Asturien im Norden geflohen waren. Deren Sieg zog die Errichtung eines christlichen Königreiches nach sich, das zur Basis für die Rückeroberung Spaniens wurde. Die islamische Herrschaft in Spanien endete 1492 mit dem Fall des Emirats von Granada. Dieses außergewöhnliche Reich, das von 1238 an Vasallenstaat Kastiliens war, fiel nach einem zehnjährigen Feldzug an die vereinigten Königreiche Aragón und Kastilien. Zu diesem Zeitpunkt hatte die katholische Christenheit das restliche Spanien bereits zurückgewonnen.

Das Christentum auf der Iberischen Halbinsel stand auf recht unsicherem Posten an Europas südlichster Grenze zur islamischen Welt. Auf dieser Einsicht basierte die Reconquista, die im Laufe des 11. Jahrhunderts an Dynamik gewann. Aber auch die Gier nach neuen Territorien sowie der Drang, unbewohnte Landstriche zu besiedeln, spielten bei der Expansion christlicher Herrscher nach Süden eine Rolle. Städte, die wieder von Christen besiedelt wurden, erhielten von den Herrschern *fueros* („Foralrechte"), die den Bewohnern Freiheit und Immunität zusicherten. Die *fueros* stifteten eine unmittelbare Beziehung zwischen Herrschern und Stadtbürgern und boten Letzteren einen willkommenen Ausweg aus der Feudalherrschaft und den damit verbundenen Verpflichtungen. Sie trugen dazu bei, dass die Bevölkerung ab der Mitte des 10. Jahrhunderts anstieg. Das erste große Kreuzzugsprojekt Westeuropas hatte immense Auswirkungen auf die allgemeine Stimmungslage sowohl in Spanien als auch auf dem gesamten Kontinent. Die abendländisch-christliche Kultur, die im 11. und 12. Jahrhundert gleichsam noch in den Kinderschuhen steckte, zog aus der Reconquista eine bittere Lehre: Um existieren und gedeihen zu können, musste sie als oppositionelle Kraft wirken, die von ihrem

Widersacher erst definiert wurde. Der Beschluss des Papstes, Kreuzzüge in den Nahen Osten zu unternehmen, war maßgeblich von den Erfahrungen auf der Iberischen Halbinsel beeinflusst. Ähnlich erging es späteren spanischen Regenten, deren Vorstellung von Macht ebenfalls christlich-missionarische Elemente enthielt. Nicht umsonst wählte Francisco Franco im Oktober 1936 das kastilische Burgos, ein Zentrum der Reconquista, als Schauplatz seiner Selbsternennung zum Staatsoberhaupt und Generalissimo.

Die Grenzstaaten Karls des Grossen

Nach einer ersten, desaströsen Expedition im Jahr 778 kehrte die Armee Karls des Großen in den späten 790er Jahren nach Spanien zurück. Durch die Gründung der Spanischen Mark im Jahre 795 wurde eine Pufferzone zwischen dem omaijadischen Spanien und den südlichen Grenzregionen von Karls Reich geschaffen. Die Mark

Oben *Sancho III. errichtete die Burg von Loarre im frühen 11. Jahrhundert in Aragón, unmittelbar an der Grenze zwischen christlichen und muslimischen Herrschaftsgebieten. Die bedeutende christliche Festung wurde im 20. Jahrhundert umfassend restauriert.*

DIE RECONQUISTA

795 Karl der Große gründet die Spanische Mark als Pufferzone. Aus den einzelnen Grafschaften entstehen später die unabhängigen Fürstentümer von Navarra, Barcelona und Aragón.

791–842 Alfons II. herrscht über das christliche Königreich Asturien im Nordwesten Spaniens.

924 Nach seiner Expansion Richtung Süden und der Einverleibung Kastiliens wird das Königreich Asturien zum Königreich León.

939 León erstreckt sich im Süden bis zum Fluss Douro.

970 Graf Fernán González von Kastilien stirbt. Er hatte die Unabhängigkeit seiner Grafschaf von León erreicht.

1002–1031 Das Kalifat von Córdoba zerfällt in kleine Fürstentümer (*taifas*).

1004–1035 Sancho III., „der Große", herrscht über Navarra. Er erobert Kastilien und macht León zu seinem Vasallenstaat. Er überträgt 1029 Kastilien an seinen Sohn Ferdinand (1017–1065).

1037 Graf Ferdinand von Kastilien wandelt seine Grafschaft in ein Königreich um. Nachdem er seinen Schwager militärisch geschlagen hat, wird er König von León.

Fortsetzung auf Seite 174

erstreckte sich vom Baskenland im Westen entlang der Pyrenäen. Nach einem fränkischen Sieg im Jahr 801 kam noch Barcelona hinzu. So entstand eines der ethnisch vielfältigsten Herrschaftsgebiete Europas, in dem Basken und Juden, germanische Westgoten, iberische Ureinwohner und Hispano-Römer lebten. Die 17 Grafschaften, aus denen die Spanische Mark bestand, wurden von Adligen, sogenannten *walis*, regiert, die von Franken ernannt wurden.

Mit dem Niedergang der Karolinger im 9. Jahrhundert wurden die *walis* immer unabhängiger und nannten sich schließlich Grafen. Später bildete die Region der Spanischen Mark einen Teil der Fürstentümer Navarra, Katalonien und Aragón. Landschenkungen Karls des Großen hatten Siedler in das spärlich bevölkerte, strategisch aber äußerst wichtige Gebiet gezogen. Diese Schenkungen waren mit umfänglichen Rechten und Immunitäten verbunden, jedoch auch mit der Verpflichtung zu Militärdiensten. So bildete sich ein Militäradel heraus, dessen zahllose kleine Burgen überall verstreut in der Landschaft entstanden. Die militärischen Verpflichtungen gegenüber Karl dem Großen und später gegenüber den regionalen Grafen waren erste Vorboten des späteren Feudalsystems in Europa.

Obgleich die christlichen Grenzstaaten den Islam als ihren Hauptfeind betrachteten, strebten sie auch nach Unabhängigkeit gegenüber ihrem nördlichen Nachbarn, dem Westfränkischen Reich. Zu diesem Zweck spielten sie ihre christlichen und muslimischen Nachbarn gegeneinander aus. Das Königreich Navarra mit seiner Hauptstadt Pamplona war in den 820er Jahren zu einer Erbmonarchie geworden, und auch die Grafen von Barcelona, die mächtigsten Magnaten der Region, vererbten von 880 an Ländereien und Titel an ihre Söhne. Im Jahr 948 gelang es Borrel II., die formale Unabhängigkeit Barcelonas von den französischen Kapetingern zu erlangen. Alle Grenzstaaten hatten bemerkenswert stabile Landesgrenzen, doch waren ihre Territorien überwiegend sehr klein. Die Berge, die ihnen einerseits Schutz boten, hinderten sie andererseits daran, sich auszudehnen und Al-Andalus zurückzuerobern. Das Königreich Asturien im Nordwesten Spaniens besaß dagegen bessere geographische Voraussetzungen für eine Expansion. König Alfons II. (regierte 791–842) eroberte während seiner langen Regierungszeit nicht nur das abtrünnige Baskenland im Osten, sondern auch Galizien im Westen.

Durch die Entdeckung der Gebeine des heiligen Jakobus in Santiago de Compostela entwickelte sich Asturien vom 9. Jahrhundert an zu einem bedeutenden Pilgerzentrum. Der Besitz des Reliquienschreins begründete unter anderem die Führungsrolle des Königreichs bei der Reconquista. König Alfons II. schreckte vor Plünderungen nicht zurück, um sein Königreich rund um die Stadt Oviedo zu erhalten. Durch die Tribute, die er eintrieb, verfügte er über die Mittel, muslimisch regierte Städte wie

Lissabon oder Zamora zu überfallen. Doch erst nach seiner Zeit bildete sich ein konsistenteres Muster dauerhafter Expansionsbewegungen Richtung Süden heraus. Die asturischen Eroberungen in Kastilien und León wurden nun systematisch befestigt und besiedelt.

León – Sprungbrett zur Macht

Alfons III. (regierte 866–910) machte León zu seiner neuen Hauptstadt. Von hier aus verfolgte er sein Ziel weiter, die Regionen nördlich des Douro zu erobern. Im Zuge einer Neustrukturierung seines Königreichs machte er Galizien und Portugal zu Herzogtümern, während er Galizien als Grafschaft neu gründete. Mit der Abwanderung ganzer Bevölkerungsgruppen in Richtung Süden verschob sich das Zentrum der gesamten Region, die ab dem Jahr 924 den Namen Königreich León trug. Obwohl sich das Kalifat von Córdoba im 10. Jahrhundert auf dem Höhepunkt seiner Macht befand, gelangen den Truppen Leóns sowohl gegen Toledo als auch gegen Sevilla wirkungsvolle Angriffe.

Die Schlacht von Simancas am 19. Juli 939 bildete einen Markstein in der Geschichte des Königreichs León. Nach dem Sieg der Streitkräfte Ramiros II. (regierte 931–951) über die Armee des Kalifen reichten die Grenzen des Königreichs bis an den Douro. Allerdings war Ramiro von Truppen des kastilischen Grafen Fernán González unterstützt

Fortsetzung von Seite 172

Der Sohn Ferdinands I., Alfons VI., besteigt 1065 den Thron von León und wird 1072 König von Kastilien, nachdem sein älterer Bruder, Sancho II., ermordet wurde.

1085 Toledo wird von León-Kastilien erobert.

1090–1094 Almorawidische Truppen gelangen von Nordafrika nach Spanien und erobern die meisten *taifas*.

1118 Die Armee von Aragón erobert Saragossa zurück.

1137 Es kommt zu einer dynastischen Union zwischen der Grafschaft Barcelona und dem Königreich Aragón.

1139 Portugal erlangt Unabhängigkeit von León-Kastilien.

1170 Die Almohaden lösen die Almorawiden als Herrscher des islamischen Spaniens ab.

1212 Aragón, León-Kastilien, Navarra und Portugal vereinen ihre Truppen in der Schlacht gegen die Almohaden. Córdoba wird eingenommen (1236).

1238 Das Emirat von Granada wird Vasallenstaat von Kastilien.

1248 Ferdinand III. von Kastilien nimmt Sevilla ein.

1492 Aragón-Kastilien erobert Granada.

worden, der nun seine Machtposition nutzte, um die Unabhängigkeit von León zu erlangen. Solche taktischen Manöver machen deutlich, dass die christlichen Grenzstaaten Spaniens im 10. Jahrhundert die Reconquista nicht als strategischen Feldzug planten, der ihre jeweiligen Interessen und Ziele hätte bündeln können. Am Ende des Jahrhunderts hatte sich Navarra zur größten christlichen Macht auf der Iberischen Halbinsel aufgeschwungen. Sancho III., der Große, von Navarra zeigte sich bei der Verfolgung wenig zimperlich. Durch Heirat verleibte er sich zunächst Kastilien ein. Anschließend eroberte er mithilfe seiner schlagkräftigen Armee die zwei benachbarten Marken Sobrarbe und Ribagorza. Schließlich führte sein Sieg über König Bermudo III. dazu, dass Léon zu Sanchos Vasallenstaat wurde und der Graf von Barcelona ihm den Treueschwur leisten musste.

Während der Regierungszeit Sanchos des Großen zerfiel das Kalifat von Córdoba in mehrere kleine Reiche, genannt *taifas*. Dies geschah nach dem Tod Al-Mansurs (um 938–1002), des obersten Ratgebers des Kalifen und faktischen Regenten Andalusiens. Al-Mansur war der wohl effizienteste Militärstratege, der jemals gegen die Reconquista gekämpft hatte. In der Schlacht von Cervera am 29. Juli 1000 brachte er der kastilischen Armee unweit von Burgos einen bittere Niederlage bei. Nachfolgestreitigkeiten, die auf Al-Mansurs Tod folgten, stürzten das Kalifat in einen Bürgerkrieg, und bereits in den 1030er Jahren war es von der Landkarte verschwunden. Unzählige Emire herrschten nun über einzelne, kleine *taifas*.

Sancho teilte sein Erbe unter seinen Söhnen auf. Doch er hatte demonstriert, dass ein energischer Hegemon eine christliche Koalition zustande bringen konnte. Sein Sohn Ferdinand, dem die Grafschaft Kastilien zugefallen war, legte eine ähnliche Entschlossenheit an den Tag. Nach einem erfolgreichen Krieg gegen León bestieg er 1037 den Thron seines Schwagers Bermudo. Die Grafschaft Kastilien wandelte er im selben Jahr in ein Königreich um. Navarra war zur größten Macht des christlichen Spaniens aufgestiegen, doch ein tatsächliches politisches Machtzentrum entstand erst durch die Vereinigung Leóns und Kastiliens mitsamt den angrenzenden Gebieten Galizien und Asturien. Als König von León und Kastilien übte Ferdinand bis zu seinem Tod 1065 Druck auf die *taifas* aus. Zudem führte er ein Abgabensystem (*paria*) ein, um die Muslime finanziell und politisch zu schwächen.

Ferdinand Sohn folgte als König Sancho II. von Kastilien seinem Vater nach. Kurz vor seiner Ermordung im Jahr 1072 besiegte er seinen Bruder Alfons im Kampf um den Thron von León. Alfons floh in das *taifa*-Reich von Toledo, doch nach den Tod Sanchos bot sich ihm die Möglichkeit, Kastilien und León zu vereinen. Die Eroberung von Toledo 1085 war das politisch bedeutendste Ereignis während der Herrschaft Alfons' VI. (regierte 1072–1109). Die Erhebung der Stadt zum

Erzbistum machte sie zum geistlichen Zentrum der spanischen Christen. Bereits 1077 hatte sich Alfons zum „Kaiser Gesamthispaniens" erklärt. Seine engen Verbindungen zum Papst und den Herrschern Europas öffneten sein Königreich äußeren Einflüssen. Die spanische Kirche übernahm die römisch-katholische Liturgie, und auch nichtspanische Kreuzritter, insbesondere Franzosen, schlossen sich der Reconquista an.

Berberische Führung in Al-Andalus

Obwohl sie von Arabern angeführt wurde, war die muslimische Eroberung der Iberischen Halbinsel stets auf die Unterstützung durch nordafrikanische Berber angewiesen gewesen. Angesichts der christlichen Vorstöße beschlossen die Herrscher von Al-Andalus 1086, ein weiteres Kontingent berberischer Hilfstruppen anzufordern. Diesen Kriegern, die unter ihrem Befehlshaber Yusuf ibn Taschfin die Straße von Algeciras überquerten, ist es zu verdanken, dass Alfons VI. in der Schlacht von Sagrajas (23. Oktober 1086) eine seltene Niederlage hinnehmen musste. Yusuf gehörte der Almoraviden-Dynastie an, deren Herrschaftsgebiet sich über Marokko und Algerien bis in den Senegal erstreckte. Als Vertreter eines fundamentalistischen Islam verachteten die Almorawiden die verfeinerte Gesellschaft Andalusiens, deren Niederlagen sie als göttliche Vergeltung interpretierten. 1090 kehrte Yusuf an der Spitze einer Eroberungsarmee nach Spanien zurück, um die andalusischen Emire zu bekämpfen.

Die Toleranz der Kalifen von Córdoba gegenüber ihren christlichen und jüdischen Untertanen geriet erstmals im frühen 11. Jahrhundert in Gefahr. Die Almorawiden gingen indes kompromisslos gegen Andersgläubige vor, was der Regierung des islamischen Spaniens zu neuer Solidarität verhalf. Bis 1094 hatte Yusuf die meisten lokalen Fürsten ihrer Machtpositionen enthoben. Mit Ausnahme von Saragossa gingen die *taifas* in einem einzigen Almorawiden-Kalifat auf. Den Berbern gelang es, die Reconquista über gute zwei Jahrzehnte einzudämmen, sie gerieten jedoch in Nordafrika zunehmend unter Druck durch die Almohaden, eine weitere islamische Berberdynastie, die den Almorawiden an Fanatismus in nichts nachstand.

Oben *Auf dem Gemälde aus dem 12. Jahrhundert ist König Alfons VI. von León, Kastilien und Galizien zu sehen. Es befindet sich in der Kathedrale von Santiago de Compostela.*

Saragossa konnte seinen Widerstand gegen die Almorawiden bis 1110 aufrechterhalten. Sein Emir spielte eine maßgebliche Rolle beim Machtverlust der Almorawiden, da er sich mit dem Königreich Aragón verbündete. Aragonesische Streitkräfte eroberten 1118 Saragossa und machten es zur Hauptstadt eines christlichen Königreichs, das die Vorhut der Reconquista bildete. Die Niederlage der Almorawiden in der Schlacht von Ourique (25. Juli 1139) im Süden Portugals ermöglichte es dem Anführer der siegreichen Portugiesen, sich als Alfons I. zum ersten König Portugals zu erklären und die Unabhängigkeit seines Reichs von León und Kastilien zu proklamieren.

1194 hatten die Almohaden die Almorawiden-Emire in Marrakesch abgelöst. Dasselbe sollte in den folgenden Jahren auch in Al-Andalus geschehen. 1170 verlegten die Almohaden ihre Hauptstadt nach Sevilla. Ihre Herrschaft in Al-Andalus währte über ein halbes Jahrhundert lang, doch ihre Gleichgültigkeit gegenüber den Künsten und Wissenschaften stand in einem trostlosen Kontrast zu den vorangegangenen glanzvollen Perioden der islamischen Herrschaft in Spanien. Die Almohaden waren dafür effiziente Krieger, die das Selbstbewusstsein des Königreichs Kastilien in der Schlacht von Alarcos (18. Juli 1195) empfindlich untergruben. Nach dieser Niederlage begriffen die christlichen Staaten jedoch, dass Einheit der Schlüssel zum Erfolg war. In der Schlacht von Las Navas de Tolosa (16. Juli 1212) bei Jaen stießen Truppen aus Navarra, Aragón, León und Portugal sowie ein französisches Kontingent zu den kastilischen Streitkräften. Mit vereinten Kräften trugen sie einen Sieg über die Almohaden davon, der das Ende der Reconquista bedeutete.

Nun oblag es Ferdinand III. von Kastilien, die Eroberungen zu konsolidieren. Er brachte Córdoba (1236) und Sevilla (1248) in seine Gewalt, und nur wenig später fielen auch die Städte Jerez und Cádiz. Die Almohaden mussten sich nach Nordafrika zurückziehen, wo ihre Macht ebenfalls allmählich schwand. Als der letzte Vertreter der Dynastie 1269 ermordet wurde, kontrollierte sie nur noch Marrakesch. In den 1230er Jahren war im äußersten Süden Spaniens ein Machtvakuum entstanden, das die Nasriden-Dynastie für sich nutzte. 1237 etablierte Mohammed ibn Nasr seine Macht in Granada, die er zur Hauptstadt seines Reichs machte. Nur ein Jahr später wurde der Emir Vasall Kastiliens.

Die Bewahrung von Spaniens „Reinheit“

Die Nasriden waren die Bauherren der Alhambra, deren Pracht eher ein nostalgischer Tribut an die Vergangenheit war als dass sie die reale Situation des Islam in Spanien repräsentierte. Granada war verpflichtet, Truppen für Kastilien bereitzustellen, und erlitt infolge kastilischer Invasionen erhebliche territoriale Verluste. 1492 eroberte das vereinte Königreich von Aragón und Kastilien das Emirat Granada. Das am 31. März 1492 von Ferdinand von Aragón und Isabella von Kastilien erlassene Alhambra-Edikt verfügte, dass alle spanischen Juden entweder zum Christentum übertreten oder das Land verlassen mussten. Bereits 1478 hatten die „katholischen Könige“ eine Inquisitionsbehörde eingerichtet, die den Glauben der Zwangsgetauften untersuchte. Ehemalige Juden wurden *conversos*, ehemalige Muslime *moriscos* genannt. Beiden Gruppen unterstellte man, dass sie nur aus opportunistischen Gründen zum Christentum konvertiert waren und ihren früheren Glauben heimlich weiterpraktizierten. Als *conversos* und *moriscos* galten sogar auch Personen, deren Vorfahren während der Reconquista konvertiert waren. In ihren Fällen mussten zum Teil Ereignisse untersucht werden, die zwei oder drei Jahrhunderte zurücklagen. Diese Besessenheit von einem „reinen“ Spanien brachte es mit sich, dass die Reconquista noch lange nach der erfolgreichen christlichen Rückeroberung der Iberischen Halbinsel als Gedankengut weiterexistierte.

Die Alhambra

Der prachtvolle Komplex der Calat Alhambra *(„Rote Festung“) wurde in der zweiten Hälfte des 14. Jahrhunderts auf einem Plateau am Rande der Stadt Granada fertiggestellt. Ihr Name geht auf die Farbe des Lehms zurück, der zum Bau verwandt wurde. Allerdings war die Außenfassade der Stadtburg ursprünglich weiß getüncht.*

In der Mitte des 13. Jahrhunderts begannen Arbeiter mit der Konstruktion erster Gebäudeteile. Jedoch lässt sich die Baugeschichte des Geländes bis ins späte 9. Jahrhundert zurückverfolgen, als bereits eine einfache rote Burg auf dem Plateau stand.

Das Konzept einer geschlossenen Palastanlage, die als Wohn- und Regierungssitz des Herrschers sowie als Verwaltungs- und Regierungszentrum dient, hat seinen Ursprung im Nahen Osten. Insbesondere die Palastgesellschaft der Abbasidenherrscher im Bagdad des 8. Jahrhunderts übte großen Einfluss auf die Alhambra aus. Das bedeutendste Beispiel für einen solchen Gebäudekomplex im europäischen Frühmittelalter war der Große Palast von Konstantinopel, der aus einer Reihe von an die Hagia Sophia angrenzenden Pavillons bestand. Dieser Palast, der ursprünglich von Kaiser Konstantin errichtet worden war, diente den byzantinischen Herrschern als institutionelle Basis, als Kulisse für Zeremonien sowie als Wohnstatt. Das Aachen Karls des Großen mit Dom, Kapellen, Verwaltungsgebäuden und Wohnbereichen bildete im frühen 9. Jahrhundert ein westeuropäisches Pendant.

Das früheste Element der Alhambra war die *Alcazaba*, die Zitadelle. Da die Verteidigungsfunktion in der Frühphase der Bauarbeiten im Vordergrund stand, wurde der gesamte Komplex mit einer Festungsmauer mit 13 Türmen umgeben. Die von maurischen, jüdischen und christlichen Künstlern und Handwerkern über einen Zeitraum von mehr als 100 Jahren entworfene und ausgestaltete Alhambra veranschaulicht das inspirierende Nebeneinander verschiedener Kulturen im mittelalterlichen Granada sehr eindrucksvoll. Ein ausgeklügeltes Bewässerungssystem gewährleistete die Versorgung der zahlreichen Brunnen, Teiche, Badehäuser und Gärten, deren Anlagen maßgeblich zu dem außergewöhnlichen Reiz der Alhambra beitragen.

Der typisch maurische Architekturstil der Alhambra bildet einen reizvollen Kontrast zur Renaissancefassade des Palasts Kaiser Karls V. zur Rechten.

um 325 – 1434

Heilige, Reliquien, Ketzer

Die Heiligen, die die gläubigen Christen im Mittelalter verehrten, bilden eine spezielle Gruppe unter jenen Menschen, deren Seelen ins Himmelreich eingingen. Sie führten ein außerordentlich heiliges Leben. Vielen wurden auch Wundertaten zugeschrieben, die zu ihren Lebzeiten oder auch nach ihrem Tod eintreten konnten. Dabei handelte es sich sehr häufig um Heilungen Kranker. Die Menschen wandten sich an die Heiligen mit Bitten um Schutz und Hilfe in ihrem Alltag. Vor allem aber konnten Heilige dabei helfen, die Sündenstrafen aufzuheben, nämlich die zeitlichen Folgen ihrer Sünden. In den Augen der Kirche galt der Zustand der Sündhaftigkeit, des Gefallenseins, als conditio humana *schlechthin. Die Heiligen waren im Besitz der* virtus, *einer von Gott verliehenen Kraft, die sie befähigte, sich für die Menschen einzusetzen, die sie um Fürbitte bei Gott baten.*

Die Heiligen befanden sich in der Gegenwart des Allmächtigen und hatten durch ihr gottesfürchtiges Leben einen besonderen Stand der Gnade erreicht. Daher waren sie als Helfer der gepeinigten Menschheit prädestiniert. Sie halfen nicht nur durch ihre Wundertaten, sondern auch indem sie als Advokaten frommer Büßer wirkten, die um ihre Aufnahme ins Himmelreich bangten. In der mittelalterlichen Vorstellungswelt bestand eine Analogie zwischen dem Himmelreich und der weltlichen Hofgesellschaft. Auch hier gab es mächtige Mittelsmänner wie zum Beispiel Hofbeamte, die sich für weniger einflussreiche Außenstehende einsetzen konnten.

RECHTS *Auf dem Fresko „Die Marienkrönung“ (um 1437) von Fra Angelico (um 1390–1455) ist links der heilige Thomas von Aquin abgebildet. Das Fresco befindet sich in der Kirche San Marco in Florenz.*

Die Heiligen wurden von den Theologen sorgfältig in verschiedene Kategorien eingeteilt. Es gab Märtyrer wie den Apostel Paulus, die für ihren Glauben Folter erduldeten und starben. Andere Heilige, die eines natürlichen Todes starben, waren die sogenannten Bekenner, die ein beispielhaftes Leben in der Nachfolge Jesu geführt hatten wie etwa der Offizier Martin von Tours (316–397). Kirchenlehrer wie der Dominikaner Thomas von Aquin (1225–1274) wurden aufgrund ihrer hellsichtigen Betrachtungen der katholischen Lehre kanonisiert. Die Verehrung solch außergewöhnlicher Personen

Heilige, Reliquien, Ketzer

um 325 Die Mutter Kaiser Konstantins, Helena, findet in Jerusalem angeblich die Überreste des Wahren Kreuzes Christi.

um 700 Nach der islamischen Eroberung Syriens und Palästinas gelangen christliche Flüchtlinge aus dem Osten nach Westeuropa und bringen ihre Reliquien mit.

1155 In Köln wird ein Massengrab entdeckt. Man vermutet, dass es die Überreste der heiligen Ursula und ihrer 11 000 Gefährtinnen birgt. In der Folge wird der europäische Reliquienmarkt überflutet.

1204 Die Plünderung Konstantinopels durch die Kreuzfahrer führt zu Massenexporten von Reliquien nach Westeuropa.

1322 Papst Johannes XXII. erklärt die Ansicht für häretisch, dass Christus und seine Jünger kein Eigentum besaßen.

1415 Jan Hus, ein tschechischer Reformator, der von John Wyclif beeinflusst war, wird auf dem Konzil von Konstanz verbrannt.

1420–1434 Während der Hussitenkriege führen die Anhänger von Jan Hus einen bewaffneten Kampf in Böhmen und anderen Regionen Mitteleuropas.

hatte eine lange Tradition. Das Gedenken an die ersten Märtyrer stärkte die Christen des 2. und 3. Jahrhunderts, die immer wieder unter Verfolgungen litten. An den Märtyrergräbern feierte man die Eucharistie und errichtete zuweilen über ihnen kleine Schreine, so etwa über dem Grab des heiligen Petrus auf dem Vatikanischen Hügel. Helena, die Mutter Kaiser Konstantins, soll Mitte der 320er Jahre in Jerusalem Überreste des „Wahren Kreuzes" gefunden haben. Auch in den Jahrhunderten des Mittelalters spielten Frauen bei der Suche nach Reliquien und der Errichtung von Schreinen eine wichtige Rolle.

Anerkennung der Heiligkeit

Heiligen, die die Kirche offiziell anerkannte, wurde eine Verehrung zuteil, die vielerlei Formen annehmen konnte. So legte die Kirche bestimmte Tage fest, meist die jeweiligen Todestage, an denen der Heiligen während der Messe oder des Offiziums der Heiligen gedacht wurde. Die Gedenktage besonders wichtiger Heiliger entwickelten sich zu hohen kirchlichen Feiertagen, an denen oft die entsprechenden Reliquien in einer Prozession zur Schau gestellt wurden. Die einzelnen Diözesen und Klöster hatten zusätzlich ihre eigenen liturgischen Kalender mit Gedenktagen lokaler Heiliger oder heiliger Ordensmitglieder. Die Beliebtheit von Heiligen variierte folglich im europäischen Mittelalter von Region zu Region.

Für die breite Bevölkerung, die nicht lesen und schreiben konnte, war die persönliche Beziehung zu einem ausgewählten Heiligen eine der wenigen Möglichkeiten, ihrer Freiheit und Solidarität Ausdruck zu verleihen. Die Anhänger eines Heiligen bezeichnete man häufig als dessen „Familie". Zur „Familie" eines Heiligen etwa, der Schutzherr eines Mönchsordens war, gehörten nicht nur die Mönche und die Adligen, die den Orden gestiftet hatten, sondern auch die Leibeigenen, die die Ländereien des Ordens bewirtschafteten, und auch die Pilger, die kamen, um den Heiligen um Hilfe zu bitten. Es bedurfte stets einer Form von kirchlicher Anerkennung, bevor sich die Verehrung eines Heiligen als offizieller Kult etablieren konnte. In der Antike und im Frühmittelalter kontrollierten die Bischöfe in ihren Diözesen, wer heiliggesprochen wurde. Daher wurden viele Kanonisierungen auf lokale Initiativen hin durchgeführt. Vom 12. Jahrhundert an beanspruchten die Päpste ein exklusives Vorrecht auf die Kanonisierung von Heiligen. In dieser Zeit war die Kirche auch damit beschäftigt, Definitionen der wahren katholischen Lehre und ihres Gegenpols, der Häresie, auszuarbeiten.

Die sterblichen Überreste der Heiligen

Unter den sterblichen Überresten (*reliquiae*) der Heiligen zogen die Knochen die größte Aufmerksamkeit auf sich. Die Kirche lehrte, dass nach der Wiederkehr Christi am Jüngsten Tag der Körper eines jeden Sterblichen unversehrt wieder

LINKS *Der goldene Schrein der heiligen Elisabeth von Thüringen, die 1231 starb, barg früher ihren Leichnam. Der Schrein, der sich in Marburg befindet, wurde jedoch geplündert. Einige Reliquien Elisabeths sind inzwischen in Schweden und Österreich aufgetaucht.*

auferstehen würde. Da dies natürlich auch für die Heiligen galt, enthielt ein Grab oder ein Reliquienschrein nicht einfach nur „unbelebte“ Knochen. Vielmehr blieben die Reliquien Teile der Identität des Heiligen, die nach dem Jüngsten Gericht zu seinem Auferstehungsleib zusammengefügt werden würden. Wer vor Reliquien betete, befand sich also in der tatsächlichen Gegenwart des Heiligen, einer realen und identifizierbaren Persönlichkeit, die eine direkte Verbindung zu Gott besaß. Zu Reliquien zählten auch Gegenstände, die von Heiligen benutzt worden waren, Kleidungsstücke oder Bücher etwa. Auch Gegenstände, die mit Reliquien in Kontakt kamen, Stoffstücke etwa, die auf einen Schrein gepresst wurden, oder Phiolen, die Wasser enthielten, mit welchem der Körper des Heiligen gewaschen worden war, konnten selbst zu Reliquien werden.

Manchmal waren Reliquien nichts als Knochenfragmente. Sie wurden in Altären oder Reliquiaren aufbewahrt und konnten von reichen Leuten für private Andachten käuflich erworben werden. Die bedeutendsten mittelalterlichen Schreine bargen jedoch meist entweder den kompletten Leichnam oder aber zumindest die wichtigsten Körperteile. Man stellte die oft reich verzierten Reliquienschreine über der ursprünglichen Grabstätte oder an der Stelle auf, an die der Leichnam des Heiligen verlegt worden war, wie im Falle des heiligen Jakobus in Compostela oder Thomas Beckets in Canterbury. Die sterblichen Überreste von Sainte Foy, einem jungen Mädchen, das um das Jahr 300 von der römischen Obrigkeit zu Tode gefoltert worden war, befanden sich ursprünglich in dessen Heimatstadt Agen in Aquitanien. Die Weigerung des Mädchens, heidnische Opferrituale auszuführen, sowie ihr Martyrium auf einem glühenden Rost ließen Sainte Foy zu einer Berühmtheit werden. Im 9. Jahrhundert raubte ein Mönch aus dem Benediktinerkloster von Conques ihre Gebeine. Hier, an der Pilgerroute nach Santiago de Compostela, wurden ihre Reliquien schließlich zum Gegenstand einer Massenverehrung.

Die Reliquienverehrung entstand im östlichen Christentum, was der Kult an den christlichen Wallfahrtsstätten in Syrien und Palästina mit ihren zahllosen Reliquien belegt. Mindestens bis zum 7. Jahrhundert stand die Lateinische Kirche dieser Praxis skeptisch gegenüber. Bischöfe versuchten, die Reliquienverehrung in ihren Einflussbereichen einzudämmen oder zumindest zu kontrollieren. Doch die islamischen Eroberungen im Nahen Osten führten zu einer Massenflucht östlicher Christen nach Westeuropa. Ihre Ankunft – und die ihrer Reliquiensammlungen – verlieh dem Reliquienkult einen neuerlichen Aufschwung. Schließlich war der Klerus gezwungen, seine Ansichten zu revidieren. Der Bilderstreit, der die orthodoxe Kirche im 8. und 9. Jahrhundert erschütterte, blieb ebenfalls nicht ohne Wirkung. Denn die Ikonen oder Heiligenbilder erfüllten ähnliche Funktionen (Wunder eingeschlossen) wie die Reliquien. Nichtsdestotrotz blieb die Kirchenführung argwöhnisch, und der Klerus versuchte, die Kontrolle zu behalten. So verfügte er einerseits, dass Reliquien einem Authentifizierungsverfahren unterzogen werden mussten. Andererseits schrieb er den Ablauf der Andachtsrituale vor.

Die Entwicklung des Feudalsystems und der Institution der Lehnsherrschaft mit ihren gegenseitigen Verpflichtungen vom 11. Jahrhundert an ging mit einem abermaligen Aufschwung der Heiligen- und Reliquienverehrung einher. Vasallen, die sich dem Schutz eines lokalen Herrn unterstellten, indem sie ihm ihre Treue und Dienste anboten, können als weltliche Entsprechung zu den Gläubigen betrachtet werden, die den Schutz eines Heiligen erbaten und dafür Geschenke zu seinem Schrein brachten. Zahlreiche Kirchen und Klöster mussten aufgrund der wachsenden Popularität der Heiligen im Hochmittelalter neu gebaut oder erweitert werden. Die Pilgerströme, die es nach Saint-Denis bei Paris zog, waren ein Grund dafür, dass Abt Suger in den 1130er Jahren einen gigantischen Umbau seiner Abtei in Auftrag gab. Gleichzeitig stieg die Zahl weiblicher Heiliger und ihrer Reliquien kontinuierlich an. Etwa von 1050 an begannen die Mönche der Benediktinerabtei Vézelay in Burgund Anspruch auf die Reliquien der Maria Magdalena zu erheben. Nach der Entdeckung eines Massengrabes in Köln im Jahre 1155 wurde der europäische Reliquienmarkt regelrecht überflutet. Es hieß, dass die Grabstätte die Gebeine der heiligen Ursula und ihrer 11 000 Gefährtinnen enthielt. Die neuen Handelsrouten, die während der Kreuzzüge zwischen Westeuropa und dem Nahen Osten entstanden waren, sowie die Plünderung Konstantinopels durch die Kreuzritter im Jahr 1205 bewirkten einen massiven Zustrom von Reliquien. Die Pariser Sainte-Chapelle wurde in den 1240er Jahren unter Ludwig IX. (1214–1270) vorrangig als Aufbewahrungsort von Heiligenreliquien erbaut.

Links *Die hölzerne Statue einer schwarzen Madonna in der Kathedrale Santa Eulalia in Barcelona wurde wahrscheinlich im 13. oder 14. Jahrhundert in Italien angefertigt.*

angelsächsische Prinzessin und spätere Königin von Schottland, nach ihrer Heiligsprechung im Jahre 1250 zum Sinnbild einer frommen und philanthropischen Regentin wurde. Äußerst populär war Katharina von Alexandria, die um 305 zum Tod durch das Rad verurteilt wurde, auf wundersame Weise gerettet und schließlich enthauptet wurde. Ihre sterblichen Überreste wurden im Katharinenkloster am Berg Sinai aufbewahrt. Der Weg dorthin wurde zu einer der größten internationalen Pilgerrouten.

Das Wagnis, anders zu denken

Als Häretiker oder Ketzer wurden Menschen bezeichnet, die der Lehre der Kirche widersprachen. Neben den Katharern gab es viele andere Gruppierungen, denen mit derselben Intoleranz begegnet wurde. Die Anhänger von Peter Valdes (um 1140–um

1218) in Südfrankreich und Norditalien waren ursprünglich gemäßigte Christen, die sich besonders vom Neuen Testament angezogen fühlten. Entsprechend mieden sie die Reichen und predigten das Evangelium den Armen. Damit zogen sie die Feindschaft der Kirchenoberen auf sich, die der Ansicht waren, dass das Predigen Priestern vorbehalten war. Die „Waldenser" wurden erstmals 1184 von der Kirche verboten – nicht wegen einer abweichenden Lehre, sondern weil sie hartnäckig an ihrer Praxis der Laienpredigt festhielten. Nun erst begannen die Waldenser, eine Reihe genuin häretischer Glaubensinhalte anzunehmen. Im 13. Jahrhundert bildeten sie eine eigenständige religiöse Organisation, die sowohl die Vorstellung von Priesterschaft als auch die Sakramentenlehre ablehnte. Ähnlich wie die Katharer verabscheuten auch die Waldenser den Reichtum und die hierarchischen Machtstrukturen der Kirche. Sie betonten, dass spirituelle Erleuchtung und die Fähigkeit, mit Gott zu kommunizieren, das Resultat individueller Verdienste seien.

Der Zugang zur Bibel in landessprachlichen Übersetzungen trug wesentlich zur Anziehungskraft der Waldenser bei. Das Gleiche gilt für die Anhänger John Wyclifs im England des 14. Jahrhunderts, die Lollarden, sowie für die Hussiten, die eine Generation später in Böhmen aufkamen. In allen diesen Gruppierungen, die ein individuelles Gewissen an den Tag legten und eigene Interpretationen der Bibel vornahmen, sah die Kirche eine Gefahr und verurteilte sie als „Häretiker".

Oben *Die Illustration aus John Foxes „Book of Martyrs" von 1563 zeigt die Hinrichtung des Lollarden John Badby. Er wurde 1410 in einem Kessel zu Tode gekocht.*

Obwohl Franz von Assisi über die korrumpierende Wirkung des Reichtums predigte, galten er und seine Anhänger, die Minoriten oder Franziskaner, im Sinne der Kirchendoktrin als orthodox. Als die Ordensregel jedoch später dahingehend geändert wurde, dass dem Orden gemeinschaftlicher Besitz erlaubt war, spalteten sich die „Spiritualen", die an einer strengen Befolgung des Armutsideals festhielten, ab. Ihre These, dass Christus und seine Jünger kein Eigentum besessen hätten, wurde 1322 von Papst Johannes XXII. offiziell als Häresie bezeichnet. In der Folge kehrten die Spiritualen als Reformgruppe in den Orden zurück. Die Fratizellen hingegen, die keine Kompromisse eingehen wollten, predigten als Bettelmönche im Italien des 14. Jahrhunderts den Gedanken der apostolischen Mittellosigkeit. Ihre Denunziationen des etablierten Franziskanerordens veranschaulichen, dass sogenannte Häretiker, obwohl sie von Päpsten, Bischöfen und Kirchenräten verurteilt worden waren, eine nachhaltige geistliche Vitalität an den Tag legen konnten.

Mystiker

Die christlichen Mystiker des Mittelalters suchten nach einer unmittelbaren Gotteserfahrung. Manchen von ihnen offenbarte sich Gott in Visionen. Sie bewirkten, dass sich ihr gesamtes Dasein mit dem Wissen um das Göttliche und die göttliche Liebe füllte.

Die meisten Mystiker wie etwa die Engländerinnen Margery Kempe (um 1373–um 1438) oder Juliana von Norwich (um 1342–um 1416) waren durchaus orthodox in Bezug auf die Lehren der Kirche. Die deutsche Äbtissin Hildegard von Bingen hatte ihre erste Vision bereits im frühen Kindesalter. Die Universalgelehrte, die komponierte, schrieb, dichtete, in Botanik und Medizin bewandert war und öffentlich predigte, wäre wohl in jedem Zeitalter eine herausragende Persönlichkeit gewesen. Sie unternahm vier ausgedehnte Seelsorgereisen durch Deutschland. Bei ihren Forderungen nach innerkirchlichen Reformen wie etwa der Abschaffung der Simonie konnte sie auf die Unterstützung durch Bernhard von Clairvaux, einen der einflussreichsten Kirchenmänner seiner Zeit, zählen. Andere Mystiker stellten für die Kirchenoberen weitaus größere Herausforderungen dar.

Das Titelbild des „Liber Scivias" Hildegards von Bingen zeigt die Verfasserin, die ihre Visionen ihrem Schreiber Volmar diktiert. „Scivias" schildert insgesamt 26 Visionen, die Hildegard in ihrem Leben hatte.

Joachim von Fiore (um 1135–1202), von dem neutestamentlichen Buch der Offenbarung inspiriert, lehrte den bevorstehenden Beginn eines neuen Zeitalters. In Kalabrien geboren, trat er in den Zisterzienserorden ein, gründete aber später ein eigenes Kloster. Joachim war ein ungemein produktiver Autor, dessen Schriften um seine Lehre von drei Weltzeitaltern kreisen. Die alttestamentliche Zeit war ihr zufolge das Zeitalter des patriarchalischen Gottvaters, dessen Herrschaft auf Machtausübung und Furcht basierte. Die neutestamentliche Periode war das Zeitalter des Sohnes, dessen überlegene Weisheit sich in der Gründung einer katholischen, sakramentalen Kirche manifestierte. Das dritte Zeitalter war das des Heiligen Geistes. Es stellte die höchste Stufe dieser kontinuierlichen Aufwärtsbewegung dar. In dieser Zeit des Friedens, in der sich die Ideale der Bergpredigt verwirklichen würden, wäre die hierarchische Kirche überflüssig. Auch würden die Gräben zwischen Juden und Christen sowie zwischen Griechischer und Lateinischer Kirche in einer neuen Ordnung überwunden sein, die nicht von einer sklavischen Befolgung der Gesetze, sondern vom Geist der Evangelien und der Liebe Gottes bestimmt sei.

Joachims Demut und heilige Lebensführung bewahrten ihn vor Verfolgung. Vielmehr wurde er aktiv von Papst Lucius III. (amtierte 1181–1185) unterstützt. Thomas von Aquin lehnte seine Lehren ab. Doch bei vielen Franziskanern genoss Joachim ein hohes Ansehen, was nicht überrascht, und Dante attestierte ihm eine prophetische Begabung. Joachim sagte den Beginn des dritten Zeitalters für das Jahr 1260 voraus. Nachdem dieses Jahr verstrichen war, geriet er posthum zunehmend in die Kritik. Er wurde jedoch nie offiziell als Ketzer verurteilt.

285 — um 1350

Die mittelalterliche Gesellschaft

Zu Beginn des Frühmittelalters war die Gesellschaft Westeuropas ländlich geprägt und machtpolitisch fragmentiert. Die Ursachen lassen sich auf die Teilung des Römischen Reichs im Jahre 285 zurückführen. Die ökonomischen, militärischen und politischen Ressourcen konzentrierten sich in der Folge vor allem im Osten des Reichs. Im Westen wurden die ländlichen Gebiete zunehmend von einer aus Grundbesitzern und höheren Militärs bestehenden Adelsschicht beherrscht, die meist in großen Landhäusern oder neu befestigten Städten residierten. Die Ländereien wurden von Leibeigenen, Hörigen (unfreien Bauern, die ihr Land freiwillig dem Grundherrn übergeben hatten und dafür unter dessen Schutz standen) und freien Bauern bewirtschaftet. Später gab es die Ministerialen, ebenfalls unfreie Verwalter der Güter. Die Grundbesitzer konnten auf lokaler Ebene Recht sprechen und sogar Privatarmeen rekrutieren. Der Handel mit den Mittelmeerländern ging in dieser Zeit zurück, sodass die meisten Güter, die konsumiert oder verkauft wurden, aus der Region stammten.

In diese Welt drangen ab dem 4. Jahrhundert in immer größerer Anzahl germanische Völker vor, die von den Römern als *barbari* oder *externae gentes* („fremde Völker") bezeichnet wurden. Häufig unterstützt von lokalen römischen Beamten und der Bevölkerung, gelang es den germanischen Stammesführern, in den Provinzen Gallien, Hispanien, Italien und Britannien die Macht zu ergreifen und dort Königreiche zu etablieren.

RECHTS *Bauern arbeiten in den Feldern vor dem Château de Lusignan; Illustration aus dem Stundenbuch „Très Riches Heures du Duc de Berry" aus dem 15. Jahrhundert.*

Jene mittelalterlichen Gemeinden, die zuvor zum Römischen Reich gehört hatten, konnten auf den vorhandenen institutionellen Strukturen aufbauen. Die römische Verwaltungseinheit auf lokaler Ebene war die *civitas*, die aus einer Stadt und ihrer ländlichen Umgebung bestand. Solche *civitates* gab es in Italien und anderen westlichen Provinzen weitaus häufiger als in den nördlichen und östlichen Regionen des Reichs. Jede von ihnen war auch Bischofssitz. Im 5. und 6. Jahrhundert übernahmen die Bischöfe im südlichen Frankreich und Italien zunehmend Funktionen der römischen Provinz-

gouverneure. Sie kontrollierten die Zivilverwaltung und waren für die Versorgung der *civitates* mit den lebensnotwendigen Gütern verantwortlich.

Grundbesitzer und Leibeigene

Die in den ländlichen Gebieten vorherrschende soziale Gliederung in Grundbesitzer, Bauern und Leibeigene überdauerte die Reichsauflösung fast ein halbes Jahrtausend lang. Dasselbe gilt für das typische Erscheinungsbild der Landschaft, die hauptsächlich aus bestellten Feldern, Obstplantagen und dichten Wäldern bestand. Eine signifikante Neuerung, die sich bis zum 9. Jahrhundert durchsetzte, war das System der Grundherrschaft, welches die Beziehung zwischen Grundbesitzern und Feldarbeitern regelte. Die Landgüter dürften sich aus den sozialen Strukturen entwickelt haben, die einst die spätrömische Villa gekennzeichnet hatten. Als Domäne wurde jener Teil des Landguts bezeichnet, den der Gutsherr für seinen eigenen Bedarf bestellen ließ. Das übrige Land wurde von den Bauern für ihre eigene Versorgung genutzt. Dafür hatten sie eine Pachtgebühr in Form landwirtschaftlicher Produkte, Arbeitskraft oder in barer Münze zu entrichten.

Als im 9. und 10. Jahrhundert, nach der Karolingerzeit, die königliche Zentralmacht immer schwächer wurde, begannen die Großgrundbesitzer, ihre Ländereien intensiver zu kultivieren und ihre territorialen Herrschaftsrechte auszubauen. Ehemals freie Bauern und Sklaven bildeten eine neue soziale Gruppe: die Leibeigenen. Der Begriff *servus*, der bis dahin nur auf Sklaven angewendet worden war, bezog sich von nun an auf Leibeigene, die zwar nicht selbst Eigentum des Grundbesitzers waren, jedoch an dessen Land gebunden waren. (Das neue, für Sklaven verwendete Wort *sclavus* geht auf die slawischen Gesellschaften Osteuropas zurück, die Sklaven in äußerst großer Zahl hervorbrachten und auch exportierten.) Bis ins späte 12. Jahrhundert hinein wuchs die Zahl der Leibeigenen stetig an. Mit der sukzessiven Etablierung der Geldwirtschaft wurden jedoch freie Bauern, die Pachtgebühren zahlten, für die Grundbesitzer attraktiver als Leibeigene. Diese soziale Klasse verschwand in Westeuropa allmählich. In Osteuropa hingegen gewann die Leibeigenschaft an Bedeutung, da dort eine Allianz aus Herrschern und Großgrundbesitzern zur Herausbildung riesiger landwirtschaftlicher Güter führte, deren Erträge für den westeuropäischen Markt bestimmt waren.

Der westeuropäische Adel nutzte seine Stellung dazu, das *bannum* auszuüben. Dieses Recht zu gebieten und zu verbieten kam vor dem Rückgang der Zentralmacht im 9. Jahrhundert nur den Kaisern zu. Je mehr die Macht auf regionale Fürstenhöfe überging, desto ungehemmter konnte der Adel seinen Willen durchsetzen, die Getreideernte durch das Abholzen von Wäldern steigern und den restlichen Wald für die Jagd nutzen. Bauern und Leibeigene dienten nicht nur als

Die mittelalterliche Gesellschaft

285 Das Römische Reich wird geteilt. Die Ressourcen konzentrieren sich im Osten, während sich die Herrschaft in Westeuropa aufsplittert.

um 500 Bischöfe in Südfrankreich und Italien übernehmen Regierungsverantwortung in den *civitates* des früheren Römischen Reichs.

um 900 Das System der Grundherrschaft breitet sich in ganz Westeuropa aus.

um 950–um 1250 Europa erlebt lange, heiße Sommer und milde Winter. Die landwirtschaftliche Produktivität und die Bevölkerungszahl steigen.

um 1000 Grundbesitzer drängen freie Bauern in die Abhängigkeit.

um 1050 Das Feudalsystem, das auf gegenseitiger Loyalität und Verpflichtungen aufbaut, entwickelt sich zum Gesellschaftsmodell Westeuropas.

um 1150 Adelsfamilien definieren sich ausschließlich über die väterliche Linie und sind an einen Landsitz gebunden, der der Familie ihren Namen gibt.

um 1200 Die Leibeigenschaft nimmt in Osteuropa zu und geht im Westen zurück.

um 1350 Die Bevölkerungszahlen sinken durch Hungersnöte und die Pest dramatisch.

Arbeitskräfte, sie waren auch gezwungen, die Mühlen und Märkte der Adligen in Anspruch zu nehmen. Zunehmend lebten die Bauern in Dörfern, die aus einzelnen Höfen rund um eine Kirche bestanden. Dem Grundherrn mussten sie ein Zehntel der landwirtschaftlichen Erzeugnisse abgeben, die in einer speziellen Scheune gelagert wurden.

Technischer Fortschritt

Zwischen dem Jahr 1000 und der Mitte des 14. Jahrhunderts verdoppelte sich die Bevölkerung Europas auf knapp 75 Millionen. Im Norden verdreifachte sie sich sogar, was auf eine proteinhaltigere und mehr auf Fleisch basierende Ernährungsweise zurückzuführen ist. Diese war ihrerseits ein Resultat verbesserter Agrartechniken. Die aus dem Nahen Osten in Andalusien eingeführte Bohne gelangte in den Norden Europas, und die intensivere Nutzung von Weideland führte zu einem Anstieg der Nutzviehbestände.

Technische Neuerungen wie der Einsatz von Pferden und die Nutzung von Wasser- und Windmühlen förderten den wirtschaftlichen Fortschritt auf dem Land. Der Ochse als traditionelles Lasttier wurde ersetzt durch das effizientere Zugpferd. Mit Hufeisen beschlagen, konnte es sich auf den feuchten Böden Nordeuropas ungleich besser fortbewegen. Im ausgehenden 10. Jahrhundert wurde die Zugkraft des Pferdes durch das Kummet, ein Geschirr, das die Last auf Brustkorb und Schultern des Tieres verteilte, noch deutlich gesteigert.

Die steigende Anzahl von Wassermühlen, mit deren Hilfe Getreide zu Mehl gemahlen wurde, verdankte sich den ausgedehnten Flusssystemen Westeuropas. Die Windmühlen, ein Technikimport aus dem Nahen Osten, wurden vor allem in flussarmen Gegenden zur Energiegewinnung eingesetzt. Europas Wälder und Gebirge lieferten Holz, Brennstoff und metallische Erze, die als Rohstoffe für die neuen Technologien dienten. Waldgebiete wurden systematisch abgeholzt, um den Bedarf an Holz für den Schiffs- und Hausbau zu decken. Fortschritte im Hüttenwesen führten zur Herstellung besserer Schwerter, Dolche und Rüstungen. Glasierte Keramik und Glasgegenstände wurden selbst in relativ bescheidenen Haushalten verwendet. Und die Häuser der breiten Bevölkerungsmasse wurden zunehmend statt aus Holz und Stroh aus Stein gebaut.

Oben *Das Detail aus dem Luttrell-Psalter von etwa 1340 zeigt einen Müller und eine Windmühle. Windmühlen breiteten sich vom späten 13. Jahrhundert an in ganz Europa aus.*

Aufgrund von Klimaschwankungen erlebte die Nordatlantikregion Europas eine Wärmeperiode (um 950–um 1250), deren lange Sommer und milde Winter der Landwirtschaft spürbar zugutekamen. Diese Umstände beförderten im Hochmittelalter letztlich

Rechts *Die Miniatur stammt aus eine Prachthandschrift von 1448 des Epos „Girart de Roussillon" über den ersten Herzog von Burgund. Sie zeigt Bauern und Maurer beim Bau einer neuen Stadt.*

auch den Bau großer gotischer Kathedralen, da den Arbeitern längere Schönwetterperioden für ihre Tätigkeit unter freiem Himmel zur Verfügung standen. Die architektonischen und organisatorischen Fertigkeiten sowie das technische Wissen, das für den Bau der Kathedralen nötig war, begünstigten auch das Anwachsen der Städte vom 11. Jahrhundert an. Bauern, die aufgrund der effizienteren Landwirtschaft nicht mehr gebraucht wurden, wanderten in großer Zahl in diese neuen urbanen Zentren ab.

Das Anwachsen der Städte

Die wenigen Städte des Karolingerreichs waren eher klein gewesen. Bei einigen handelte es sich einfach um neugestaltete römische Städte, insbesondere im Mittelmeerraum. Die meisten dienten vorrangig dazu, die Bedürfnisse von Königen, Bischöfen und Klöstern zu decken. In der nun einsetzenden Urbanisierung spiegelte sich jedoch der ökonomische Bedarf lokaler Adliger. Vor allem in Nordeuropa entstanden neue Städte als regionale Marktzentren. Vom 10. Jahrhundert an gründeten Kaufleute und Handwerker Gilden und Zünfte, um ihre Interessen durchzusetzen. Besonders die Kaufmannsgilden spielten eine maßgebliche Rolle bei der Herausbildung unabhängiger Städte oder Gemeinden. Diese Entwicklung unterstrich die Eigenständigkeit des städtischen Lebens und grenzte es deutlich von der ländlichen Sphäre der Dörfer und Landgüter ab. Die Städte mussten ihre Lebensmittelvorräte, Kommunikationsnetze und Handelsrouten schützen. Daher blieb sowohl im Norden als auch im Süden Europas das Umland eng an die Stadt angebunden.

Viele der aufblühenden städtischen Zentren wurden mit spezifischen handwerklichen Erzeugnissen in Verbindung gebracht. Der Süden der heutigen Niederlande beispielsweise zeichnete sich durch ein besonderes Fachwissen im Färben, Weben und in der Wollverarbeitung aus. Andere Städte spezialisierten sich zum Beispiel auf die Metallverarbeitung. Wieder andere wurden zum Umschlagplatz für Produkte, die – wie etwa Wein – nicht vor Ort angebaut werden konnten. Solche Erzeugnisse wurden über weitverzweigte Handelsrouten weitertransportiert und verteilt. Die westeuropäischen Flüsse, an denen zahlreiche Städte lagen, bildeten dabei wichtige Transportwege.

Im 11. und 12. Jahrhundert war die Aufteilung der Gesellschaft in kämpfende, betende und arbeitende Menschen allseits anerkannt. Um das Jahr 1200 hatte sich der „zweite Stand", der Klerus, bereits weitgehend etabliert. Im Zuge der ökonomischen Diversifizierung des 12. Jahrhunderts zählten nun auch Kaufleute, Finanziers und Facharbeiter ebenso wie Bauern und Kunsthandwerker zu der „arbeitenden" Bevölkerungsschicht. Die formalere und rechtliche Trennung bestand jedoch zwischen den Freien und den Unfreien. Den Unfreien war der Zugang zur Armee selbst in den niedrigsten Rängen untersagt. Daher waren selbst Soldaten der unteren Ränge sehr darauf bedacht, sich als freie Männer klar von den einfachen Landarbeitern abzugrenzen. Dies veranschaulicht, in welchem Ausmaß einstmals freie Bauern in die Leibeigenschaft gezwungen worden waren.

Adel und Grossgrundbesitz

Adlige Großgrundbesitzer konnten ihre Abstammung oft bis in die Karolingerzeit zurückverfolgen. Der Begriff „adlig" wurde auf Familien angewandt, deren Namen und vornehme Vorfahren weithin bekannt und angesehen waren. Die Adligen heirateten untereinander und erkannten zunächst sowohl die väterliche als auch die mütterliche Verwandtschaftslinie bei der Feststellung ihrer Identität, Rechte und Erbansprüche an. Karl der Große regierte sein Reich mithilfe dieses internationalen Adels. Im Hochmittelalter hatte sich der Adelsstand grundlegend verändert: Adlige Familien definierten sich mittlerweile ausschließlich über die väterliche Abstammungslinie und waren zudem fest an einen Grundbesitz gebunden, der von Generation zu Generation weitervererbt

RECHTS *Die Illustration Karls des Großen mit seinem Hofstaat stammt aus der von Jacob van Maerlant in den 1280er Jahren verfassten niederländischen Übersetzung von Vinzenz von Beauvais' „Speculum maius".*

wurde. Oft gab er auch der Familie ihren Namen. Titel wie „Herzog" und „Graf" wurden ursprünglich vom König als Würdigung bestimmter Dienste verliehen. Doch auch wenn solche Ehrungen das Ansehen einer Familie erhöhten, waren sie nicht automatisch an den Adelsstatus gebunden. Nicht einmal Könige besaßen im Frühmittelalter die Macht, einen durch Geburt Nichtadligen in den Stand der Aristokratie zu erheben.

Großgrundbesitzer sahen sich selbst als Krieger. Ihre materiellen Bedürfnisse in dieser Beziehung wuchsen im Hochmittelalter. Fortschritte in der Kriegstechnologie wie etwa die Einführung der schweren Kavallerie bedeuteten zusätzliche Kosten, und da der Krieg stetig an Komplexität zunahm, benötigte der Adel mehr Zeit für die Planung und Vorbereitung von Kriegshandlungen. Die neu organisierten ländlichen Regionen Europas lieferten die finanziellen Mittel, um die Ansprüche des Adels zu erfüllen. Einige Adlige behaupteten sich durch die gewaltsame Einnahme von Territorien, die sie samt der ansässigen Bevölkerung von ihren Burgen aus kontrollierten. Die mächtigsten Adligen verwalteten ausgedehnte Ländereien, die sie entweder geerbt oder vom König verliehen bekommen hatten. Daraus entwickelten sich Fürstentümer, die, wie in Frankreich, nach und nach an die Krone übergingen, um unter den jüngeren Mitgliedern der Königsfamilie neu aufgeteilt zu werden. Im späteren Mittelalter gewannen solche Territorialmonarchien mehr und mehr an Macht. Der Adel passte sich an die neue Situation an, indem er Ämter, Titel und Ländereien vom Königshof annahm. Die Entwicklung einer Hierarchie innerhalb des Adels verdeutlicht seine Entschlossenheit, sich als separate und privilegierte soziale Schicht zu behaupten. Dabei unterstand der Adel insgesamt dem Herrscher, der inzwischen jeden Untertan in den Adelsstand erheben konnte.

Im 11. Jahrhundert begann in Europa die Zeit der Ritter. Die Entwicklung des Rittertums als Institution und moralischer Anspruch hatte tiefgreifende Auswirkungen auf die adligen Krieger. Frühmittelalterliche Armeen wurden aus freien Männern mit sehr unterschiedlichen Besitzverhältnissen rekrutiert. Nicht anders verhielt es sich bei den Rittern. Auch sie unterschieden sich stark im Hinblick auf Vermögen und gesellschaftliche Stellung. Angehörige des Hochadels nannten sich Ritter ebenso wie wie Grundbesitzer bescheidener Landgüter. Es war vielmehr seine Professionalität als Krieger, die den Ritter auszeichnete und eine Neuerung in Geschichte und Gedankenwelt des Mittelalters darstellte. Unabhängig von Rang und Wohlstand waren alle Ritter den ritterlichen Tugenden verpflichtet, zu denen Ehre, Treue, Mut, höfisches Verhalten, Freigebigkeit und Anstand gehörten. Trotz der extremen Bandbreite von niederen Adligen bis zu mächtigen Großgrundbesitzern schuf die neue Kriegerkultur, die in der Literatur und dem Geist des Rittertums Ausdruck fand, eine soziale Bindung, die alle anderen ausschloss.

Die gegenseitigen Verpflichtungen von Herren und Abhängigen bildeten einen fundamentalen Wesenszug der hochmittelalterlichen Gesellschaftsordnung. Hohe und niedere Adlige sowie Ritter boten ihren Untergebenen Schutz an und nahmen dafür deren Treueschwur entgegen. So kam es zu fast unüberblickbaren Machtverflechtungen, beispielsweise zwischen hochadligen Rittern und Kämpfern niederen Ranges, die auf Unterstützung angewiesen waren. In der Hoffnung auf gesellschaftlichen Aufstieg nahmen sie Ländereien oder materielle Einkünfte von den Höhergestellten an. Ritter von niedrigem gesellschaftlichem Rang forderten von ihren Vasallen den Treueschwur, waren aber ihrerseits mächtigeren Großgrundbesitzern verpflichtet. Letztere wiederum waren infolge königlicher Begünstigungen, zumeist in Form von Ländereien, direkte Vasallen der Monarchen. Sämtliche Beziehungen dieser Art beruhten auf dem Konzept der Grundherrschaft, das mit gegenseitigen Verpflichtungen zu Treue beziehungsweise Schutz verbunden war. Es war vom 11. bis zum 14. Jahrhundert ein konstitutives Wesensmerkmal der europäischen Gesellschaftsordnung.

Das Lehnswesen oder Feudalwesen sorgte auf lokaler Ebene für die Umsetzung des Prinzips der Grundherrschaft. Der Lehnsherr übertrug dem Lehnsmann oder Vasall ein *feudum* („Gut") zur Nutzung. Dafür leistete ihm dieser den Treueeid und verpflichtete sich zu Lehnsdiensten. Diese bestanden unter anderem im Militärdienst, wenn der Herr in den Krieg zog. Später konnten die Vasallen speziell in England statt des Kriegsdienstes auch ein Schildgeld entrichten, das dann oft zur Bezahlung von Söldnern verwendet wurde. Nur weltliche und geistliche Fürsten, Adlige und waffenfähige freie Männer konnten Lehen annehmen, auch wenn zwischen Bauern und Grundherrn ein ähnliches Verhältnis wie zwischen Lehnsherr und Lehnsmann bestand. Der Bauer leistete Arbeit und entrichtete Abgaben in Form von landwirtschaftlichen Erzeugnissen, um das Land des Herrn bewirtschaften zu dürfen und dessen Schutz zu genießen. Oft waren Lehen erblich; dann trat der Erbe eines Lehnsmanns in dessen Verpflichtungen ein. Verstarb der Lehnsmann ohne Erben, fiel das Land an den Feudalherrn zurück.

Die Folgen einer Tragödie

In der Mitte des 14. Jahrhunderts begannen Hungersnöte und Pestwellen die Bevölkerung Europas zu dezimieren. Für die Überlebenden bargen sie indes auch Chancen. Die Löhne stiegen, während der Mangel an Arbeitskräften die Pachtzinsen in den Keller trieb. Aufgrund des Bevölkerungsrückgangs sanken überdies die Preise für Grundnahrungsmittel wie etwa Weizen. Dadurch konnten sich auch einfache Arbeiter abwechslungsreicher ernähren. Der zunehmende Konsum von Molkereiprodukten und Fleisch war eine der Ursachen für den Bevölkerungsanstieg. Die allgemeine Kaufkraft stieg und versetzte auch Arbeiter in die Lage, in den Städten produzierte Güter zu kaufen. Diese erhöhte Nachfrage kurbelte das Wirtschaftswachstum in den Städten an. So kam es, dass trotz eines abermaligen Bevölkerungsrückgangs im 14. und 15. Jahrhundert die Zahl der europäischen Städte mit Einwohnerzahlen von über 10 000 kontinuierlich wuchs.

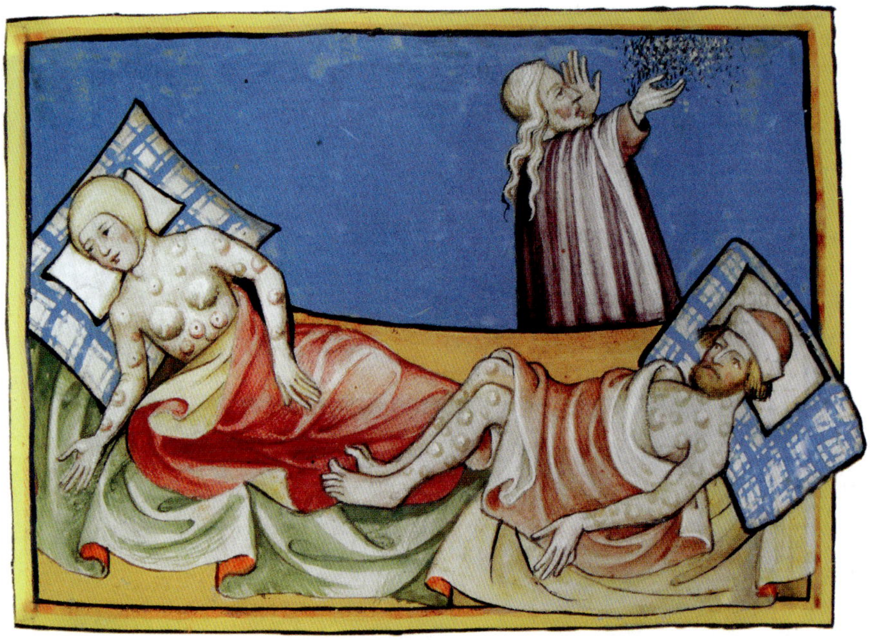

Oben *Der „Schwarze Tod", der im 14. Jahrhundert seinen schrecklichen Höhepunkt erreichte, dezimierte die europäische Bevölkerung auf nahezu die Hälfte. Diese Darstellung von Pestkranken entstammt der Toggenburg-Bibel von 1411.*

Die im 15. Jahrhundert einsetzende Erholungsphase war von neuerlich ansteigenden Bevölkerungszahlen, einer Erstarkung des Bürgertums sowie Regierungsmaßnahmen zur Steigerung der Nachfrage nach Gütern, Lebensmitteln und Dienstleistungen geprägt. Das System der Grundherrschaft, das bereits im Niedergang begriffen war, wurde durch den kommerziellen Anbau von Nutzpflanzen wie Getreide oder Wolle sowie durch den Rückgang der Leibeigenschaft weiter untergraben. In der produzierenden Wirtschaft florierten besonders die Zweige, die der Versorgung der Armeen und Flotten mit Textilien, Rüstungen, Waffen und Schiffen dienten. Der technische Fortschritt brachte arbeitseinsparende Neuerungen wie etwa die Druckpresse, was wiederum die allgemeine Produktivität steigerte. Die großen Eisen-, Kupfer-, Gold- und Silbervorkommen Mitteleuropas wurden mittels neuer Verfahren zutage gefördert, und auch die Metallverarbeitung wurde verfeinert. All diese Entwicklungen bildeten die Grundvoraussetzung für Kapitalinvestitionen, die zum Wesenszug der europäischen Wirtschaft werden sollten.

Das Pogrom von York 1190

Bis ins späte 11. Jahrhundert hinein waren die Juden in Europa kaum Verfolgungen ausgesetzt gewesen. Zwar wurde die Zugehörigkeit zum Judentum als unerklärliche Ablehnung der christlichen Heilslehre betrachtet, doch untersagten päpstliche Anordnungen eine Zwangsbekehrung von Juden, die bis dahin denselben Berufszweigen nachgehen konnten wie Christen. Vom Ersten Kreuzzug an breitete sich jedoch rasch eine Feindseligkeit gegenüber dem Judentum aus, da sich Europas Kultur zunehmend aggressiv christlich definierte.

Juden galten traditionell als stur. Nun betrachtete man sie als bösartige Kraft, die es darauf angelegt hatte, die christliche Gesellschaft von innen heraus zu zersetzen. Berufsverbote bewegten zahlreiche Juden dazu, sich dem Geldverleih zuzuwenden. Diese Tätigkeit war Christen untersagt und führte schon bald zu einer neuen und gewalttätigen Ausprägung antisemitischer Ressentiments.

Wilhelm der Eroberer ermunterte 1070 Juden aus der Normandie dazu, sich in England niederzulassen. Sie bildeten den Kern der ersten nennenswerten jüdischen Gemeinde auf den Britischen Inseln. Das finanzielle Geschick der Juden sollte der anglo-normannischen Krone in den folgenden Jahrzehnten sehr zugute kommen. Deshalb wurden den Juden Privilegien zugestanden. Eine von Heinrich I. (regierte 1100–1135) verabschiedete „Charta der Freiheiten" billigte den Juden das Recht zu, sich frei im Land zu bewegen, ohne Zölle zu zahlen, Grundbesitz zu kaufen und zu verkaufen sowie auf die Tora zu schwören. Daher waren Juden über weite Teile des 12. Jahrhunderts in England sicherer als auf dem Kontinent. Nach der Vertreibung französischer Juden durch König Philipp II. August 1182 wuchs die jüdische Bevölkerung in England weiter an.

Juden mit „Judenhüten" und gelben Ringen an der Kleidung werden 1348 in Köln auf dem Scheiterhaufen verbrannt; Illustration aus der „Luzerner Chronik" von 1513.

Ernsthafte Bedrohungen entstanden den englischen Juden im Vorfeld des Dritten Kreuzzugs: In den Tagen nach der Krönung von Richard Löwenherz am 3. September 1189 kam es zu Angriffen auf Häuser im jüdischen Viertel der Stadt London („Old Jewry"). Nach dem Aufbruch des Königs zum Kreuzzug griffen antisemitische Gewaltausbrüche auch auf Essex und Norfolk über. Anfang März 1190 kam es in York zu einem Pogrom. Jüdischen Familien wurde im Castle Zuflucht gewährt. Außerhalb der Mauern forderte eine aufgebrachte Menge unter Androhung der Todesstrafe den Übertritt der Juden zum Christentum. Eine lokale Bürgerwehr begann, die Burg zu belagern. Als der Holzturm, in den die Juden geflohen waren, am 16. März Feuer fing, zog die Mehrheit den Freitod einer Konfrontation mit dem Mob vor. Die wenigen, die sich den Belagerern stellten, wurden sofort umgebracht. Insgesamt starben mindestens 150 Juden.

Nach dem Massaker verbrannten die Anführer der Belagerung alle im Münster von York aufbewahrten Dokumente über die Beträge, welche die Christen der Stadt den ermordeten Juden noch schuldeten. Da die englischen Juden dem speziellen Schutz des Königs unterstanden, leitete die Krone rechtliche Schritte ein. Der Hauptgrund war jedoch der erlittene finanzielle Schaden. Die Ermordung der Juden kam einem Angriff auf die Einkunftsquellen des Monarchen gleich. Rund 50 Bürger der Stadt York wurden zur Rechenschaft gezogen, und König Richard I. führte ein System ein, nach dem Schuldansprüche der Juden in doppelter Höhe an die Krone übergingen.

um 400 – 1300 Die mittelalterliche Kultur

Die Kultur des europäischen Mittelalters wurde stark geprägt durch die Kirche, die als Richterin über das Verhalten der Menschen und als Autorität bezüglich der göttlichen, durch Christus geoffenbarten Wahrheiten auftrat. Das Kirchliche Lehramt, das der Klerus für sich beanspruchte, gewährleistete die Vermittlung orthodoxer Glaubensinhalte. Gleichzeitig übte sie eine disziplinarische Gewalt aus, die auf Auslegungen der Bibel beruhte und im Kirchenrecht ausformuliert war. Trotz ihres Widerspruchs zur christlichen Lehre besaß auch die Astrologie im Mittelalter eine beträchtliche Anziehungskraft. Zudem hielt sich ein beharrlicher Glaube an Magie, Hexenkunst und die Mächte guter und böser Geister hinter der Fassade des offiziellen kirchlichen Weltbildes.

Eine selektive, christlich bestimmte Interpretation der antiken römischen Kultur prägte die sich entwickelnde mittelalterliche Zivilisation. Latein war nicht nur die Sprache der katholischen Messe, sondern auch die Verkehrssprache der kirchlichen und weltlichen Bürokratie. Die Priester, die der größtenteils ungebildeten Bevölkerung die Inhalte ihrer Predigten vermitteln wollten, mussten pragmatisch sein. Sie bedienten sich daher entweder eines vereinfachten Vulgärlateins oder der Volkssprachen, die sich im 8. Jahrhundert immer stärker auszuprägen begannen wie etwa die *rustica lingua romana* oder die *rustica lingua thiotisca*, Frühformen des Romanischen und des Deutschen.

Regieren nach römischem Vorbild

Die Könige im frühmittelalterlichen Europa regierten im römischen Stil, nachdem sie sich in den ehemaligen Territorien des Reichs etabliert hatten. Sie erließen Gesetze für die Angehörigen ihres eigenen Volkes sowie für die neuen Untertanen, die ehemals römische Bürger gewesen waren. Auch ließen sie Münzen nach römischem Vorbild prägen. Obwohl die Königreiche der Franken, Langobarden, Angelsachsen, der Westgoten in Spanien und der Ostgoten in Italien Neugründungen waren, legten sie Wert darauf, als alt betrachtet zu werden. Der Nimbus des Alten verlieh Autorität. So war es auch früher in Rom gewesen. Die offiziell beauftragten Geschichtsschreiber dieser

Rechts *Die Illustration aus den „Très Riches Heures du Duc de Berry" zeigt junge Pariser Adlige zu Pferde.*

Die mittelalterliche Kultur

um 731 Der englische Mönch Beda Venerabilis vollendet seine „Kirchengeschichte des englischen Volkes". Die Zeitzählung nach *anno domini* wird in Europa zur Norm.

910 Das Kloster Cluny in Burgund wird gegründet. Zahlreiche Gründungen von Tochterklöstern überall in Europa folgen.

um 1127 Hugo von Sankt Viktor verfasst das „Didascalicon", ein erstes Beispiel einer mittelalterlichen Enzyklopädie.

um 1150 Wappen kommen auf. Die heraldischen Embleme eines Trägers sind einzigartig. Sie werden auf das Schild eines Ritters oder Fürsten gemalt.

1163–1250 In der Notre-Dame-Schule erreicht die Mehrstimmigkeit einen ersten Höhepunkt.

um 1200 Die Gotische Minuskel kommt auf. Ihr einheitlicher Stil fördert die Entstehung von standardisierten Texten für den Lehrbetrieb.

1204 Konstantinopel wird während des Vierten Kreuzzugs geplündert: Die Spaltung Europas in griechische und lateinische Kultur vertieft sich.

1256 Thomas von Aquin beginnt an der Universität von Paris zu lehren.

Völker wie etwa Paulus Diaconus, der in den 790er Jahren eine „Geschichte der Langobarden" verfasste, schrieben daher den Königreichen weitaus ältere und ethnisch exklusivere Wurzeln zu, als sie tatsächlich besaßen.

Der kulturelle Einfluss des Christentums auf das Alltags- und Geistesleben im europäischen Mittelalter war eine Fortführung seiner Bedeutung in der zivilisierten Welt der Spätantike. Nachdem Kaiser Theodosius I. im Jahre 380 das Christentum zur offiziellen Reichsreligion gemacht hatte, wurde der Klerus analog der Hierarchie der römischen Staatsbeamten organisiert. Gleichzeitig büßte die christliche Religion weitgehend ihre ursprüngliche pazifistische Ausrichtung ein. Die frühmittelalterliche Kultur knüpfte an die institutionalisierte Kirche an und richtete sie an den pragmatischen Bedürfnissen der Krieger-Könige aus, die sich als ausführende Organe einer geistlichen und göttlichen Macht betrachteten. Zahlreiche Könige und Adlige wurden von ihren Frauen bekehrt. Königin Chrodechild von Burgund (um 474–um 545) etwa, die Frau des Frankenkönigs Chlodwig I., überzeugte ihren Mann, dem Heidentum seiner Vorfahren abzuschwören und den Katholizismus anzunehmen. Die bayrische Prinzessin Theudelinde (um 570–628), die den langobardischen König Agilulf heiratete, bestärkte ihn, dem Arianismus zugunsten des Katholizismus den Rücken zu kehren. Das kriegerische Ethos ehemals heidnischer Herrscher erhielt dadurch eine neue Perspektive, und die Kirche billigte die Autorität christlicher Könige, zumal deren Eroberungsfeldzüge in feindliche Nachbarterritorien zur – oft erzwungenen – Christianisierung des Kontinents beitrugen. Einige Könige, insbesondere die fränkischen und westgotischen, übernahmen traditionelle jüdische Riten, die auf dem Alten Testament basierten. Könige wurden mit Öl gesalbt und in Predigten und Gebeten sowie auf Kirchenkonzilien an ihre Verpflichtungen gegenüber Gott erinnert, der sie als Herrscher auserwählt hatte. Die neue Kultur des Königtums stellte somit eine Mixtur aus weltlicher Macht und geistlichem Selbstbewusstsein dar. Sie breitete sich auch in Regionen Europas aus, die nie zum Römischen Reich gehört hatten, darunter Irland, der Norden Großbritanniens sowie Gebiete östlich des Rheins.

Die Christianisierung Europas

Bei der Christianisierung der nichtrömischen Völker Europas taten sich besonders irische Missionare hervor. Der berühmteste unter ihnen, Columban der Jüngere (um 543–615), gründete zudem neue Klöster im Burgund und in Norditalien. Auf ihn geht außerdem die Verbreitung der „Ohrenbeichte" als Bußpraxis in ganz Europa zurück. Diese war ein Grundzug des keltischen Christentums. Auf den Britischen Inseln stießen keltisch-frühchristliche Traditionen auf römisch-katholische. Erst mit der Synode von Whitby (664) wurde die hierarchischere römische Kirchenordnung auch in Northumbria übernommen. Die anderen angelsächsischen Königreiche folgten kurz darauf. Der größte Missionar der englischen Kirche war Bonifatius (um 675–754), der „Apostel der Deutschen". Er missionierte im Fränkischen Reich und an dessen Grenzen.

Oben *Der heilige Columban der Jüngere gründete im späten 6. Jahrhundert drei Klöster in Italien und Frankreich. Er ist hier auf einem Fresko in der Kathedrale von Brugnato bei Genua aus dem 12. Jahrhundert zu sehen.*

Die „Weltgeistlichen" waren als Seelsorger und Priester für die geistliche Betreuung der Laien zuständig. Sie unterstanden einem Bischof und waren einer Gemeinde zugeordnet, während Mönche und Nonnen in Gemeinschaften abseits der Welt lebten. Die ersten Mönche waren Asketen gewesen, die sich in die Wüsten Ägyptens zurückgezogen hatten. Dass ihr Einfluss bis ins westliche Europa vordringen konnte, ist ein Beispiel dafür, dass Kommunikationsnetzwerke über das Mittelmeer hinweg bereits in der Spätantike funktionierten. Die Vorschriften für das Klosterleben variierten. Die Regel Benedikts von Nursia (um 480–um 547) war jedoch die einflussreichste. Er teilte den Tag in verschiedene Phasen ein, die dem Gebet, der Kontemplation und der Arbeit gewidmet waren. Aus den Gemeinschaften, die seine Regeln befolgten, entwickelte sich der „Benediktinerorden". Die zentrale Rolle der manuellen Arbeit im Dienste Gottes bewirkte einen Wandel im kulturellen Bewusstsein. Im klassischen Altertum war die tätige Arbeit ausschließlich Aufgabe der Sklaven und Diener gewesen und wurde von den Eliten verachtet. Im 12. Jahrhundert waren die Zisterzienser, ein aus dem Benediktinerorden hervorgegangener Reformorden, besonders aktiv bei der Erschließung und Kultivierung von Europas Randregionen. Mönche waren disziplinierte, selbstständige und unbezahlte Arbeitskräfte, die innovative landwirtschaftliche Verfahren entwickeln konnten, ohne Rücksicht auf einen Gutsherren nehmen zu müssen.

Die christlichen Zeremonien, Liturgien und Sakramente gaben der europäischen Kultur sowohl auf privater als auch auf gesellschaftlicher Ebene eine Struktur, indem sie das Jahr in Zeiten der Buße und des Fastens einteilten, die den fröhlichen Festen Weihnachten und Ostern vorangingen. Priester segneten Ernteerträge, Tiere und Schiffe und hielten in Notfällen Bittgottesdienste ab. Die christliche Zeitrechnung veränderte das Geschichtsbewusstsein und sorgte für eine Abgrenzung von der heidnischen Vergangenheit. Im frühen 6. Jahrhundert hatte der syrische Mönch Dionysius Exiguus eine Chronologie beginnend mit dem Geburtsjahr Christi (*anno domini*) vorgeschlagen. Nachdem der englische Geschichtsschreiber Beda Venerabilis (673–735) dieses System in seiner „Kirchengeschichte des englischen Volkes" verwendet hatte, wurde es in der

lateinischen Kirche zur Norm. Auch die Unterteilung des Jahres änderte sich nun. Die Monate behielten zwar ihre römische Namen. Doch sie wurden nun in die aus dem jüdischen Kalender entlehnte Sieben-Tage-Woche untergliedert, die die alte römische Dreiteilung des Monats in Kalenden, Nonen und Iden ersetzte.

Die Bedeutung des Laienstandes

Die Unterscheidung zwischen Klerus und Laienstand, die die europäische Gesellschaft strukturierte, wurde von der kirchlichen Reformbewegung des 11. und 12. Jahrhunderts neu interpretiert. Ein zentrales Ergebnis des Investiturstreits war die Emanzipation des Klerus von weltlichen Autoritäten. Doch die Schärfe des Tons, mit dem die Kirche argumentierte, wertete den Laienstand in vielerlei Hinsicht auch auf. Beispielsweise legitimierte die neue Lehre weltliche Autoritäten zu bestimmten rechtlichen Maßnahmen, die nun dem Klerus untersagt waren. Dazu gehörte das Blutgericht, das Straftaten wie Raub oder Mord mit Folter oder Tod ahndete. Vom 11. Jahrhundert an begann der Klerus, Tätigkeiten des Laienstandes positiver zu bewerten, die er vormals entweder ignoriert oder verachtet hatte. Dazu gehörten Handel, Heirat und Familienleben, die nun nicht mehr als Kennzeichen der gefallenen Menschheit galten. Auch die militärischen Unternehmungen christlicher Fürsten und Feldherren erhielten im Hochmittelalter durch das Aufkommen von Theorien über einen „gerechten Krieg" ideologische Unterstützung.

Oben *Der Holzschnitt (um 1530) von Hans Sebald Beham zeigt Bauern aus Gimpelsbrunn bei einer Kirmes. Kirmesfeiern sind fröhliche Gedenkfeste, die an die Weihe einer Kirche oder an deren Schutzpatron erinnern.*

Die Vitalität des Laienstandes schlug sich auch in der Gründung von Universitäten nieder, denen kaiserliche, päpstliche oder königliche Privilegien gewährt wurden. Im späten 12. Jahrhundert gab es erstmals Zusammenschlüsse von Universitätsprofessoren, die auf dem Recht bestanden, die Standards für Zulassungen und Prüfungen von Studenten selbst festzulegen. Eine effiziente Lehre und Wissensvermittlung setzte lesbare Dokumente voraus. Die Karolingische Minuskel des 9. Jahrhunderts hatte diesbezüglich einen enormen Durchbruch dargestellt. Eine wichtige Weiterentwicklung war im 12. Jahrhundert die Gotische Minuskel, durch deren einheitlichen Stil Lehrern und Studenten weitgehend übereinstimmende Textversionen zur Verfügung standen.

Die Scholastik und musikalische Neuerungen

Der Investiturstreit zwischen Papst und Kaiser war der erste öffentliche Disput über die Legitimierung geistlicher und weltlicher Macht. Seine polemische Kraft speiste sich aus konkurrierenden und konträren Lesarten bestimmter Schlüsseltexte, insbesondere aus dem Bereich der Rechtswissenschaft. Eine wichtige Sammlung zu Kirchenrecht und -disziplin war die „Concordia discordantium canonum", die der Benediktinermönch Gratianus de Clusio um 1140 schrieb, der in Bologna Jura lehrte. Die unter dem Namen „Decretum Gratiani“ bekannte Abhandlung war in dem für die Scholastik charakteristischen analytischen Stil abgefasst. Diese Technik der Wissensklassifizierung und Argumentation war zu dieser Zeit das intellektuelle Aushängeschild Europas. Allein die Bandbreite scholastischer Interessensgebiete hob sie von den kontemplativeren und diskursiveren Betrachtungsweisen von Glauben und Wissen ab, wie sie in der früheren Klosterkultur praktiziert worden waren. Die dialektische Methode der Scholastik wurde auf die Medizin, die Künste sowie auf Theologie und Jurisprudenz angewendet. Hugo von Sankt Viktor (1096–1141), der in der gleichnamigen Pariser Abtei wirkte, verfasste um das Jahr 1127 das „Didascalicon“, eine Einführung in das Studium des zeitgenössischen Wissens. Petrus Abaelard (1079–1142) lehrte seine Studenten in Paris Dialektik und die Textkritik. Eine ähnlich analytische Herangehensweise zeigen auch die vier Bücher der „Sentenzen“, einer Darstellung der Theologie des Petrus Lombardus (um 1100–1160).

Zur selben Zeit entwickelten sich auch in der Musik neue Ausdrucksformen. Die charakteristische musikalische Form der frühmittelalterlichen Liturgie war der einstimmige Gregorianische Choral gewesen. Vom 12. Jahrhundert an begann in der geistlichen wie in der weltlichen Musik die Polyphonie zu entstehen. Die frühe Zweistimmigkeit erweiterte sich in Gattungen wie dem Organum und der Motette mit der Zeit zur Drei- und Vierstimmigkeit. Während sich diese Entwicklung an den Kirchen, wie etwa Notre-Dame, und Klöstern vollzog, blühte an den Höfen der Gesang der adligen Troubadoure und Minnesänger.

Die Kultur des Rittertums

Der Verhaltenskodex des Rittertums war durch religiöse wie weltliche Impulse geprägt und orientierte sich eng an der französischen Kriegskultur und ihren berittenen *chevaliers.* Deren hervorragender Ruf führte vom 11. Jahrhundert an zur Ausbreitung des Rittertums unter den adligen Schichten ganz Europas. Das Ritterideal formte die gesellschaftlichen Verhaltensnormen an den Königs- und Fürstenhöfen. Doch auch die kriegerische Komponente blieb während der ganzen vier Jahrhunderte, in denen das Rittertum blühte, bedeutsam. So entwickelten sich immer ausgeklügeltere Vorschriften für die Ausgestaltung von Wappen, mit denen die Schilde der Krieger bemalt wurden. Durch das Tragen heraldischer Symbole verliehen die Ritter und Adligen bei Turnieren, Wettkämpfen oder bei der Jagd auf wilde Tiere ihrem Stolz auf ihre Ahnen Ausdruck. Die wichtigste Funktion des Schildes blieb jedoch die Identifizierung eines Gegners im Gemenge der Schlacht. Wappen gewannen im Spätmittelalter immer mehr an Bedeutung, da nun der gesamte Körper eines Kriegers von einer schweren Rüstung bedeckt war.

Das Rittertum umfasste daneben auch ein ganzes Repertoire an Tugenden und Geisteshaltungen, die sich deutlich vom militärischen Können absetzten, etwa der Reitkunst

Unten *Johannes Gutenbergs Druckerpresse, hier dargestellt auf einem undatierten Holzschnitt, revolutionierte die Herstellung von Büchern. Dank ihrer Einführung mussten von der Mitte des 15. Jahrhunderts an Texte nicht länger von Schreibern per Hand kopiert werden.*

OBEN *Richard II. von England (regierte 1377–1399) führt den Vorsitz bei einem höfischen Turnier. Zwei Ritter zu Pferd kämpfen auf dem Turnierplatz, nachdem die Trompeter im Pavillon zur Linken das Zeichen gegeben haben. Die Zuschauer sehen dem Spektakel vom sicheren Pavillon zur Rechten zu; flämische Buchmalerei aus dem 15. Jahrhundert.*

oder dem Umgang mit Lanze und Schwert. Tapferkeit, Ehre und Treue galt es nicht nur auf dem Schlachtfeld zu demonstrieren, sondern auch während Friedenszeiten und im Privatbereich. Möglicherweise wurden die europäischen Ritter auch von den muslimischen Kriegern beeinflusst, denen sie während der Kreuzzüge in Syrien und Palästina gegenüberstanden. Denn die islamischen Gesellschaften besaßen eigene Traditionen ritterlichen Edelmuts. Christliche Werte und Tugenden wie Nächstenliebe, Treue und Demut bildeten die Grundlage des europäischen Ritterideals. Eine von der Kirche inspirierte Bewegung war der Gottesfrieden („Pax Dei“) in Verbindung mit der Waffenruhe Gottes („Treuga Dei“). Sie hatte zum Ziel, die Privatkriege der Adligen zu unterbinden und auch die öffentliche Kriegsführung an bestimmten Tagen zu verbieten. Vom ausgehenden 10. Jahrhundert an riefen Päpste und andere hohe Kleriker Zeiten der Amnestie aus, in denen die Ritter schwächeren Gesellschaftsmitgliedern Gnade erweisen sollten. Ritterliche Tugenden förderten eine individualisierte Betrachtungsweise der Welt. Dies wird auch aus der engen Verbindung des Tugendkatalogs mit dem weltlichen und göttlichen Minnedienst ersichtlich. Die Popularität des Marienkults ging mit einer neuen Betonung des aufopfernden Leidens einher, und der Ehrenkodex verpflichtete jeden Ritter dazu, im Kampf selbstlos und mutig zu agieren und die Interessen der Kirche zu verteidigen und voranzutreiben. Die Idealisierung der Dame als ethisch höherstehendes Wesen manifestierte sich im Ringen um die Gunst einer adligen Frau, deren Ehre es zu verteidigen galt. Der *minne* zur angebeteten Dame wurde in den Dichtungen der Minnesänger und Troubadoure Ausdruck verliehen.

Die Ausbreitung der europäischen Kultur

Die Begegnungen der Mitteleuropäer mit ihren Nachbarn und insbesondere die Eroberung, Bekehrung und Assimilierung einstmals heidnischer Völker führten dazu, dass man begann zu definieren, was „europäisch“ war. Schließlich ernannte man Skandinavien zur Nordgrenze des mittelalterlichen Europa. Das ursprünglich nomadische Volk der Magyaren, das als äußerst wild und heidnisch galt, hatte sich bis zum 11. Jahrhundert in Ungarn angesiedelt und fungierte dort inzwischen als mitteleuropäische Bastion des Katholizismus. Die Bekehrung der Herrscher der Kiewer Rus bildete den Ausgangspunkt für die Verbreitung des Christentums in Russland. So entstand mit dem Kiewer Großreich eine neue Ostgrenze, die zugleich die Grenzlinie zwischen dem europäischen und dem asiatischen Kulturkreis darstellte. Allerdings geriet die russische Christenheit durch ihre Verbindung zum Patriarchat von Konstantinopel unter den Einfluss der orthodoxen Ostkirche. Die Spaltung zwischen lateinischer und orthodoxer Christenheit sollte zur bedeutendsten inneren Trennlinie der europäischen Kultur werden.

Oben *Die flämische Miniatur aus den „Chroniques de France et d'Angleterre“ aus dem späten 15. Jahrhundert zeigt den Herzog von Burgund, der in Afrika landet. Solche Entdeckungsfahrten trugen zur weltweiten Verbreitung des Christentums und der europäischen Kultur bei.*

Andere Kulturen widerstanden dem europäischen Ansturm oder unternahmen eigene Offensiven. Im Zuge der Kreuzzugsbewegung rückte die islamisch-christliche Feindseligkeit erneut in den Fokus. Zwar scheiterten die von den christlichen Königen geführten Kreuzzüge im Nahen Osten, doch sollte das Kreuzfahrerideal bis ins 16. Jahrhundert, als die Osmanen bis vor Wien gelangten, die Geisteshaltung Europas bestimmen. Trotz seiner kulturell und religiös begründeten Antipathie gegenüber dem Islam importierte Europa zahlreiche materielle Güter aus dem islamischen Kulturraum. Darunter waren auch Innovationen in den Bereichen Seefahrt, Technologie und Landwirtschaft. Als die Mongolen im 13. Jahrhundert im Osten Europas einfielen, wurden die Europäer mit Gefahren ungekannten Ausmaßes konfrontiert, die von den Bedrohungen seitens des Islams völlig unabhängig waren. Die Eindämmung dieser Gefahr ermöglichte es später dem christlichen Europa, einen Teil seiner missionarischen Bestrebungen auf das von den Mongolen beherrschte Asien, das bis zur chinesischen Grenze reichte, zu konzentrieren. Bereits in den 1290er Jahren unterhielten franziskanische Ordensbrüder Missionsstationen in China.

Zwischen dem 10. und dem 15. Jahrhundert exportierten die Mitteleuropäer ihre Kultur bis an die nördlichen und östlichen Grenzen des Kontinents. Die Idee einer paneuropäischen Gesellschaft, die von den Küsten des Atlantiks bis zu den eurasischen Steppen reichte, war mittlerweile zu einer territorialen Wirklichkeit geworden. Vom 13. Jahrhundert an war es den Europäern dank verbesserter Techniken in Schiffsbau und Seefahrt überdies möglich, die Meere deutlich schneller zu überqueren und auch präziser zu kartografieren. Es war dieser Zuwachs an Wissen, der die europäischen Seefahrer in die Lage versetzte, zu Eroberungsfahrten entlang der westafrikanischen Küste sowie im Atlantik und Pazifik aufzubrechen. Das Zeitalter der Entdecker hatte also seinen Ursprung in der Neugier der Europäer während des Spätmittelalters. Bereits um das Jahr 1500 wurde die europäische Kultur über die Weiten der Ozeane bis in die westlichen und südlichen Regionen einer neu entdeckten Welt getragen.

Thomas von Aquin

Die philosophisch-theologische Schule des „Thomismus" basierte auf den Lehren Thomas von Aquins (225–1274), des originellsten und einflussreichsten Denkers der mittelalterlichen lateinischen Christenheit. Auch in späteren Jahrhunderten wurde er hoch geachtet, da es ihm gelungen war, Aristoteles mit der christlichen Theologie zu versöhnen.

Vom späten 19. Jahrhundert an bediente sich die katholische Kirche in ihrer Auseinandersetzung mit dem Säkularismus eines neu belebten Thomismus. Hinter dem Heiligen (1323 kanonisiert), dem Begründer der Scholastik und dem „Doctor Angelicus", tritt häufig die historische Person Thomas von Aquins zurück. Mit seiner intellektuellen Kreativität versetzte er viele seiner Zeitgenossen in Aufruhr.

Der Sohn süditalienischer Adliger erhielt seine Erziehung im Benediktinerkloster von Monte Cassino, bevor er an der Universität von Neapel studierte. Dort wurden vor allem die aus dem Arabischen und Altgriechischen übersetzten philosophischen und wissenschaftlichen Texte studiert. Thomas' Entschluss, den Dominikanern beizutreten, einem Bettelorden, entsetzte seine Familie. Anstatt ein Leben in klösterlicher Abgeschiedenheit zu führen, nahmen die Dominikaner als Prediger und Lehrer am weltlichen Leben teil, und zwar zumeist in den rapide anwachsenden Städten des 13. Jahrhunderts.

Thomas' Entscheidung für den Orden war eine bewusste Ablehnung der beiden Lebensformen, die er in seiner Jugend kennengelernt hatte, des benediktinischen Klosterlebens und des Großgrundbesitzertums seiner Eltern in der Umgebung von Aquino. Thomas strebte vielmehr danach, sich schöpferisch mit den Erscheinungen des zeitgenössischen Europa auseinanderzusetzen. Das Betteln war ein zentraler Bestandteil der radikalen dominikanischen Lebensführung, ähnlich wie es von Franz von Assisi und seinen Anhängern propagiert wurde.

Im Herbst 1245 kam Thomas zum Studium nach Paris. Seine Fähigkeit, als Lehrer und Autor intellektuelle Aufregung zu entfesseln, manifestierte sich unmittelbar nach Beginn seiner Lehrtätigkeit an der Pariser Universität im Jahr 1256. Die arabisch-aristotelischen Wissenschaften und Ideen hatten inzwischen in weiten Teilen Europas Begeisterung ausgelöst, worauf die Kirche zunächst mit Panik reagierte. Insbesondere Aristoteles wurde eines arroganten Rationalismus und Naturalismus, der die Natur mit Gott gleichsetzte, bezichtigt. Sein Ruf erlitt weiteren Schaden, als die Schriften des spanisch-arabischen Aristotelesinterpreten Averroës in Paris und anderen Universitätsstädten bekannt wurden. Dessen Begriff von einer doppelten Wahrheit, der die Schlussfolgerungen des Verstandes und des Glaubens gleichermaßen anerkannte, dabei aber nicht außer Acht ließ, dass diese einander auch widersprachen, brachte den christlichen Konsens ins Wanken. Eine andere Lehre des Averroës, die dieser Aristoteles zuschrieb, besagte, dass die Welt ewig (mithin also nicht in der Zeit erschaffen) und die Seele zweigeteilt sei in einen individuellen Bestandteil, der nicht ewig sei und mit der sterblichen Hülle des Menschen vergehe, sowie in einen göttlichen Anteil, welcher die gesamte Menschheit in kollektiver Teilhabe an einem ewigen und universellen Bewusstsein verbinde.

Thomas von Aquin versuchte, in seinen Kommentaren zu zeigen, dass das aristotelische Gedankengut insofern mit der christlichen Lehre übereinstimme, als die individuelle Seele unsterblich sei und Gott zu einem bestimmten Zeitpunkt tätig geworden sei und die Welt erschaffen habe. Thomas legte seinen Standpunkt in über 80 Schriften dar, zu denen auch seine berühmte „Summa Theologiae" (1265–1273) zählt. Er sah sich Angriffen aus zwei Richtungen ausgesetzt. Die philosophische Schule de Averroismus erregte im Europa des 13. Jahrhunderts die größte Aufmerksamkeit. Ihre Aufwertung der „Natur", die sowohl die physikalische Welt als auch die menschliche Gesellschaft umfasste, erschien vielen Menschen in einer Zeit des materiellen und intellektuellen Fortschritts reizvoll. Die Kirche dagegen betonte unter Berufung auf den Kirchenvater Augustinus die „gefallene Natur" der

Menschheit, die dem göttlichen Willen unterworfen sei. Thomas verband Verstand und Glauben: Der Theologe akzeptiert die Einsichten des Glaubens als Ausgangspunkt und erklärt sie, indem er die Regeln des Verstandes anwendet. Seine Neubewertung der Natur, also der Summe aller Ereignisse und Entwicklungen in der materiellen Welt, erwies sich als provokant. Die Materie ist bei ihm nicht vom Geist getrennt, sondern seine angemessene Form, und die menschliche Existenz ist die Verschmelzung beider Kategorien.

Als Thomas von Aquin 1272 nach Neapel zurückkehrte, genoss er bereits in ganz Europa großes Ansehen. Dennoch verurteilte eine Pariser Kommission im Jahre 1277 einige seiner wichtigsten Schriften zusammen mit anderen Thesen des Averroismus und Aristotelismus. Die Kirche brauchte lange, um sich theologisch gegenüber Thomas zu positionieren: Erst 1567 wurde er zum Kirchenlehrer ernannt.

Thomas von Aquin wird von Aristoteles und Platon flankiert. Unter ihm befindet sich halb liegend Averroës. Christus und die Evangelisten Matthäus, Markus, Lukas und Johannes sowie Moses und der Apostel Paulus blicken von oben auf ihn herab. In dieser Hierarchie des Wissens ist die Philosophie der Theologie untergeordnet („Triumph des heiligen Thomas von Aquin", um 1340, Santa Caterina, Pisa).

um 796 – 1450

Die mittelalterliche Kriegsführung

Die herrschenden Eliten des mittelalterlichen Europa waren nahezu ständig mit Kriegsführung beschäftigt. Zeitgenössische und spätere Chroniken unterscheiden zwischen von Herrschern geführten „offiziellen" Kriegen und „privaten" Kriegen zwischen Individuen. In der Realität allerdings überschnitten sich diese beiden Formen mittelalterlicher Konfliktaustragung. In den zwischen Königen ausgefochtenen Kriegen wurde mit Mitteln der Gewalt um politische Macht und die Durchsetzung von Rechtsansprüchen gekämpft. Die zahlreichen mächtigen Barone, Grafen, Markgrafen und Herzöge, die einander mit Armeen bekriegten, besaßen in ihren Herrschaftsbereichen fast monarchische Autorität. Auch sie beriefen sich bei ihren internen blutigen Konflikten auf ererbte politische und rechtliche Ansprüche. Die Herausbildung territorialer Monarchien, deren Regenten ein uneingeschränktes Machtmonopol genossen, war daher ein äußerst langwieriger Prozess.

Auch im täglichen Leben tolerierte die mittelalterliche Gesellschaft ein hohes Maß an Gewalt. Um ihre Ziele zu erreichen, griffen Männer (und auch einige Frauen) ohne zu zögern zur Gewalt. Auch ganz persönliche Interessen konnten zum Krieg führen. Noch im späteren Mittelalter bedienten sich Monarchen des Begriffs der Ehre, um Kriege zu rechtfertigen, wenn sie oder ihre Dynastie beleidigt worden waren. Stets passte sich die mittelalterliche Kriegsführung in Europa problemlos an die zum Teil sehr persönlichen Gründe an, die die Menschen dazu bewegten, einander mit Gewalt zu überziehen. Insofern schließt sie auch Blutrache ein, Familienfehden sowie den ritterlichen Tugendkatalog und die Machtgelüste christlicher Fürsten. Den Schlüssel zu all diesen Formen von Konflikten bildete das Kriegerethos, das zu einer Institutionalisierung aggressiver Motivationen und ihrer militärischen Austragung führte.

Rechts *Ritter verteidigen im Mann-gegen-Mann-Kampf eine von den Engländern besetzte Burg; Ausschnitt aus einer Handschriftenillustration aus dem 14. Jahrhundert.*

Das militärische Grundmuster des Mittelalters wurde von den germanischen Kriegern geprägt, die das Weströmische Reich zu Fall brachten. Loyalität gegenüber dem Anführer und ein starker persönlicher Ehrbegriff sorgten für die Herausbildung eines Ge-

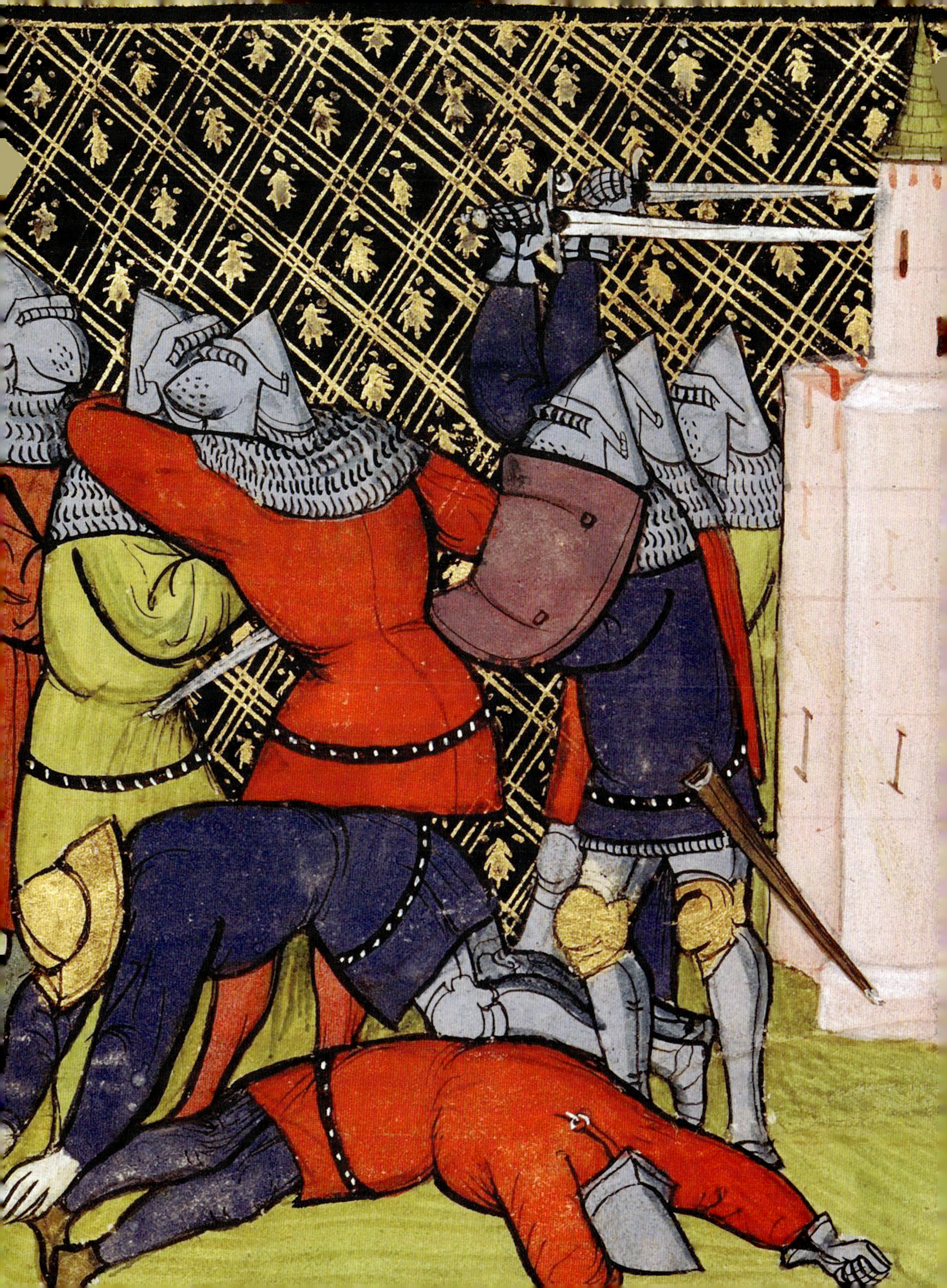

Mittelalterliche Kriegsführung

796 Die Militärführer Karls des Großen erbeuten den sagenhaften Schatz des zentralasiatischen Reitervolks der Awaren.

955 In der Schlacht auf dem Lechfeld siegt Otto der Große über die Magyaren. Es ist ein Sieg von physisch größeren Kriegern aufgrund proteinreicher Ernährung. Diese wird ermöglicht durch landwirtschaftliche Fortschritte in Nordeuropa.

1066–1141 In Schlachten in England und der Normandie zeigt sich die Bedeutung der Infanterie trotz der neuen Wichtigkeit der Kavallerie.

um 1180 Deutsche Konflikte greifen nach Italien über, wo sich die Parteien der Guelfen und Ghibellinen bilden. Allianzen, die ursprünglich separate Kriege miteinander verbinden, machen die Situation unübersichtlich.

um 1200 Europas Söldnermarkt expandiert. Italienische Städte setzen bei ihren internen Kriegen lieber Söldner als lokale Milizen ein.

1272–1307 Eduard I. von England führt während seiner Regentschaft eine Militärreform durch. In seinen Kriegen gegen die Schotten und Waliser setzt er ein Berufsheer ein.

Fortsetzung auf Seite 214

meinschaftsgeistes. Im frühmittelalterlichen Europa galt der Kampf als angemessene Betätigung für jeden körperlich gesunden Mann. In der Schlacht zu sterben war ruhmreich. Jedoch lässt das Entsetzen von Chronisten angesichts gefallener Anführer darauf schließen, dass Adlige persönlich nur selten großen Gefahren ausgesetzt waren. Das physische Leid und die materiellen Verluste, die jene zu erleiden hatten, die selbst nicht an Kampfhandlungen beteiligt waren, wurden zwar als bedauerlich empfunden, galten aber allgemein als unvermeidliche Nebeneffekte des Krieges. Da sich das Krieger-Königtum zum Standard europäischer Herrschaftsausübung entwickelte, hatten diese Auffassungen über die gesamte Dauer des Mittelalters Gültigkeit.

Die Ausbreitung von Kriegen

Im Mittelalter gewannen Könige ihre Autorität, indem sie Kriege gewannen. Ein Herrscher, der sich dauerhaft als glückloser Krieger erwies, hielt sich in der Regel nicht lange auf seinem Thron. Insbesondere die frühmittelalterlichen Monarchen waren auf Landeroberungen und reiche Kriegsbeute angewiesen, die sie unter ihrem Gefolge verteilen konnten. Mit der Herausbildung von Reichsgrenzen ab dem 9. Jahrhundert nahmen die Möglichkeiten für Raubzüge innerhalb Westeuropas ab. Die Regionen an den äußersten Grenzen der Christenheit boten jedoch auch später noch Gelegenheit zu Plündereien. Dasselbe galt für Gebiete, in denen territoriale Rechtsansprüche ausgefochten wurden wie etwa in Frankreich zu Zeiten des Hundertjährigen Krieges. Könige unternahmen bis ins Hochmittelalter hinein alljährlich Militärzüge, die nicht zuletzt der Plünderei dienten, und achteten stets darauf, ihr Gefolge reichlich zu belohnen.

Manche Kriege dienten indes auch eindeutig der Verteidigung. Angelsächsische und westfränkische Herrscher etwa waren im 9. und 10. Jahrhundert gezwungen, sich gegen die Wikinger zur Wehr zu setzen. Die ostfränkischen Feldzüge gegen die Magyaren in den 950er Jahren waren hingegen Vergeltungskriege, und der normannische Vorstoß nach England und Süditalien im 11. Jahrhundert stellte zweifellos einen Angriffskrieg dar. Das Gleiche gilt für die Expansion des Ostfränkischen Reichs in slawische Gebiete jenseits der Elbe. Die islamischen Herrscher Syriens und Palästinas betrachteten die Kreuzzüge als eine Reihe von Angriffskriegen. Von europäischen Herrschern wurden sie jedoch als Befreiungskriege deklariert, die das Ziel hatten, christliche Stätten oder Regionen „zurückzuerobern". Ähnlich rechtfertigte sich auch die christliche Reconquista in Spanien.

Die moderne Kriegsführung führte immer wieder zu großen Konfrontationen auf dem Schlachtfeld. Sie wurden zwischen Armeen im Dienste souveräner Staaten ausgetragen, die ihre militärischen Ziele als unvereinbar erklärt hatten.

Die spektakulärsten militärischen Auseinandersetzungen des Mittelalters haben mit diesen späteren Kriegen bereits einiges gemeinsam. Dazu zählen etwa der Investiturstreit mit seinen Feindseligkeiten zwischen Heiligem Stuhl und Kaiserreich, ferner die franko-hispanischen Kriege, die nach der „Sizilianischen Vesper“ des Jahres 1282 ausbrachen, und schließlich die sich von 1337 an über 100 Jahre hinziehenden, periodisch aufflammenden Kampfhandlungen zwischen England und Frankreich. All dies waren internationale Konflikte zwischen Parteien mit klar definierten Kriegszielen. Die Kriege verschlangen natürlich immense Summen, sodass man Verbündete suchte, die sich an den Kriegskosten beteiligten. Diese Verbündeten waren in der Regel ihrerseits in Konflikte verstrickt, wie sie für das Mittelalter weitaus typischer waren: Grafen, Herzöge, Fürsten oder Regenten verfeindeter Städte stritten regelmäßig um Titel oder Territorien wie etwa im Falle der bayerischen Welfendynastie und der Staufer. Nicht zuletzt gab es Aufstände gegen übergeordnete Autoritäten. Adlige stellten gegenüber Königen Forderungen wie etwa die englischen Barone gegenüber König Johann, und ganze Städtebünde begehrten gegen ihre nominellen imperialen Oberherren auf, so etwa in Norditalien, als die Staufer versuchten, ihre Vormachtstellung durchzusetzen.

Durch Allianzen lokaler Herrscher mit Königen, Kaisern und Päpsten nahmen regionale Konflikte immer häufiger internationale Dimensionen an. Die nach Süditalien vordringenden Normannen etwa wandten sich hilfesuchend an den Papst, der sie gern zu Verbündeten machte. Bei den Feindseligkeiten zwischen Heiligem Stuhl und Deutschem Reich unterstützten diese normannischen Kleinfürsten nun gelegentlich den Papst. Ein weiteres Beispiel für die geradezu seuchenartige Kriegsausbreitung waren die Konflikte der italienischen Städte und die Entstehung der papsttreuen respektive kaisertreuen Parteien der „Guelfen“ und „Ghibellinen“. Die italienischen Kriegsparteien waren bis auf den Tod verfeindet und blieben es auch ungeachtet der weitaus dramatischeren Kriegsereignisse im Norden.

Der Ruf zu den Waffen

Die meisten Männer zogen auf Befehl ihres Oberherrn oder eines Auftraggebers, der sie für ihre Dienste bezahlte, in den Krieg. Die meisten waren an Blutvergießen gewöhnt. Literarische Texte wie Balladen, Gedichte, Ritterromanzen und Epen, die bereits Jugendlichen nahegebracht wurden, dienten der Abstumpfung. Zwar werden mit dem Rittertum Tugenden wie Mut, Demut und Treue assoziiert, doch die Fähigkeit zum schnellen, umstandslosen Töten galt als ebenso erstrebenswert. Auch die ritterlichen Turniere am Hof dienten bei allem Unterhaltungswert als Training in diversen Kampftechniken.

Derweil verfeinerten Herrscher ihre Methoden, Geld zur Finanzierung ihrer Kriege aufzubringen. Vom 12. Jahrhundert an bildeten sich bürokratische Strukturen heraus, die die Könige in die Lage versetzten, Abgaben zu erheben und im Voraus zu planen.

OBEN *Karl von Blois wird in der Schlacht von La Roche-Derrien (1347) während des Hundertjährigen Krieges von den Engländern gefangen genommen. Die Abbildung entstammt der Ausgabe von 1468 der „Chroniken“ des Jean Frissart (um 1337–um 1405). In der mittelalterlichen Kriegsführung zog man es vor, Adlige gefangen zu nehmen, anstatt sie zu töten, um Lösegeld fordern zu können.*

Dauerhafte Hauptquartiere wurden eingerichtet, und Könige konnten vor dem Hintergrund zu erwartender Einkünfte Kredite aufnehmen, was eine radikale Neuerung darstellte. Jetzt konnten Könige und ihre Beamten in lokale Interessenskonflikte eingreifen und eine Lösung auf diplomatischer Ebene oder durch Gewalt herbeiführen. Armeen konnten effizienter ausgestattet, Feldzüge detaillierter vorausgeplant werden. Die ständige Suche nach Ressourcen in Form von Männern und Material machte die mittelalterliche Kriegsführung schier unbeherrschbar. Gleichzeitig wurden die einzelnen Kriegsschauplätze durch die Bildung verschiedenster Allianzen zu einem unentwirrbaren Geflecht aus Feindseligkeiten verknüpft.

Die Häufigkeit der Kriege beeinflusste auch den Standpunkt der Kirche. Krieger, die ihre Feinde getötet hatten, mussten bis ins Hochmittelalter hinein dafür Buße tun, da sie eine Sünde begangen hatten. Dennoch gab die Kirche manchen Feldzügen ihren Segen: Die Idee vom „Heiligen Krieg“ existierte, lange bevor im 13. Jahrhundert die Theorien vom „gerechten Krieg“ aufkamen. Die Reconquista sowie die Kreuzzüge – gegen die Prußen im Baltikum, gegen die Katharer in Südfrankreich und gegen die Muslime im Nahen Osten – galten alle als heilige Kriege. Bußübungen wie Gebete und Fasten, die die Kreuzritter während der Feldzüge ableisteten, stellten die Heiligkeit der

Unternehmungen nicht infrage und ebenso wenig die Notwendigkeit, so lange weiterzukämpfen, bis der Sieg errungen war.

Obwohl die mittelalterlichen Kriege quasi endlos waren, handelte es sich größtenteils um kurze, rasche Übergriffe mit dem Ziel, Kriegsbeute in Form von Vieh, Leibeigenen und Gefangenen zu machen. Solche Raubzüge konnten auch Tributzahlungen nach sich ziehen. Die englische Monarchie führte in den 990er Jahren eine Steuer ein, die später unter dem Namen „Danegeld" bekannt wurde, da ein Teil an skandinavische Herrscher ausbezahlt wurde, die marodierende Wikinger von England fernhalten sollten. Selbst ernsthafte und längere Offensiven bestanden häufig eher aus vielen überfallartigen Raubzügen als aus anhaltenden Gefechten. Zwischen dem 13. und dem 15. Jahrhundert führte der Deutschritterorden seine Feldzüge gegen die Litauer und die Prußen zweimal jährlich, im Februar und im August, durch. Wenn sich die Ritter auf feindlichem Territorium festgesetzt hatten, entsandten sie tägliche Stoßtrupps. Dann zogen sie sich wieder zurück und zogen in eine neue Gegend, bevor gegnerische Streitkräfte sie überhaupt in Kampfhandlungen verwickeln konnten.

Oben *Der Herzog von Mailand, Ludovico Sforza, genannt „il Moro", wird im April 1500 bei Novara von seinen Schweizer Söldnern (links) an die französischen Streitkräfte (rechts) ausgeliefert. Die Franzosen hatten Novara belagert, nachdem Ludovico versucht hatte, Mailand zurückzuerobern; Illustration aus der „Luzerner Chronik" von 1513, verfasst von Diebold Schilling dem Jüngeren.*

Frühmittelalterliche Armeen waren äußerst heterogen. Jeder Adlige war verpflichtet, Truppen, Ausrüstung, Bogenschützen und Infanteristen bereitzustellen. Angehörige der niederen militärischen Ränge waren nur selten ausgebildete Soldaten. Auch Legionäre waren Teil dieser Heere. Erste Vorläufer des stehenden Berufsheeres begannen sich zu entwickeln. So stellte etwa Eduard I. von England eine permanente Armee aus professionellen Kriegern auf, die entscheidend zur Effizienz seiner walisischen und schottischen Feldzüge beitrug. In England waren sämtliche freien Männer zu jährlich 40 Tagen Waffendienst verpflichtet. Doch hatten sie auch die Möglichkeit, den Militärdienst durch die Zahlung einer Ablösesumme zu umgehen. Mit diesem Geld konnten die englischen Könige professionelle Soldaten bezahlen. Im 12. Jahrhundert hatte sich in ganz Europa ein großer Söldnermarkt herausgebildet. Insbesondere die Städte Italiens verpflichteten nun Söldner anstatt wie früher Bürgermilizen. Geld war gleichsam der Treibstoff der Kriege. Personen, die über genügend finanzielle Mittel verfügten, konnten auch die gewünschte Schlagkraft erzielen. Zumeist handelte es sich dabei um Könige, die im Laufe der Zeit zunehmend die Festlegung der Kriegsziele beeinflussten.

Waffen und Gefechtsstrategien

Im 15. Jahrhundert wurde die Infanterie wie bereits im Frühmittelalter abermals zum dominierenden Element der Streitkräfte. Die Kavallerie und die Ritter, die im Hochmittelalter eine zentrale Rolle in der Kriegsführung gespielt hatten, verloren sukzessive ihre Vorrangstellung. Die Infanterie hingegen blieb durchgängig von großer Bedeutung.

Fortsetzung von Seite 210

1346/47 Englische Truppen belagern Calais elf Monate lang. Lange Belagerungen waren in der mittelalterlichen Kriegsführung zentral, bis im 15. Jahrhundert effektive Kanonen aufkamen.

um 1400 Ritter steigen gelegentlich von ihren Schlachtrössern ab, um die Bogenschützen zu unterstützen, die mit ihren Langbogen in schneller Folge Schüsse abfeuern. Die Kavallerie büßt sukzessive ihre dominante Rolle in der Kriegsführung ein.

1420er Jahre In den Hussitenkriegen zwischen den Anhängern des Reformators Jan Hus (um 1372–1415) und dem böhmischen Adel zeigt sich, wie Kämpfer aus niedrigen sozialen Schichten adlige Krieger ausmanövrieren können.

um 1450 Die mit Rudern angetriebenen Galeeren werden durch große, mit Kanonen ausgerüstete Segelschiffe ersetzt.

Die Feldzüge zwischen 1066 und 1141 in England und der Normandie wurden etwa von der typischen Kombination aus Kavallerie, Infanterie und Bogenschützen bestritten. Eine entscheidende Rolle in der hoch- und spätmittelalterlichen Infanterie spielten die Pike und der Langbogen. Langspieße, in flexiblen Formationen und komplexen Manövern eingesetzt, waren ein Markenzeichen der Schweizer Legionäre, die damals von den meisten europäischen Fürsten angeheuert wurden. Der Langbogen wird insbesondere mit den englischen und walisischen Soldaten in Verbindung gebracht, die ihn mit verheerender Wirkung in den Schlachten von Crécy und Azincourt einsetzten. Doch die Bogenschützen besaßen eine lange Tradition. So waren sie schon in der Schlacht bei Hastings (1066) zum Einsatz gekommen. Im späten 13. Jahrhundert brachten walisische Bogenschützen den Truppen Eduards I. empfindliche Verluste bei. Später setzte der König sie *en masse* im Kampf gegen die Schotten ein, was auf die erneute Wertschätzung dieser Kämpfer schließen lässt. Pfeile, die mit dem Langbogen abgeschossen wurden, konnten Plattenpanzer und Kettenhemden durchdringen. Die Möglichkeit, bis zu zwölf Schüsse in der Minute abzufeuern, sorgte dafür, dass diese Waffe der schwerfälligeren Armbrust überlegen war. Im Spätmittelalter begannen sogar die Ritter, von ihren Pferden abzusteigen, um sich diese Kampftechnik anzueignen, zumal verbesserte Rüstungen sie vor feindlichen Pfeilen schützten.

Einige Grundzüge der Gefechtsstrategie blieben indes konstant. Belagerungen galten das ganze Mittelalter hindurch als wirkungsvollere Taktik als direkte Konfrontationen, die mittelalterliche Befehlshaber in der Regel eher zu vermeiden suchten. Die Kommunikation während der Schlacht verlief über Fahnen, Boten und Instrumentalsignale, die zum allgemeinen Tumult auf dem Schlachtfeld beitrugen. Die Einnahme befestigter Stellungen war wichtiger als die bedingungslose Kapitulation der Gegners. Auch zog man es vor, einen feindlichen Ritter gefangen zu nehmen anstatt ihn zu töten, denn nur so konnte die Kriegsbeute durch Lösegeldforderungen noch gesteigert werden. Die Herrschaft über eroberte Gebiete etablierte man durch die Besetzung von Festungen. Die endgültige Eroberung eines umstrittenen Territoriums gelang nur, wenn dessen Burgen besetzt oder zerstört werden konnten. Die Belagerten waren im Vorteil, sofern sie reichlich mit Vorräten ausgestattet waren. In einigen bedeutenden Schlachten siegten jedoch die Belagerer über das zur Befreiung der Belagerten angerückte „Entsatzheer“, etwa 1106 bei Tinchebrai in der Normandie. Große Festungen erforderten langwierige Belagerungen. So dauerte die Belagerung von Rouen (1418/19) ganze sechs Monate, und auch Calais fiel 1347 erst nach elfmonatiger Belagerung. Folglich konzentrierte sich die Kriegsführung nicht nur auf die „Kampfsaison“ vom Frühjahr bis zum Herbst, wenngleich die Versorgung der Truppen in den Sommermonaten weitaus einfacher war. Nachschubkolonnen waren

unerlässlich, um die Zeitspanne zu verlängern, über die eine Armee eine Front aufrechterhalten konnte. Gleichzeitig behinderten sie den zügigen Vormarsch der Truppen. Versorgungsgüter verschafften sich Armeen zusätzlich durch Plünderungen. Doch blieb es stets oberstes Kriegsziel, die Kampfkraft des Feindes zu vermindern.

Die neue Artillerie

Kanonen, die mithilfe von Schwarzpulver Geschosse abfeuerten, tauchten in Europa erstmals während der Reconquista im 13. Jahrhundert auf. Später setzten sie die Engländer in der Schlacht von Crécy im Jahre 1346 ein. Vor der Entwicklung des Handrohrs („Donnerbüchse“) verfügten diese Kanonen nur über eine sehr niedrige Schussfrequenz und waren zudem schwerfällig und unbeweglich. Dennoch läutete die Einführung der schweren Geschütze das Ende der Belagerungstaktik ein und spielte eine entscheidende Rolle bei der Entwicklung der Kriegsführung zur See. Diese trug nicht zuletzt zur Verdrängung der Kavallerie und zur schwindenden Bedeutung der Ritterschaft bei. Die von Ruderern vorangetriebenen Galeeren hatten die mittelalterlichen Kriegshandlungen auf See über lange Zeit beherrscht. Sie wurden nun durch massivere Segelschiffe abgelöst, auf deren Deck um das Jahr 1500 bereits Kanonen installiert waren. Auch hier erwies

OBEN *Die Belagerung von Orléans im Jahre 1428, dargestellt in den „Vigiles de Charles VII.“ aus dem 15. Jahrhundert, stellte für die Franzosen einen entscheidenden Wendepunkt im Hundertjährigen Krieg dar. Die von den Engländern eingesetzten Kanonen erwiesen sich angesichts der Stadtmauern von Orléans als wirkungslos.*

RECHTS *Die französische Flotte Philipps VI. wird von der Flotte Eduards III. in der Seeschlacht von Sluys (1340) besiegt. Die englische Hoheit über den Ärmelkanal hatte zur Folge, dass der Hundertjährige Krieg von diesem Zeitpunkt an auf französischem Boden ausgetragen wurde. Die Illustration aus dem späten 15. Jahrhundert stammt aus den „Chroniques d'Angleterre" von Jean de Wavrin.*

sich die Schwerfälligkeit der Waffen als Nachteil. In der Folge behaupteten sich Handfeuerwaffen als wirkungsvolleres Mittel im Seekampf. Doch erst die Einführung des Batteriedecks, von dem aus Kanonen durch Öffnungen in der Bordwand unterhalb des Hauptdecks schossen, revolutionierte die Seekriegsführung um das Jahr 1500.

Monarchen, die aufgrund höherer Einnahmen über umfängliche finanzielle Mittel verfügten, konnten sich die neue Artillerie leisten. Für den Adel wurde es dagegen schwerer, unabhängig Kriege zu führen. Das wachsende Nationalgefühl, das in Frankreich und England vom 14. Jahrhundert an zu verzeichnen war, stärkte zusätzlich die Rolle des Königs als Kriegsführer und Garant der nationalen Macht. So stieg nicht nur die Höhe der Steuern, sondern auch die Bereitschaft, diese zu entrichten, da die Regenten ihre territorialen und dynastischen Ziele nun mit dem „nationalen Interesse" gleichsetzten. Mittlerweile setzten Regierungen, insbesondere in Frankreich und Spanien, auf besoldete stehende Berufsheere. Durch die verbesserte Waffentechnik forderten die Kriege nun weit mehr Todesopfer als je zuvor. Während der Hussitenkriege, die die Anhänger des Reformators Jan Hus in den 1420er Jahren gegen den böhmischen Adel führten, erwiesen sich Kämpfer der niederen Ränge als listenreich und geschickt im Abschlachten ihrer adligen

Amazonen

Die weiblichen Krieger des Mittelalters, die in der Militärstrategie eine wichtige Rolle spielten, waren zumeist adliger Abstammung oder sogar königlichen Geblüts.

Mathilde von England (1102–1167) war die einzige rechtmäßige Thronerbin ihres Vaters Heinrich I., die das Erwachsenenalter erreichte. Nachdem Stephan von Blois 1135 den Thron bestiegen hatte, führte sie eine Reihe von Feldzügen, um sich die englische Krone zu sichern. Mathilde von Tuszien (1046–1115) erlangte als wichtigste Unterstützerin von Papst Gregor VII. in Italien große Bedeutung im Investiturstreit. Die wohl berühmteste Kriegerin des Mittelalters entstammte einer Bauernfamilie: Johanna von Orléans (um 1412–1431) inspirierte die kriegerischen Auseinandersetzungen, die zur Befreiung von Orléans im Jahr 1429 sowie zur anschließenden Einnahme von Reims führten.

Gwenllian ferch Gruffydd (um 1097–1136) war die Tochter von Gruffydd ap Cynan (1055–1137), der während seiner 62-jährigen Regierungszeit als Fürst von Gruffydd im Norden von Wales eine zentrale Figur der walisischen Politik- und Militärgeschichte war. Sie heiratete Gruffydd ap Rhys, den König von Deheubarth im Südwesten von Wales. Später wurde sie Kastellanin auf der Burg ihres Gemahls in Dinefwr unweit der Stadt Llandeilo. Das Königshaus von Dinefwr, ein jüngerer Zweig der Aberffraw-Dynastie, die über Gwynedd herrschte, war zum Zeitpunkt von Gwenllians Ankunft am Hof bereits etabliert. Hywel Dda (um 880–950) hatte das frühmittelalterliche Königreich Dyfed in den 920er Jahren erweitert und zum Reich Deheubarth umgeformt. Unter seiner Ägide wurden in den 940er Jahren die walisischen Gesetze schriftlich fixiert. Im frühen 12. Jahrhundert sah sich Deheubarth wiederholten Angriffen ausgesetzt, sodass Gruffydd ap Rhys gemeinsam mit seiner Gemahlin mehrere Vergeltungsschläge gegen normannische, englische und flämische Kolonialisten in seinem Königsreich unternahm. Die Jahre der „Anarchie“ während der Herrschaft König Stephans von England (1135–1154) boten eine gute Gelegenheit, um die Unabhängigkeit von Deheubarth wiederherzustellen. Gruffydd rief zur Revolte auf und reiste 1136 nach Gwynedd, wo er mit seinem Schwiegervater über eine Allianz verhandelte. Während seiner Abwesenheit setzten sich die normannischen Überfälle auf Deheubarth fort, was Gwenllian dazu veranlasste, ein Heer nahe Cydweli in die Schlacht zu führen. Gwenllian wurde von den Normannen besiegt, gefangen genommen und schließlich enthauptet wurde. Doch ihre Aktion diente als Katalysator für einen Aufstand, der sich bis in den walisischen Süden ausbreitete. Die Erinnerung an ihre Heldentat inspirierte spätere walisische Befehlshaber. Die erfolgreichen Feldzüge ihres Sohnes Rhys ap Gruffydd (1132–1197) gegen Heinrich II. 1164–1170 machten Deheubarth zur vorherrschenden Macht im Wales des ausgehenden 12. Jahrhunderts.

Gegner. Frühere bewaffnete Aufstände dieser Art wie etwa der englische Bauernaufstand 1381 oder die Pariser „Jacquerie“ 1358 waren deutlich wirkungsloser.

Die Kombination aus gesellschaftlichen Missständen und religiösen Gegensätzen, wie sie während der Hussitenkriege zutage trat, erreichte während der Reformation im frühen 16. Jahrhundert eine neue Brisanz. Eine idealisierte Sicht des Christentums und der Glaube an seine Einheit hatten lange die mittelalterliche Gesellschaft Europas zusammengehalten. Angesichts des Kampfes zwischen protestantischen und katholischen Christen wurde der Zerfall des mittelalterlichen Weltbildes greifbar. Die Schlachtfelder der Frühmoderne waren das eigentliche Grab der „Christenheit“.

Register

Fett gesetzte Seitenzahlen weisen auf die Kapitel hin, *kursive* Seitenzahlen auf Illustrationen.

M

N

O

P

Q

R

Bildnachweis

9 Wikimedia Commons/Axel Mauruszat; 10 Wikimedia Commons; 13 Wikimedia Commons/Ottonischer Buchmaler; 14–15 Wikimedia Commons/A. Preussler; 17 akg-images/British Library; 20 akg-images/British Library; 22–23 Shutterstock/Gregory James van Raalte; 25 akg-images/Erich Lessing; 26 British Library/HIP/Topfoto; 29 Wikimedia Commons/S. Forrest; 30 akg-images/Erich Lessing; 31 akg-images/Erich Lessing; 33 Photos.com; 34 akg-images; 37 Photos.com; 38 Wikimedia Commons/Galleria dell'Accademia; 39 Wikimedia Commons/Hans Peter Eberlin; 41 DEA/G. Dagli Orti/De Ago; 42 akg-images/De Agostini Picture Library; 44 Shutterstock/Emi Cristea; 47 Wikimedia Commons; 49 IAM/akg/World History Archive; 50 Photos.com; 53 akg-images/Erich Lessing; 55 Wikimedia Commons/St. Petersburg, Hermitage Museum; 57 Album/Oronoz/AKG; 59 Wikimedia Commons; 63 akg-images; 64–65 Shutterstock/Dirk Schoenau; 67 The Granger Collection/Topfoto; 69 Wikimedia Commons; 71 Wikimedia Commons/Andreas Praefcke; 73 Wikimedia Commons; 75 Print Collector/HIP/Topfoto; 77 Wikimedia Commons; 80 Shutterstock/Paul Cown; 83 akg-images; 85 Shutterstock/St. Nick; 86 Wikimedia Commons/Kloster Frankenthal; 89 Wikimedia Commons/Bayerische Staatsbibliothek, München; 91 Wikimedia Commons/Jastrow; 93 akg-images/British Library; 95 Art Media/HIP/Topfoto; 97 Wikimedia Commons; 99 akg-images; 101 Photos.com; 103 Wikimedia Commons/Matthew Paris; 104 akg-images/Erich Lessing; 106 AKG Images; 108–109 IAM/akg/World History Archive; 111 Wikimedia Commons; 113 Wikimedia Commons; 115 Shutterstock/PHB.cz (Richard Semik); 116 akg-images/British Library; 119 Shutterstock/Patrick Wang; 120 Wikimedia Commons/Luis Garcia; 122 akg-images; 125 Album/Oronoz/AKG; 127 Hervé Champollion/AKG images; 128 Giraudon/The Bridgeman Art Library; 130 Shutterstock/Danilo Ascione; 133 akg-images/Pirozzi; 135 akg-images; 137 akg-images/British Library; 139 Wikimedia Commons/The National Portrait Gallery; 140 Artmedia/HIP/Topfoto; 144 Wikimedia Commons/The National Portrait Gallery; 145 The Granger Collection/Topfoto; 146 akg-images/Erich Lessing; 148 Wikimedia Commons; 151 Wikimedia Commons; 153 akg-images/Nimatallah; 155 akg-images/British Library; 157 Wikimedia Commons/Jastrow; 158 Wikimedia Commons/Cain; 160 akg-images; 161 Wikimedia Commons; 163 Shutterstock/Franco Volpato; 165 Wikimedia Commons; 166 Shutterstock/Sergey Kelin; 168 Wikimedia Commons/Andreas Praefcke; 169 akg-images/Cameraphoto; 171 Shutterstock/Elena Aliaga; 175 Wikimedia Commons/Mai Dore Lollo; 177 Shutterstock/S. Borisov; 179 Wikimedia Commons/The York Project; 181 akg-images/Erich Lessing; 183 Wikimedia Commons/Giovanni di Paolo; 184 Wikimedia Commons; 185 Wikimedia Commons/Deror Avi; 186 Wikimedia Commons; 187 Wikimedia Commons/Robert Lechner; 189 akg-images/Erich Lessing; 191 akg-images/British Library; 192 akg-images; 194 Wikimedia Commons; 196 Wikimedia Commons; 197 Wikimedia Commons/Bürgerbibliothek Luzern; 199 akg-images; 201 Wikimedia Commons/Davide Papalini; 202 akg-images; 203 Photos.com; 204 Photos.com; 205 akg-images/British Library; 207 IAM/akg/World History Archive; 209 Photos.com; 212 Getty Images; 213 Wikimedia Commons; 215 Wikimedia Commons; 216 akg-images/British Library

Einband: Burstein Collection/CORBIS

Der Originalverlag Quercus Publishing, London, hat jeden Versuch unternommen, die Urheber der Bilder, die in dem Buch verwendet werden, ausfindig zu machen. Jeder, der Urheberrechte geltend machen will, möge mit Quercus Publishing Kontakt aufnehmen.

Danksagung

Mein Dank gilt meiner Agentin Georgina Capel, die mich während des Entstehens dieses Buches mit Unterstützung und Ratschlägen von unschätzbarem Wert begleitet hat. Zu den vielen Personen, die am Zustandekommen dieses Buches maßgeblichen Anteil haben, gehören weiterhin Wayne Davies, Emma Heyworth-Dunn und Slav Todorov von Quercus Publishing, ferner die Grafik-Designer Steve McCurdy und Graham Bateman von BCS Publishing sowie der Kartenzeichner William Donohue.

Titel der englischen Originalausgabe:
The Age of Chivalry

Autorisierte deutsche Ausgabe, veröffentlicht von National Geographic Deutschland
(G+J/RBA GmbH & Co. KG), Hamburg 2011.

Mitarbeiter der deutschen Ausgabe:
Übersetzung: Ulrike Bischoff und Marc Staudacher für Delius Producing Berlin
Lektorat und Satz: Juliane von Laffert für Delius Producing Berlin
Titelgestaltung: Bettina Rosenow (Gestaltung)/www.stephanengelke.de (Beratung)
Druckerei: 1010 Printing International Ltd China

Printed in China
ISBN 978-3-86690-242-8

Die National Geographic Society, eine der größten gemeinnützigen wissenschaftlichen Vereinigungen der Welt, wurde 1888 gegründet, um «die geographischen Kenntnisse zu mehren und zu verbreiten». Sie unterstützt die Erforschung und Erhaltung von Lebensräumen sowie Forschungs- und Bildungsprogramme. Ihre weltweit mehr als neun Millionen Mitglieder erhalten monatlich das National Geographic-Magazin, in dem die besten Fotografen ihre Bilder veröffentlichen sowie renommierte Autoren aus nahezu allen Wissensgebieten der Welt berichten. Ihr Ziel: *inspiring people to care about the planet*, Menschen zu inspirieren, sich für ihren Planeten einzusetzen.

Die NGS informiert nicht nur durch das Magazin, sondern auch durch Bücher, Fernsehprogramme und DVDs.

Falls Sie mehr über National Geographic wissen wollen, besuchen Sie unsere Website unter www.nationalgeographic.de.